U0022218

歷史
天空

透視康熙

陳捷先 著

三民書局

國家圖書館出版品預行編目資料

透視康熙／陳捷先著.－－初版一刷.－－臺北市: 三
民, 2012
　　　面;　公分.－－(歷史天空)

　ISBN 978-957-14-5604-1　（平裝）

　1.清聖祖 2.傳記

627.2　　　　　　　　　　　　　　　　100026169

著 作 人	陳捷先
責任編輯	陳俊傑
美術設計	李唯綸
發 行 人	劉振強
著作財產權人	三民書局股份有限公司
發 行 所	三民書局股份有限公司
	地址　臺北市復興北路386號
	電話　(02)25006600
	郵撥帳號　0009998-5
門 市 部	(復北店) 臺北市復興北路386號
	(重南店) 臺北市重慶南路一段61號
出版日期	初版一刷　2012年1月
編　　號	S 620680

行政院新聞局登記證局版臺業字第○二○○號

有著作權‧不准侵害

ISBN　978-957-14-5604-1　（平裝）

序

　　清朝是中國帝制史上的末代皇朝，亦是一個非常重要的朝代，康熙皇帝是清朝十二位帝王中相當傑出的一位，實在有必要為他寫一些專題研究文章。

　　本書隨明清以來的舊俗，以年號代替人名，將這位本名愛新覺羅・玄燁的滿族名君稱為康熙。他幼年以庶出繼承皇位，登基後因權臣把持朝政，幾乎淪為傀儡。所幸他有祖母孝莊太皇太后和一些滿漢大臣的幫助，加上他聰明過人，勇於任事，不久後便取回政權，當上名副其實的九五之尊。康熙皇帝在位六十一年，對當時戰亂後的中國可謂貢獻良多。他逐漸恢復了國家經濟、穩定社會秩序、緩和民族抗爭、增加政府收入；尤其在擴大疆土、融和民族、弘揚儒家學術、推動中西文化交流等方面的成就，更是各朝君主難以匹比的。康熙皇帝曾說：「欲致海宇昇平，人民樂業，孜孜汲汲，小心敬慎，夙夜不遑，未嘗少懈」，這並非子虛之語。清朝與近世不少人稱讚他好學敏求，勤於政務，寬於御下，崇尚節儉等等，也都是有根據的。康熙皇帝確是一位勇敢、堅強、勤勞、智慧的君主，而關於其一生之研究，學者們寫作的專著已然不少。有人專論他在位時的文治武功，有人特寫他的家庭親屬，但是在他個人私領域及其維護帝國與皇權的思維方式上，顯然還有極大的空間可以著墨。

　　康熙是一位特別的君主，他推行儒家文化國策、仿行漢人制度，收到中央集權的良好效果；然而他經常是外儒內法，且

未全盤接受漢化與儒化。他一切以確保大清帝國存續與維護愛新覺羅家族政權為優先考量。像是中央改設內務府、太監單位增添敬事房、皇位繼承先採立嫡立長制，後又廢立無常，終至放棄；地方上開海又禁海、開礦又禁採、准許西方宗教傳教又嚴禁、個人醉心西學卻未大力推廣、訓誡子孫不能縱慾，自己在晚年卻又徵選不少江南佳麗入宮等等。在在說明他現實功利的一面。

自從清宮祕檔公開以來，我們對自然人的康熙以及他的若干私人問題有了更多的了解，也為透視真實的康熙提供深入研究的證物與條件。我自退休後，十多年間寫了一些有關康熙的家世、生平、健康、養生、勤學、書法和醫學，以及宗教觀等方面的文章，提出一些新看法。現在我把其中幾篇挑選出來集為一冊，承蒙臺北三民書局董事長劉振強先生厚愛，本書得以在編輯部與內子侯友蘭女士的協助下付梓出版。我謹在此向他們致以謝忱。

當然文集中必有疏漏與錯誤之處，尚請方家君子不吝指正。

陳捷先
民國一百年初冬於加拿大溫哥華山邊屋

目次

序

康熙皇帝的相貌、健康與血統

　　清朝入關之後的第二代君主是廟號聖祖的愛新覺羅・玄燁 (1654–1722)，他的年號是康熙，所以一般也稱他為康熙皇帝。他在位六十一年 (1662–1722)，是享國年代相當久的帝王。在帝制中國，皇帝是「天子」，是尊貴無比、高不可攀的，他的一切常是與平凡人不同的。

　　康熙皇帝的相貌，據當時官方的說法是：「天表奇偉，神采煥發，雙瞳日懸，隆準岳立，耳大聲洪，徇齊天縱」[1]。當然這是史官們的素描文字，多少有些誇張。不過康熙皇帝的外表應該是不錯的，確有可能給人帝王之相的印象，因為當時有一位名叫白晉 (Joachim Bouvet) 的法國籍耶穌會士在親眼見過皇帝之後說：「他一身絲毫也沒有與他占據王位不稱之處」，他給皇帝作了如下的描繪：「他威武雄壯，身材勻稱，而比普通人略高，五官端正，兩眼比他本民族的一般人大而有神。鼻尖稍圓略帶鷹鉤狀。雖然臉上有天花留下的痕迹，但並不影響他英俊的外

---

[1] 華文書局 (輯)，《大清聖祖仁皇帝實錄》(臺北：華聯出版社，1964)，卷 1，頁 2。

表」[2]。

白晉是耶穌會士，生於 1656 年，1685 年（康熙二十四年）隨法王路易十四派遣之傳教團來中國。他到達中國之後，便學會了漢文與滿文。1688 年（康熙二十七年）到北京晉謁皇帝，由於皇帝欣賞他在數學、醫學以及天文等學科方面的知識，便留他在宮廷中服務。他常有機會見到皇帝，他對康熙皇帝以上的描述應該是可信的。

同時白晉說康熙皇帝得過天花也是確有其事。根據史料，我們可以看到在清朝入主北京後不久，京城附近一帶痘疹大肆流行，逼得皇家紛紛搬出皇城避難。順治十二年 (1655)「乙未冬十一月，中宮（案：指順治皇帝的第二位皇后孝惠后）出疹，上避南海子（案：南苑），惜薪司日運炭以往。十二月，命惜薪司環公署五十丈，居人凡光面者，無論男女大小，俱逐出」[3]。惜薪司是太監衙門的一個單位，因為當時天寒，每日必需運炭給皇帝住處應用。由於怕當地患痘的人傳染給運炭的人，衙門附近五十丈方圓內所有可能患疹居民都被遷逐一空。康熙皇帝當時剛出生不久，還不滿兩週歲，因為「未經出痘，令保母護視於紫禁城外」居住[4]。儘管如此，後來他還是染上了這種可怕的傳染病，終於在他臉上有「天花留下的痕迹」。

[2] 白晉 (Joachim Bouvet)（著），馬緒祥（譯），《康熙帝傳》，收入：中國社會科學院歷史研究所清史研究室（編），《清史資料》，第 1 輯（北京：中華書局，1980），頁 196。另外荷蘭人使團來華見到康熙時，說他「中等個子，很白皙」；朝鮮使者稱「皇帝容貌，碩大而美」，似亦可參考。

[3] 談遷，《北游錄·紀聞下》（北京：中華書局，1960），頁 413。

[4] 華文書局（輯），《大清聖祖仁皇帝實錄》，卷 290，頁 12。

正如中國俗語所說的，大難不死，必有後福。康熙皇帝患了痘疹，留下破痕固然是不幸，然而他後來能繼承大統，登上皇位，確是與他得過天花有關的。西洋傳教士湯若望 (Johann Adam Schall von Bell) 就提到過這件事：

……（案：順治）皇帝最後……封一位庶出的，還不到七歲的皇子為帝位之繼承者。當時為促成這一個決斷所提出的理由，是因為這位年齡較幼的太子，在醫齡時已經出過天花，不會再受到這種病症的傷害的，而那位年齡較長的皇子，尚未曾出過天花，時時都得小心著這種可恐怖的病症。這位這樣被選擇的皇帝，後來在康熙年號之下，竟成了中國最大君王[5]。

湯若望是日耳曼人，生於 1592 年，1619 年來到中國傳教，當時正是明清發生薩爾滸大戰的多事之秋。由於徐光啟等人的推薦，他進入明朝中央的欽天監衙門工作。清朝入關以後，他又得到范文程等人的協助留在北京，並於其後擔任清朝欽天監的高官。順治時期，他很得皇帝寵信，一度成為皇帝的親密師友，甚至幾次和皇帝在宮中徹夜談心，因此在順治皇帝病危時他被召往宮中，為皇帝祈禱。他是親身經歷順治病逝與康熙繼承大事的人，其所記之事是有高度可靠性的。另外，滿洲人一向把痘疹視為可怕的災難，當他們在關外創建龍興大業時，他們「怕痘子」的事就已經盡人皆知了。朝鮮人也說過「清主畏

---

[5] 魏特 (Alfons Väth S. J.) （著），楊丙辰 （譯），《湯若望傳》，第 2 冊（臺北：臺灣商務印書館，1960），頁 325–326。

忌痘疫，不敢出臨」的話，與湯若望上述記事若合符節。

玄燁約在兩歲多患上天花，病好之後他回到宮中居住，直到他八歲繼承皇位之時，身體顯然很健康，尤其當他親政之初，還和一批自上三旗中選出的強壯青年在一起練摔跤踢打，體能必然更佳。目前所能看到的史料中，我們發現康熙十一年 (1672) 十一月十三日記「聖躬偶爾違和，不御門，部院衙門奏章命送內閣」[6]，不過第二天他又「御乾清門」辦公聽政了，可見不是大病。另外官書記康熙十二年 (1673) 四月間皇帝身體又有「不快」而需離開皇宮，那是該月十五日，他降諭說：「朕因時漸暑熱，身少違和，欲暫幸南苑數日」[7]。南苑本是皇帝練武之地，這次玄燁在南苑小住了十二天，二十八日回宮，並沒有作狩獵或練武的活動，幾乎每天都由日講官向他進講《論語》等書，可以說他渡了一次安靜的學術之旅。

康熙十八年 (1679) 十一月玄燁生了一場比較嚴重的病，使得大臣們都緊張了起來。這次得病的原因可能與他勞累煩心有關，因為當時正是消滅吳三桂反清勢力的最後階段，而皇帝又正計畫對臺灣作戰，他常常到夜間「三鼓坐待議政大臣奏事」，惦念戰士，盼望前線佳音，勞心勞力，夜不能寐[8]。加上同年

---

[6] 中國第一歷史檔案館（整理），《康熙起居注》（北京：中華書局，1984），頁 64。

[7] 中國第一歷史檔案館（整理），《康熙起居注》，頁 94。

[8] 《聖祖仁皇帝御製文集》錄玄燁詩云：「午夜迢迢刻漏長，每思戰士幾迴腸。海東波浪何年靖，日望軍書奏凱章」。皇帝還特別在詩前題有「夜至三鼓坐待議政大臣奏事有感而作」諸字，可見他任事辛勞情形。請參看：愛新覺羅‧玄燁，《聖祖仁皇帝御製文集》，初集，收入：《景印文淵閣四庫全書》，第 1298 冊（臺北：臺灣商務印書館，1983），卷 32，

北京迭遭地震，人物房屋都有損失，玄燁把這些災異看作是他
用人行政上有疏失，因而上天示警，使他「早作夜思，中心惶
懼，寢食靡寧」⁹，相信這些事都會影響到他的健康。該月二
十三日，皇帝命他的侍衛傳旨說：「朕今日偶恙，暫避風寒，不
御門理事，可傳知部院各衙門官員，其啟奏本章俱送內閣大學
士索額圖等」。康熙皇帝平時以勤政著名，每日必御門聽政，此
次竟通知大臣不必上朝，顯然患病不輕。於是部院官員們都請
求皇帝在「天氣凜冽之時」，「風寒宜避」，「於臘月內，暫停御
門」。日講官們也說「天氣嚴寒，皇上日御講筵，恐勞聖躬，請
暫停數日」。可是玄燁不聽他們的建議，仍傳諭：「一、二日內
即可御門理政」，講筵之事則不可停止，「仍照常進講」¹⁰。

　　同月二十五日，皇帝說他「朕體今已大愈」，並傳聞將有南
苑之行。大臣們認為病體剛好，不能過勞，應「靜養珍攝，暫
緩數日，再往行幸」。皇帝知道大臣們善意的關懷，便對他們說：
「南苑之行，非為遊畋，因彼處水土甘肥，故朕欲往靜養數日。
今行止尚未定」¹¹。事實上玄燁的身體還「微覺氣弱」，不但不
能去南苑打獵，也「尚不能即御門理事」，直到十二月初五日才
勉強臨朝，皇帝的氣色雖較前為好，但面容「清減」不少，而
飲食也「不敢多進」¹²。

　　康熙二十九年 (1690)，對皇帝的身體來說，是流年不利的一

頁 4。
9 華文書局（輯），《大清聖祖仁皇帝實錄》，卷 87，頁 5。
10 中國第一歷史檔案館（整理），《康熙起居注》，頁 468。
11 中國第一歷史檔案館（整理），《康熙起居注》，頁 468–469。
12 中國第一歷史檔案館（整理），《康熙起居注》，頁 469–471。

年。儘管他在正月間仍照常辦公，但大臣們都忍不住在二十九日向皇帝請求，要他去溫泉地區小作休息。對於當時的情形，官方作了如下的記載：

> 內閣、九卿、詹事、科道以皇上聖容清減，公請行幸湯泉，轉奏畢，上傳諭曰：朕因去年天旱，廑念民生，夙夜焦勞，至今未釋。茲值東作方興，尚無雨雪，朕心倍深憂慮。且現今頰上患瘤，方令太醫調治，爾等所奏已悉之[13]。

　　皇帝說他的身體不適是因關心國計民生所致。且不管此說是否可信，皇帝確實是生病了，而且病了一段時間，使他「聖容清減」，臉上又生了瘤子，顯然有些狼狽不堪，因而引起大臣們的關注。然而皇帝仍堅持御門聽政，直到二月初四日才改變主意，前往湯泉暫作休息。

　　康熙皇帝很信泡溫泉能治百病，尤其是皮膚的疾病。在他統治期間，先後建立過赤城、遵化和小湯山三處溫泉行宮，這次就是前往遵化溫泉行宮，此處靠近他父親順治皇帝安息地孝陵。他前後在那裏住了七天，十一日回鑾返京。不過自十七日以後，他多半住在北京郊外的暢春園中，直到月底，檔案裏很少看到他聽政議事的紀錄，也幾乎沒有講筵經書的記載，僅偶爾有大臣去行宮「以摺本請旨」，可見皇帝的身體並未真正的復原[14]。

---

[13]《康熙起居注》，臺北國立故宮博物院藏本，二十九年正月二十九日條。
[14] 以上各事均見《康熙起居注》二月諸日條。

　　三月底之後皇帝開始御門聽政了，到五月間卻又發生厄魯特蒙古首領噶爾丹大舉侵略喀爾喀蒙古的事，而且有直逼清朝京城的企圖，康熙帝別無選擇，只好發動大軍，親征噶爾丹。同年七月初，他先指派皇兄裕親王福全與皇弟恭親王常寧率領兩支大軍，出古北口與喜峰口，奔赴前線[15]。他自己則在同月十四日出京親征，經過七、八天的行軍，當他到達青城時，已感到病體不支了。大學士伊桑阿等上奏說：「聖躬違和，此地風高且寒暑難調，祈請回鑾，擇一佳處遊憩以調攝聖躬」[16]。二十三日皇帝有了回京的念頭。這時他的兒子多人也從京城趕來問安。皇帝本來還準備在口外一邊督戰、一邊養病的，後來太醫們說：「回京調治為佳」，這才讓他決定「緩行至京調理」[17]。八月初二日，當皇帝一行抵達古北口時，裕親王福全傳來捷報，他們在烏蘭布通，攻破了噶爾丹的「駝城」，打敗了敵軍。這一勝利消息，給皇帝帶來振奮，有助於他的康復。同月初七日皇帝回京，休息了十天左右，直到十八日他才降諭說：「朕體較前大愈，許久不見部院諸臣，思欲相見，明日當御門見之」。十九日雖然與大臣們見面了，大學士王熙等人還是上奏坦直的報告：「臣等久未見皇上，今得覲天顏，不勝歡忭；但瞻仰之下，較前尚覺清減，請駕幸暢春園以遣聖懷」。皇帝同意他的說法，其

---

[15] 華文書局（輯），《大清聖祖仁皇帝實錄》，卷147，頁2。

[16] 《康熙起居注》，臺北國立故宮博物院藏本，二十九年七月二十一日條。

[17] 《康熙起居注》，臺北國立故宮博物院藏本，二十九年七月二十七日條；華文書局（輯），《大清聖祖仁皇帝實錄》，卷147，頁22-23，記二十二「上夜間身熱心煩，至黎明始得成寐」，諸大臣乃有再請回鑾之事，皇帝不允，大臣等「於行宮前長跪不起」，皇帝最後才同意回京。

後兩天皇帝沒有上朝，二十二日才去暢春園休養，每日奏章由「內閣傳送暢春園聽理」，直到九月二十一日才回到京城辦公[18]。

這次親征噶爾丹雖然打了勝仗，但厄魯特蒙古的勢力很強大，只是暫時退回沙漠而已，而且清方的損失也不小，死傷人數很多，連康熙皇帝的親舅舅佟國綱也在戰事中陣亡了。同年十月初八日，皇帝為佟國綱喪禮頒降了一道上諭，其中有：

> 朕前有旨，欲臨大舅舅之喪，因朕躬有病，遲至此時。舅舅乃朕之嫡舅，忽爾陣亡，每一思之，痛不能已。朕此病之增，至今幾月者，亦是故耳。後日發引，必須一視其喪，朕心少慰。……著令預備。

第二天，康熙皇帝另外一位嫡舅，也是佟國綱的兄弟，當時任職領侍衛內大臣的佟國維向皇帝上奏，稱佟國綱「捐身報國，分所宜然」，皇帝已經派了皇子迎喪，並遣官奠酒，恩禮已經夠隆重了，現在皇帝又正生病，「正當灼艾之時，不宜傷悼，亡者有知，亦必不安」，請求不必臨喪。皇帝不允，後來佟國維和大臣們再三叩阻，皇帝才同意改期去悼唁，但是仍下令：「明日乃出殯之期，諸皇子及上三旗大臣、侍衛、部院大臣，俱令往送」[19]。同時在發引當天的初十日，因「各衙門大臣往送，故不奏事」，放假一天[20]。

由以上官方資料可知：康熙皇帝直到該年十月，病體顯然

---

[18] 《康熙起居注》，臺北國立故宮博物院藏本，二十九年八至九月諸日條。

[19] 華文書局（輯），《大清聖祖仁皇帝實錄》，卷149，頁7-9。

[20] 《康熙起居注》，臺北國立故宮博物院藏本，二十九年十月初十日條。

還未痊癒，感冒風寒與艾疤正發是身體不適的主因。儘管他在年底還作了一次塞外之行，似乎病魔已不再纏身；但是第二年三月間，太常寺因四月初一日行孟夏禮祭太廟事，請旨皇上是親自參加或是派大臣代表時，康熙皇帝則說：「朕炙艾瘢發，尚未全愈，著明珠恭代朕躬行禮」[21]。可見這「艾疤」的病痛已令皇帝身心不快一整年了。事實上這艾疤的病可能從康熙二十八年 (1689) 他第二次南巡後就發生了，因為他在那一年的四月間因天旱不雨，非常憂心，曾說：「朕自幼過勞，知慮所及，弗復如前。目力不能書寫細字，諸疾時作，不離灼艾，今一身之識見精力，不敢自恃。……明示朕懷，與諸臣共悉之」[22]。總之，康熙二十年代後期，皇帝是「諸疾時作」的。

康熙三十二年 (1693)，皇帝又患了一場大病，中醫治療無效。至於皇帝得病的情形，他曾向大臣說：「朕曾患汗病」，而明確一些的說法是他在四月「初八日始患汗病，十三日轉瘧疾，隔一日來一次，甚重」；後來「按西洋大夫之方配藥服用後，睡眠稍安了」，到「二十七日瘧疾痊愈」[23]。不過根據當時為他治病的西洋人，則有比較詳盡而且生動的說法：

　　……他的病是剛患的一種惡性發燒，雖然皇帝通過多則病例實驗已經證明這種藥完全可以治好他的病，但中國太醫們卻認為不宜給他服用，而是採取了另外的療法。

[21] 《康熙起居注》，臺北國立故宮博物院藏本，三十年三月十七日條。
[22] 華文書局（輯），《大清聖祖仁皇帝實錄》，卷140，頁23。
[23] 中國第一歷史檔案館（編譯），《康熙朝滿文硃批奏摺全譯》(北京：中國社會科學出版社，1996)，頁43。

皇帝發現其病情有增無減，又怕轉化成腦溢血，于是自作主張服用了半劑，到了夜間體溫便下降了，又過了幾天就全愈了。但皇帝後來有時又患間日瘧，這可能是由於用藥劑量不足而沒有徹底清熱的結果。雖然日間不太嚴重，而且持續時間之短也僅有兩小時，但皇帝本人卻對此焦慮不安。……當白晉神父與我進宮時，事情正發展到這一幕，我們帶來了一英磅金雞納（案：奎寧），這是多魯（案：Dolu）神父出於對我們的好意而從印度本地治里寄來的。當時北京還沒有人了解這種藥。我們向皇帝介紹說，這是歐洲治間歇熱最有效的藥物，……那四位議事大臣大人也滿臉春風地接見我們，我們也告訴他們應該按照在法國根據國王命令而印刷的處方進行調治，他們對此並不滿意，希望了解這包金雞納的來歷、療效和適應症。……第二天便用這種藥在三位病人身上作了試驗，……這三位留在宮中作觀察的病員從第一次服藥後就起死回生了，于是就火速向皇帝作了報告。太子對於他慈愛的父親的病狀非常焦急，唯恐這種藥會產生某種尚不為人所知的副作用，若不是由於這道障礙，那末皇帝當天就會毫不猶豫地服藥了。……四位大人自告奮勇地表示願意試服，皇太子也默許了，馬上就取來了幾杯酒和金雞納，皇太子親自調製，在晚上六點鐘左右，四位大人各服一劑，他們然後退出宮來安靜地入睡了，沒有感覺到任何異常反應。當晚，皇帝卻因病而夜不成寐，于清晨三點就派人叫醒了索額圖親王，當獲悉親王與三位大人都安然無恙，不再允許多爭論就服用了金雞

納。他這一天於午後三時還在等待像往常一樣發燒，但沒有出現高燒，整個下午和夜間都平安無事，宮廷上下出現了一片歡樂氣氛，四大臣於翌日共同祝賀我們藥品的靈驗[24]。

康熙皇帝這次瘧疾是由西藥奎寧治好的，據他自己說：「自瘧疾痊愈之次日起，即可行走，自第七日起即騎馬至暢春園，朕內心亦讚奇」；不過，大病之後，皇帝也說：「仍需調養四、五十日」[25]。

康熙皇帝在五十歲前後的身體狀況最佳，他經常出巡塞外與江南，他的書法作品也以此時期的產量為多。不過到他五十五歲以後，情形就改觀了，由於皇太子的廢立、諸子間的爭權、大臣的黨爭等事，使他勞心勞力，身心交瘁，健康大不如前。在他與若干大臣來往的文字中，我們就可以看得出來。例如康熙四十七年 (1708) 九月初廢皇太子之後，皇帝傷心之極，在冬天大病了一場，不少大臣從邸抄中知道消息，都上奏摺向皇帝請安，皇帝給他們的批語最能透現其健康情形。川陝總督齊世武在該年十一月十七日上奏恭請萬安，皇帝批寫道：「自爾去後，朕體漸弱，心跳加增甚重。……目下想是無妨，只是虛弱」[26]。十二月初十日，直隸巡撫趙弘燮也上書請安，御批是：「朕體雖

---

[24] 耿昇 (譯)，《耶穌會士書簡集中國書簡選》，收入：中國社會科學院歷史研究所清史研究室 (編)，《清史資料》，第 6 輯 (北京：中華書局，1985)，頁 168–170。

[25] 中國第一歷史檔案館 (編譯)，《康熙朝滿文硃批奏摺全譯》，頁 44。

[26] 中國第一歷史檔案館 (編譯)，《康熙朝滿文硃批奏摺全譯》，頁 606。

然比前安好，氣血不能全復，甚弱」[27]。另外在十二月二十七日趙弘燮的奏摺上又批了：「自立春以來，飲食起居漸覺平和，氣血雖弱，似乎無妨」[28]。

第二年正月，儘管皇帝對閩浙總督梁鼐說：「朕大安了，還瘦弱些」[29]，但他的病仍然存在，不少地方官員接到內務府官趙昌傳來的諭旨：「以後凡本處西洋人所進皇上上用物件，並啟奏的書字，即速著妥當家人，催包程騾子，星夜送來，不可悞了時刻」[30]，原來皇帝在向大臣徵集西洋葡萄酒了。一時各地官員紛紛向傳教士處搜求，火速敬獻到京城，據目前所存資料，自康熙四十八年至五十二年 (1709–1713)，先後有兩廣總督趙弘燦、閩浙總督梁鼐、江西巡撫郎廷極、廣東巡撫滿丕等人進呈了一、兩百瓶[31]。皇帝平常是「不喜飲酒」的，這次徵酒完全是為了治病，據說「西洋上品葡萄酒乃大補之物」，皇帝在西洋傳教士的建議下，「每日進葡萄酒幾次」，結果「甚覺有益，飲膳亦加」了[32]。

[27] 國立故宮博物院故宮文獻編輯委員會（編），《宮中檔康熙朝奏摺》，第 2 輯（臺北：國立故宮博物院，1976），頁 25。

[28] 國立故宮博物院故宮文獻編輯委員會（編），《宮中檔康熙朝奏摺》，第 2 輯，頁 30。

[29] 國立故宮博物院故宮文獻編輯委員會（編），《宮中檔康熙朝奏摺》，第 2 輯，頁 47。

[30] 國立故宮博物院故宮文獻編輯委員會（編），《宮中檔康熙朝奏摺》，第 2 輯，頁 82。

[31] 國立故宮博物院故宮文獻編輯委員會（編），《宮中檔康熙朝奏摺》，第 2 輯，頁 115、131–132、136–137、174；中國第一歷史檔案館（編譯），《康熙朝滿文硃批奏摺全譯》，頁 733、768。

　　也許是因為飲了葡萄酒，或者是於康熙四十八年 (1709) 又復立皇太子的關係，皇帝的心情與身體似乎好了一些，他常對大臣們說：「到熱河後恙已全愈，飲膳也不忌了，覺比京中大好」；「朕安，近日氣色又好些」或是「自出口以來，飲食起居都好」一類的話，顯見健康得到改善。不過，到康熙五十年 (1711) 底，他的身體似乎還是時好時壞的，《大清聖祖仁皇帝實錄》裏有一段記事也許可以說明這件事：

> 諭大學士等曰：天壇大祭，朕親行禮，曾有諭旨。嗣因朕躬少有違和，大臣等再三奏阻，故下旨遣大臣恭代，朕則照常齋戒。兩日來，朕躬安好如常，必親祭方展誠心，朕仍親詣行禮。……朕今年已六十，行禮時，兩旁人少為扶助亦可[33]。

　　行大祭天壇禮須人扶助，身體衰弱的情形已是極為明顯了。康熙五十一年 (1712)，皇帝的身體逐漸好轉，他常在文武官員如滿保、滿丕、宋犖、曹寅、趙弘燦、潘育龍、殷特布、王昭度、劉殿衡、路振聲、赫壽、孫文成等人的奏摺中批寫「朕安」，「朕體安善」等字樣。尤其在五月間去了熱河行宮之後，他更覺得「飲食起居都好」。儘管同年十月以後再度廢黜皇太子，他也以平常心處之，大臣中有人關心他的健康，他也告訴臣工們「朕體安」，並無不適之事[34]。

---

[32] 黃伯祿，《正教奉褒》，收入：韓琦、吳旻 (校注)，《熙朝崇正集／熙朝定案／（外三種）》（北京：中華書局，2006），頁 367。
[33] 華文書局 (輯)，《大清聖祖仁皇帝實錄》，卷 248，頁 22。

　　康熙五十二年 (1713)，皇帝曾於五月間奉皇太后避暑塞外，在熱河行宮中住了五個月，九月中返京。十一、二月間他又作了一次塞外之行。另外又有他在暢春園內西廠親自參加射箭的記事，還「閱試武舉」，可見全年身體不差[35]。在大臣的奏摺中，不論是滿文的或是漢文的，他也常批些「朕安」、「朕體安善」的話，也足以證明這一年皇帝是沒有大病大痛的。

　　史料中可以看出康熙皇帝身體此後尚好，直到康熙五十四年 (1715) 初冬才開始有了變化。這年十月間，皇帝自己說：「此番出巡，朕以右手病，不能寫字，用左手執筆批旨」[36]。次年正月，另一隻手又有問題了，他在直隸總督趙弘燮的奏摺上批過這樣一段話：「朕偶然風吹，所以左手連背，少有違和，故用湯泉浴洗，身不入水，近來深得效驗」[37]。他也要趙弘燮「勿多掛念」，他將於驚蟄後去「打水圍」！手背的不適好了，他才感到「進食步履，比往年好」、「氣色亦好」。夏初去了熱河以後，更覺氣色大好[38]。據說他在熱河避暑期間，「從不晝寢，當夏不用扇。……一夜熟睡，身已安矣，日間再睡無益」，所以他說：

---

[34] 此類記事頗多，請參看：中國第一歷史檔案館（編譯），《康熙朝滿文硃批奏摺全譯》；國立故宮博物院故宮文獻編輯委員會（編），《宮中檔康熙朝奏摺》，第3–4輯（臺北：國立故宮博物院，1976），康熙五十一年各條。

[35] 《大清聖祖仁皇帝實錄》記事極詳，可以參閱。

[36] 中國第一歷史檔案館（整理），《康熙起居注》，頁2203。

[37] 國立故宮博物院故宮文獻編輯委員會（編），《宮中檔康熙朝奏摺》，第6輯（臺北：國立故宮博物院，1976），頁34。

[38] 中國第一歷史檔案館（編譯），《康熙朝滿文硃批奏摺全譯》，頁1088、1090、1100。

「口外水土好處調養，朕躬較往年甚屬康健，在外並無他恙」[39]。
總之，康熙五十五年 (1716) 這一年，皇帝僅有一些小病痛，情形
不太嚴重。

　　康熙五十六年 (1717) 可以視為皇帝身體轉弱的關鍵時刻。
雖然從春天到秋初，他都說他的身體「安善」，但事實上卻頗有
問題。他在五月十九日大學士嵩祝的一份奏摺上批寫說：「在宮
時體不甚好，原以為勉強來口外水好之處，大概可康健矣。至
今朕體未見甚好，行走需人攙扶。甚虛弱，何言萬安，一安亦
無」[40]，可見情況不佳。到十月間，他坦誠的對大臣們說：「朕
近日精神漸不如前，凡事易忘，向有怔忡之疾，每一舉發，愈
覺迷暈」[41]。十一月中，他也向直隸總督趙弘燮說：「朕又多病」。
十二月皇太后病逝，他的病情更重了，他到宮裏去行禮時，「乘
軟輿，腳背浮腫，不能轉移，用手帕纏裏，纔能移動」[42]。第
二年正月，皇帝有兩次談話提到他的身體狀況，一是初四日，
他說：「不幸身罹大憂，肢體不能動履，已寢臥五旬矣」。另一
次是在二十一日，他更詳細的說：

　　　　朕體自去年春夏之交不安，留心調養漸愈，面色稍豐。
　　　　……自熱河來京，心中沈悶，身體有疾，又值皇太后大
　　　　事，總無暇調治，以致身體甚是不安者七十餘日。……
　　　　今已年高，病雖漸愈，手尚作顫，不能即時復舊[43]。

[39] 中國第一歷史檔案館（整理），《康熙起居注》，頁 2287、2321。
[40] 中國第一歷史檔案館（編譯），《康熙朝滿文硃批奏摺全譯》，頁 1190。
[41] 中國第一歷史檔案館（整理），《康熙起居注》，頁 2453。
[42] 中國第一歷史檔案館（整理），《康熙起居注》，頁 2468。

　　可見在過去一年多的歲月中，他是在病魔糾纏中度過的。同年二月，也有兩次談話與他的身體有關，現在抄錄於下：二月六日他說：「若謂身安，則羸瘦已極，僅存皮骨，未覺全復，足痛雖較前稍愈，步履猶難」[44]；二月二十六日則記：「朕體稍早起，手顫頭搖，觀瞻不雅，或遇心跳之時，容顏頓改。驟見之人，必致妄起猜疑」[45]。康熙皇帝一向是講究體面的，「手顫頭搖」、「容顏頓改」，必然會令他心情壞到極點。同年四月間，身體雖比以前好了一些，但「走動還須人扶掖」[46]，直到康熙五十八年(1719)四月，皇帝的身體顯然沒有康復，清朝官方書檔中都記他「氣血漸衰，精神漸減，辦事殊覺疲憊，寫字手亦漸顫，仍欲如當年事事精詳，則力有不能」[47]。這位個性好強的皇帝雖然在往後的幾年當中，不斷向大臣們說「朕安、氣色甚好」、「飲食起居好」之類的話，他也曾以上諭對遠在西北前線作戰的兒子說：「朕略知養身之道，不僅去除舊病，且自去年以來，未服一付藥。腹業已不動，腿腳甚良好，上炕邁臺階不必人扶，乘馬不用鐙」[48]，但這是不是他為了安慰愛子才這樣說，值得進一步研究。因為康熙五十八年冬至祀天他還因「足雖不得力」而猶豫能否親自舉行大典；康熙六十年(1721)正月又因「親謁陵寢告祭」的事被大臣阻止，原因也在他的健康不佳[49]。

[43] 中國第一歷史檔案館（整理），《康熙起居注》，頁2484–2485。

[44] 中國第一歷史檔案館（整理），《康熙起居注》，頁2489。

[45] 中國第一歷史檔案館（整理），《康熙起居注》，頁2492。

[46] 國立故宮博物院故宮文獻編輯委員會（編），《宮中檔康熙朝奏摺》，第7輯（臺北：國立故宮博物院，1976），頁318。

[47] 華文書局（輯），《大清聖祖仁皇帝實錄》，卷284，頁3。

[48] 中國第一歷史檔案館（編譯），《康熙朝滿文硃批奏摺全譯》，頁1570。

康熙晚年還有一個健康上的缺陷，就是他的牙齒不好。一說是：「康熙暮年，牙齒盡脫」[50]。另一說是出自皇帝之口的：「惟牙損壞」[51]。後一種說法比較可信，因為皇帝在一次告誡他的子孫時也說：「朕今年高，齒落殆半，諸凡食物，雖不能嚼；然朕心所欲食者，則必烹爛或作虀醬，以為下飯」[52]。

這位中外聞名、允文允武的大帝，死於康熙六十一年 (1722)十一月十三日，享年六十九歲。他年輕時身體算是強健，「筋力頗佳，能挽十五力弓，發十三握箭」，「天稟甚壯，從未知有疾病」[53]；不過自從康熙四十七年 (1708) 廢皇太子後，健康大受損害，尤其到他死前的四、五年，情況日壞一日，手抖、腳腫、搖頭、苦臉、心跳、頭暈、牙痛、腹瀉，可謂百病纏身，使他晚年大受病痛之苦，這也是一代名君的一生憾事。

最後，讓我們來談談皇帝血統的相關問題。在古代中國，夷夏之辨是非常受重視的。清朝係滿族人所建，康熙皇帝按理說是滿族的後裔，身體內應是流著滿族的血液，可是據目前史料所記，他的血統似乎不是那麼單純，很值得作一番觀察研究。

先看看康熙的祖先。清朝皇家姓愛新覺羅，他們的歷史必定很久遠，因史料缺乏，我們無法詳考。現在就從大清朝奠基

[49] 華文書局（輯），《大清聖祖仁皇帝實錄》，卷286，頁8-11；卷291，頁4-6。

[50] 李伯元，《南亭筆記》，卷1，轉引自：楊珍，《康熙皇帝一家》（北京：學苑出版社，1994），頁147。

[51] 中國第一歷史檔案館（編譯），《康熙朝滿文硃批奏摺全譯》，頁1570。

[52] 愛新覺羅・胤禛（纂），《聖祖仁皇帝庭訓格言》，收入：《景印文淵閣四庫全書》，第717冊（臺北：臺灣商務印書館，1983），頁67-68。

[53] 華文書局（輯），《大清聖祖仁皇帝實錄》，卷275，頁5、9。

者清太祖努爾哈齊來說，他是後金國的大汗，所娶的妻妾很多，有資料可考的共有十四人[54]。其中日後被稱為高皇后的是海西女真葉赫部首領楊吉砮的女兒，名孟古哲哲，她比努爾哈齊小十四歲。明神宗萬曆二十年 (1592) 為努爾哈齊生下第八子皇太極，這位男孩就是繼承努爾哈齊後金國汗並建立大清朝的明君清太宗[55]。孟古哲哲死於萬曆三十一年 (1603)，努爾哈齊非常悲痛，曾以四個婢女殉葬。孟古哲哲母家是明朝官書中所稱的海西女真，努爾哈齊的所屬衛所是建州女真，兩者應同屬女真人。不過，清朝文獻中說海西葉赫部的祖先原是蒙古人，這樣說來，皇太極的母親必具有蒙古血統[56]。

皇太極繼努爾哈齊為大汗後，國勢日益強大。他征服了朝鮮，平定了蒙古，幾次打敗駐守在遼東的明朝軍隊，甚至深入長城打到河北、山東等省，並將後金國號改為清，建立了大清朝。皇太極也是妻妾眾多的，史籍中有清楚記載的至少有十五人，而其中有五人地位較高，被封為五宮的后妃：她們是孝端文皇后、孝莊文皇后、敏惠恭和元妃、懿靖大貴妃與康惠淑妃。這五位后妃全是蒙古人，孝端是科爾沁蒙古貝勒莽古思的女兒，是皇太極的元配，但未生子。她的兩個姪女後來也嫁給了皇太極，一個是莊妃，一個是宸妃。莊妃聰明能幹，宸妃賢淑文靜，都是皇太極的愛妾。莊后後來為皇太極生下一子，即日後繼統

---

[54] 趙爾巽（等撰），《清史稿・卷214・列傳1后妃》（臺北：鼎文書局，1981），頁 8898-8901。太祖后妃條下實際可考者共為十六人。

[55] 華文書局（輯），《大清太祖高皇帝實錄》（臺北：華聯出版社，1964），卷2，頁 8。

[56] 華文書局（輯），《大清太祖高皇帝實錄》，卷6，頁 30。

為君的順治皇帝福臨。宸妃也為皇太極生過一男，但兩歲夭殤，而且宸妃也在不久後病逝，諡為敏惠恭和元妃。莊妃母以子貴，最後被封為孝莊文皇后[57]。皇太極的另外兩位蒙古妃子是察哈爾蒙古林丹汗的妻妾，在清兵消滅林丹汗後歸降滿洲而嫁給皇太極，地位顯得不重要。孝莊皇后是標準的蒙古人，因此她的兒子順治皇帝血液中絕對混和著滿蒙兩族的血液。

　　順治皇帝先後冊立過兩個皇后和一個貴妃，當然還有一些地位較低的妾。順治年幼即位，由叔父多爾袞攝政，為他選立了科爾沁蒙古卓禮克圖親王吳克善的女兒為皇后。順治親政之後，他覺得皇后「事上御下，淑善難期，不足仰承宗廟之重」，斷然廢了皇后[58]。這件事發生在順治十年 (1653)，還引起當時朝廷中大臣們的大爭論。第二年皇帝冊立了另一位科爾沁來的女子為新皇后，但不久他又愛上了內大臣鄂碩的女兒董鄂氏，後來封為貴妃、皇貴妃[59]。董鄂氏因為得到皇帝的專寵，逾越宮規往上竄升，實屬罕見。

　　可惜的是董鄂妃在順治十七年 (1660) 病逝了，皇帝哀傷逾恆，幾個月後也得天花駕崩。有人說順治並非病死，而是因愛妃去世看破紅塵出家了，不過這一說的史料證據不足[60]。

　　順治的后妃們所生下的皇子不算多，《清史稿》中所記的只

[57] 趙爾巽（等撰），《清史稿・卷214・列傳1后妃》，頁8901-8905。

[58] 華文書局（輯），《大清世祖章皇帝實錄》（臺北：華聯出版社，1964），卷77，頁17。

[59] 趙爾巽（等撰），《清史稿・卷214・列傳1后妃》，頁8908-8909。

[60] 請參看：陳捷先，《順治寫真》（臺北：遠流出版事業股份有限公司，2006），頁251-259、270-277，〈鍾情董鄂妃〉、〈順治之死〉等節。

有八人。繼承大位為君的不是高貴后妃的皇子，而是一位得過天花已具有免疫力的幼童，他就是康熙皇帝。

康熙皇帝的生母是佟佳氏，從清朝八旗制度的旗籍可知她家是漢軍旗下的屬人。據史料記載，佟佳氏本來姓佟，祖先是明朝遼東地區的漢族著姓。佟佳氏自幼入宮，本是順治的一個妃子，十五歲時就生下了康熙，可是不久順治帝就專寵董鄂妃，康熙生母一直被冷落著，直到康熙繼承大位後，才提升自己的生母為皇后，即後世尊稱的「慈和皇太后」。不過佟佳氏也真福薄命短，在她封為皇太后僅僅四個月的時候，便撒手人寰了，死時才二十四歲[61]。

不過，佟氏家族中卻有不少是福祿雙全的人。慈和皇太后佟佳氏的祖父叫佟養真，他在清太祖努爾哈齊所建立的後金國天命四年 (1619) 投降滿洲，兩年後被明朝邊將毛文龍所殺。佟養真生二子，長子佟豐年，次子佟盛年。佟豐年後來也被毛文龍所殺，佟盛年則在改名佟圖賴後活躍於後金，尤其在對明戰爭中表現得相當傑出，很得清太宗皇太極的信任與倚重。清朝入關以後，佟圖賴為砲兵步隊長官，為大清南征北討，在河北、山東、山西等地戰役中都曾建立功勳。後來更得中央重用，授為定南將軍，出征湖南、廣西等地。順治八年 (1651) 凱旋回京，授禮部侍郎，晉三等子爵，順治十三年 (1656) 更受封太子太保銜，可謂位極人臣。佟圖賴生有二子一女，長子佟國綱、次子佟國維，都是康熙朝的名人。女兒佟佳氏則嫁給了順治帝，在

[61] 趙爾巽（等撰），《清史稿‧卷214，列傳1后妃》，頁8908。案佟佳氏在康熙時封為「慈和皇太后」，乾隆時又加諡號，尊為「孝康慈和莊懿恭惠溫穆端靖崇文育聖章皇后」，後世稱為「孝康章皇后」。

順治十一年 (1654) 生下康熙帝，使得佟家的地位更為高貴了。

　　佟家在清太宗成立漢軍旗時，最初被編入漢軍藍旗。崇德七年 (1642)，史料裏仍有將佟養真、佟養性帶來的族人一千零二十八人，又四百四十八人，編成七個佐領，由佟養真之子佟圖賴與佟養性之子佟圖占共掌佐領，隸漢軍正藍旗[62]。至於佟家被抬入滿洲鑲黃旗，現有兩種說法，一是佟圖賴因女兒嫁給順治帝而被抬旗，另一說法是康熙二十七年 (1688) 四月，因佟國綱奏請而抬旗的，不過，無論如何，佟家確實成為天子自將的滿洲鑲黃旗下之屬人，家族的地位也變得顯赫與高貴[63]。

　　據上可知：佟佳氏的祖先原是遼東漢族，一門多人以軍功起家，深得清初幾代帝王寵信與倚重，順治之世，佟圖賴之女嫁入皇宮，為順治帝生下一男，即日後的康熙帝。康熙帝的生母既出自漢族家庭，父親順治帝又兼有滿蒙兩族血統，若以遺傳學而言，則康熙帝血液中必有滿蒙漢三族人的血液。

[62] 《鑲黃旗漢軍譜檔》，清宮藏本。
[63] 華文書局（輯），《大清聖祖仁皇帝實錄》，卷135，頁2。

康熙皇帝的飲食與養生之道

　　滿洲人在建立清朝之前，是居住在中國東北地區的一個少數民族，飲食文化因氣候、物產等原因，與漢族頗有不同。建立清朝之後，特別是在入關定鼎北京之後，由於沿襲明朝的舊制，飲食方面也有了皇家的規模，漸漸改變以前簡樸的傳統。不過清初由於戎馬倥傯，國庫不豐，加上滿洲人的飲食舊俗不能立即改變，因此在康熙之世，宮庭飲食仍談不上豪華，加上康熙皇帝本性崇尚節儉，餐飲消費不多。據大學士伊桑阿在康熙二十九年 (1690) 的一份報告中稱：「明朝光祿寺每年送內所用各項錢糧二十四萬餘兩，今每年只用三萬餘兩。每年木柴二千六百八十萬餘斤，今只用六、七百萬斤。每年用紅螺等炭共一千二百八十萬餘斤，今只用百萬餘斤」，因此大臣們都「以為皇上過於節儉」[1]。康熙皇帝自己也說：「明代宮闈之中食御浩繁，……(案：我朝)宮闈中服用則一年之用尚不及當日一月之多」[2]。

---

[1] 《康熙起居注》，臺北國立故宮博物院藏本，二十九年正月十七日條。
[2] 愛新覺羅・胤禛（纂），《聖祖仁皇帝庭訓格言》，收入：《景印文淵閣四庫全書》，第 717 冊（臺北：臺灣商務印書館，1983），頁 12–13。

宮中開銷，當然包含飲食，可見康熙早期在這方面的花費並不
多。

　　康熙皇帝當年在宮中的日常飲食情形，由於欠缺完整史料，
我們知之不多。他每天用膳的菜單，或是他個人對飲食的偏好，
我們也無法藉由確切史料予以證實。現在我們只能從一些零星
片斷檔案中找到不完全的紀錄。例如在康熙十年 (1671)，他第一
次東巡盛京（瀋陽）拜謁祖陵時，史料為我們透露了一點消息：

一、康熙皇帝親自批准盛京所屬皇莊供應的食品計有：醃白菜、
　　滿洲小芥菜、開心小酸菜、不開心小酸菜、大醬瓜子、清
　　醬瓜子、茄子、韭菜、水蘿蔔、大紅蘿蔔、蔥、蒜、奶油
　　（做餑餑用）、蜜、豬油、好白麵、做薩花和撒糕用的稷米及
　　蛋黃、雞蛋、高粱炒麵、小米炒麵等等。
二、皇帝又批准盛京所屬皇莊備辦由盛京回鑾至大凌河的一個
　　月期間所需米糧為：稷米、白小豆、紅小豆、綠豆、高粱
　　米、小米、芝蔴油、燒酒、茶、麵等物。皇帝還特加諭令：
　　「供應之米，有稻米則給稻米，若無稻米，則一併供給稗
　　米或燕麥」。
三、又據盛京各地檔案略知：山海關外九處駐蹕地在此次東巡
　　往返期間，共用七十斤重豬三十六頭、仔豬三十六頭、鴨
　　七十二隻、雞一百八十隻、鵝一百零八隻[3]。

----

[3] 請參看《黑圖檔》、《來京檔案》（康熙十年）等滿文檔冊。《黑圖檔》
　　是清代盛京內府、北京內務府與盛京五部間的往來文件，分為京來、
　　京行、部來、部行四大類，數量共有一千多冊。

　　以上只是關外各地的食用資料，尚未包含京師備辦的與沿途蒙古王公、將軍、文武大臣進貢的食品[4]。東巡是皇帝出關去東北老家的巡幸，在當時算是勞師動眾的大事，參與的人員很多，上列數字雖然缺殘不全，但仍可以看出當時康熙親政不久，國家財力不豐，皇帝所謂的「未敢妄費」、「一切開支，實不為多」應該是可信的。同時從食品的項目清單中，我們似乎也可以了解這次東巡的飲食很是樸實，頗具滿族的風味與特色。

　　另外，康熙二十一年 (1682)，因為平息三藩動亂，康熙皇帝為了祭告祖先，第二次東巡瀋陽老家。這次巡幸不論是規模，或是行程安排，都比第一次大而細密，《黑圖檔》裏記載負責此行食物的皇莊共有八十二所，徵集的食品有豬、鵝、雞、鴨、稻米、高粱、燕麥、豆麵、白麵、芝蔴油、飼料用的豆、草以及鹽、醬、酒等等。還有從京城帶去的醃製獸肉、魚肉，「一次裝了四十牛車，菜餚裝了十四馬車」。御膳房一天用羊十二隻，預計行程三個月，共帶一千八十隻羊。太監又預備用羊三百多隻，還有備擠奶的乳牛五十頭，隨行備用的七十頭。從以上食品內容上看，似乎仍不失為遊牧民族的舊習，因為吃的還是肉食與奶製品為主[5]。

　　康熙三十七年 (1698)，清朝消滅了外蒙噶爾丹，平定了西北邊疆亂事，皇帝又有第三次東巡。巡幸大隊人馬自七月二十九日出發，十一月十三日返京，歷時三個半月。據《總管內務府

---

[4] 此次東巡費時兩個月，途中駐蹕處近四十個地方，各地文武官員及科爾沁、喀喇沁、奈曼、翁牛特等王公均來朝見並進貢食物，《大清聖祖仁皇帝實錄》中記載很多。

[5] 以上食品數字均採自《黑圖檔・京行檔》（康熙二十一年）。

行文檔》所記：戶部為皇上帶往盛京的銀兩、綢緞等物計重八千九百斤，裝十二車。掌儀司帶的葡萄乾等物五百斤，裝一車。御膳房帶的筐蘿、扁擔等物五百八十斤，裝一車。茶房帶的茶葉、奶油等項六百九十斤，裝一車。內管領帶的米、麵等項三萬四千三百餘斤，裝四十九車。慶豐司裝牛犢車八輛等等。又送至伊吞口地方的米麵一萬三千六百九十餘斤，裝二十餘車。後來迎送米、麵等項一萬零五百餘斤，裝十五車，合計僱用大車一百三十二輛，預付車租銀八千四百二十四兩。

盛京內務府也為皇帝此次駕臨備辦了蘑菇十五斤、木耳十五斤、蕨菜三十斤、鹽五百斤、蜜一百斤、白麵二千斤、大麥麵一百斤、澱粉五斗、白稻米二斗、稗米四斗、白小米二斗、黃小米二斗、紅高粱米四斗、白豆八斗、綠豆二斗、白豇一斗、菜豆一斗、芝蔴一斗、芝蔴油四百斤、白芝蔴油一百斤、榛子仁一斗、雞蛋五千個、醃菜一千八百五十六斤。

京城裏又通知盛京備辦以下一些食品：豬油炒白菜六罐、豬油炒芹菜六罐、豬油炒芹菜心一罐、豬油炒胡蘿蔔六罐、豬油炒菠菜三罐、醬燒茄子六罐、水操白菜六罐、水操白菜心六罐、水操茄子六罐、醃韭菜四罐、韭菜醃醬瓜四罐、韭菜醃茄子兩罐、醃水操茄子兩罐、醃水操醬瓜兩罐，合計六十罐。另備山裏紅、李子等數罐[6]。

從以上的食品中，我們可以看出一點端倪：康熙皇帝是以肉食與奶製品為主食、五穀為輔，而醃菜是他的偏好，蔬菜中以茄子、韭菜、黃瓜是他特別愛吃的。

---

[6] 各項食品名稱、數量均抄自北京《總管內務府行文檔》康熙三十七年滿文件及盛京《黑圖檔‧京行檔》康熙三十七年滿文件。

黃瓜等物確實是皇帝偏愛的食物，他在征討噶爾丹的時候，曾經寄信給太監總管顧問行說：「前者進來的王瓜（案：黃瓜）甚好，以後每報必須帶來。蘿蔔、茄子也帶來」[7]。同時在另一次遠征途中，皇帝與皇太子來往的滿文函件中也常提到蔬菜、水果的事，如康熙三十五年 (1696) 三月二十七日皇太子胤礽在奏報中就說過：「恭進江南紅蘿蔔、本地新白水蘿蔔、新王瓜、新茶葉。為此謹奏」。同年五月，又進呈橙乾、櫻桃乾、桃乾及梨一批。第二年二月再進呈文旦、春桔、石榴等物。皇帝批示則有：「荸薺停送，增送文旦、石榴、春桔為好」[8]。可見在沙漠征途中，康熙帝還是重視水果蔬菜這些食物的。

康熙皇帝個人的食物習慣，從一些史料裏也可以看出一些實狀來：

第一，法國傳教士白晉 (Joachim Bouvet) 在清宮裏服務過一段時間，對康熙的了解很多。他說：

> 皇帝有一次去旅行因離京城較遠，運送蔬菜困難，一行人每天只能吃牛羊肉，皇帝為了表示他不想比別人更講究一些，吩咐人們在營地上還沒有運來其他食品時，也只需給他吃隨從們吃的那兩種肉食就行了[9]。

---

[7] 故宮博物院掌故部（編），《掌故叢編·聖祖諭旨》（北京：中華書局，1990），頁 24–25。

[8] 中國第一歷史檔案館（編譯），《康熙朝滿文硃批奏摺全譯》（北京：中國社會科學出版社，1996），頁 73、86、145。

[9] 白晉 (Joachim Bouvet)（著），馬緒祥（譯），《康熙帝傳》，收入：中國社會科學院歷史研究所清史研究室（編），《清史資料》，第 1 輯（北京：中華書局，1980），頁 193。

第二，康熙三十五年 (1696) 三月間，皇帝親征噶爾丹，由於後方補給有些問題，他竟諭令：「議政大臣等出口以後，侵晨啟行，日中駐扎，每日一餐」，並且在「營中皆炊飯，然後進膳」[10]。

第三，康熙四十三年 (1704) 八月初二日，皇帝住釣魚處，膳房所備，只有肉肴，竟忘帶飯食。諸皇子及近御侍從，俱欲笞之。皇帝阻止，並且說：「此乃小事，可寬宥之」[11]。

第四，康熙不重視藥膳，尤其不喜歡吃人參。他說：「南人（案：指南方人）最好服藥、服參，北人於參不合」。他自己不信人參的功效，「不輕用藥，恐與病不投，無益有損」[12]。

據此可知：康熙皇帝早年的食物以肉類為主，輔以五穀蔬菜、醃菜開胃，很少吃高貴食物，藥膳更是沒興趣，大體上看有著傳統滿族菜肴的濃厚色彩，當時漢化飲食的影響顯然還不大深，與乾隆時代以及晚清慈禧之日相較，真是不可同日而語，而康熙皇帝本人在膳食方面也相當隨和，不講求品味、排場，能與隨從的大臣、士兵們吃大鍋飯，真是難得。

關於飲料方面，從上面《總管內務府行文檔》中，我們看到茶房為皇帝帶茶葉去盛京的事，故皇帝喝茶是可以相信的事。那他是不是喝酒呢？我想應該從以下事實作一說明。首先是清初的帝王們都反對喝酒，如太祖努爾哈齊就一再強調酒是「無益之物」、「愚者飲之喪身，賢者飲之敗德，……則酒固宜切戒

---

[10] 華文書局 (輯)，《大清聖祖仁皇帝實錄》(臺北：華聯出版社，1964)，卷 171，頁 26、29。

[11] 華文書局 (輯)，《大清聖祖仁皇帝實錄》，卷 217，頁 2。

[12] 中國第一歷史檔案館 (整理)，《康熙起居注》(北京：中華書局，1984)，頁 2485。

也」[13]。太宗皇太極則以金朝歷史為鑑，諭誡大臣們說：「凡為君者，耽於酒色，未有不亡國者」[14]。他自己確實不嗜酒。順治帝沒有飲酒或酗酒的紀錄，他是虔誠的佛教信徒，相信他不應該是嗜酒之人。康熙登極之後，鑑於祖先帝王的禁酒訓誡，加上祖母孝莊后的嚴厲管教，他對酒類是有禁忌的，而且變成「能飲而不飲」，是了不起的明君。他在訓示子孫時曾說：「人有點酒不聞者，是天性不能飲也。如朕之能飲而不飲，始為誠不飲者。大抵嗜酒則心志為其所亂而昏昧，或致病疾，實非有益於人之物，故夏先后以旨酒為深戒也」；又說：「世之好飲者，樂酒無厭，心恒狂亂，遂至形骸顛倒，禮法喪失，其為敗德，何可勝言！是故朕諄諄教飭爾等，斷不可耽於酒者，正為傷身亂行，莫此為甚也」[15]。因此康熙皇帝只在「遇年節筵宴，只飲一小杯」，或在外藩來朝時，作禮貌性的舉杯致意。不過，他在登基近五十年之際，突然大飲西洋葡萄酒，這又是什麼原因呢？

　　葡萄酒原是西域生產的名酒，唐朝打敗高昌國之後，取得其製造方法。唐朝詩人有云：「葡萄美酒夜光杯」，可見當時中原已流行飲用葡萄酒。而西洋葡萄酒傳入中國的確切時間並不易查考，一般人都以為明末西洋傳教士東來與是類果酒傳入中

---

[13] 華文書局（輯），《大清太祖高皇帝實錄》（臺北：華聯出版社，1964），卷9，頁 17–18。

[14] 華文書局（輯），《大清太宗文皇帝實錄》（臺北：華聯出版社，1964），卷 32，頁 8。

[15] 愛新覺羅・胤禛（纂），《聖祖仁皇帝庭訓格言》，收入：《景印文淵閣四庫全書》，第 717 冊，頁 22–23。

國的關係很大。湯若望 (Johann Adam Schall von Bell) 是明末清初來華傳教的日耳曼人（出生於今德國科隆），曾在明清兩朝中央擔任過官職。有一次他宴請吏部大臣范潞公（范光文）時，後人有如下的一段傳聞：

> 湯若望……取西洋蒲桃酒相酌，啟一匣錦裹，又一匣出玻璃瓶，高可半尺，大於椀，取小玉杯二，瑩白無瑕，工巧無匹。謂吏部范公曰：「聞公大量，可半杯」。若望斟少許相對，吏部以為少，若望笑曰：「此不可遽飲，以舌徐濡之」。潞公如言，……數舐酒盞，茫茫若睡鄉，生平所未經。若望亦如寐，良久各醒 [16]。

另外從史料中可以看到清初順治年間確有荷蘭人贈送洋酒給清朝皇帝，而湯若望曾經用皇帝賜給他的洋酒招飲過中國友人。無論如何，在清朝初年，中國有人品嚐到西洋葡萄酒了，有人喜歡這種洋酒而吟出讚美的詩句：「紅毛之酒紅於血，色香異味三奇絕」[17]。

康熙二十五年 (1686)，荷蘭貢品中有「葡萄酒兩桶」的紀錄；不過皇帝在祖母的教訓下，自幼「不喜飲酒」[18]，因此史書與西洋人的記事中都不見康熙早年喝西洋葡萄酒的事。可是到康

---

[16] 彭孫貽，《客舍偶聞》，收入：上海書店（編），《叢書集成續編》，第95冊（上海：上海書店，1994），頁9。

[17] 王士禛，《池北偶談》曾記此詩。

[18] 愛新覺羅・胤禛（纂），《聖祖仁皇帝庭訓格言》，收入：《景印文淵閣四庫全書》，第717冊，頁21。

熙四十八年 (1709)，他突然命令內務府官員趙昌向有關地方官員傳旨，通令「以後凡本處西洋人所進皇上上用物件，並啟奏的書字，即速著妥當家人，僱包程騾子，星夜送來，不可悞了時刻」[19]。聖旨中所稱的「西洋人所進皇上上用物件」，原來其中之一就是從西歐運來的葡萄酒。由於當時西洋傳教士多在廣東、福建、江西等地傳教，因此趙昌也叫該省區的封疆大吏們四處尋找。結果不出兩個月，就有了豐碩的收穫。廣東一地據總督趙弘燦報告稱：計有西洋傳教士穆德我進呈的葡萄酒一箱、畢登庸的一箱、景明亮的一箱以及稍後來自郭天寵的九瓶[20]。福建方面則由總督的報告中了解，僅有利國安一人進呈兩箱[21]。江西巡撫郎廷極對此事表現得相當熱心，前後進呈奏摺多件，他所徵集到的葡萄酒計有：殷弘緒的六十六瓶、馬若瑟的五瓶、傅聖澤的八瓶、沙守信的六瓶、馮秉正的六瓶、畢安的兩瓶、穆泰來的兩瓶[22]。在所有進呈的洋人物品中，另有「格爾默斯」一種，可能是藥酒或藥品，而「珠穀臘」則應是「巧克力」。皇帝對疆吏們的工作感到很滿意，曾在郎廷極的奏摺上批寫：「已後你有西洋人有進之物，摺子上寫明不奏聞」[23]。

[19] 國立故宮博物院故宮文獻編輯委員會 (編)，《宮中檔康熙朝奏摺》，第 2 輯 (臺北：國立故宮博物院，1976)，頁 82。

[20] 國立故宮博物院故宮文獻編輯委員會 (編)，《宮中檔康熙朝奏摺》，第 2 輯，頁 131–132、174。

[21] 國立故宮博物院故宮文獻編輯委員會 (編)，《宮中檔康熙朝奏摺》，第 2 輯，頁 115。

[22] 國立故宮博物院故宮文獻編輯委員會 (編)，《宮中檔康熙朝奏摺》，第 2 輯，頁 82–83、136–137。

[23] 國立故宮博物院故宮文獻編輯委員會 (編)，《宮中檔康熙朝奏摺》，第

　　事實上，據一份滿洲文寫的史料，第一個為皇帝進呈西洋酒入京的應該是江南總督邵穆布，他在康熙四十八年 (1709) 二月二十四日就上奏派人前往京師送酒了。他從江寧（南京）天主堂林安傳教士處得到葡萄酒十一瓶及鼻煙壺一只，在時間上顯然比江西閩廣等地要略早一些[24]。

　　康熙四十九年 (1710) 各地進呈的西洋葡萄酒在數量上大為減少了，目前史料中能找到的有趙弘燦在報告上提到「西洋人李國震交到進皇上葡萄酒拾伍瓶」。皇帝批示說：「近夏月，西洋船到時，問明速報」[25]。康熙五十年 (1711)，似乎也只有廣東一省進呈的葡萄酒較多，巡撫滿丕在奏報中曾說過送西洋酒入京的事。同年六月十日，滿丕又有進本地土產的奏報，皇帝的批語有：「爾去時曾諭凡物不要進，又為何進了？以後若得西洋葡萄酒、顏料則來進，他物都不必進」[26]。滿丕直到第二年二月十六日才派人進京，奏摺上寫道：「奴才得葡萄酒、繪畫顏料幾種，特派家人金才謹貢」，皇帝收到貢物後，提醒滿丕說：「目今已值西洋船抵廣東之際，倘到，速問，一併將伊等信函繕摺具奏，勿耽延」[27]。可見皇帝還盼新到的西洋船能帶來葡萄酒，當時他需要這種西洋酒的心情可謂畢宣紙上。

　　皇帝從來不嗜酒，甚至還對大臣們說過酒對人是無益之物，

2 輯，頁 84。

[24] 中國第一歷史檔案館（編譯），《康熙朝滿文硃批奏摺全譯》，頁 614。

[25] 國立故宮博物院故宮文獻編輯委員會（編），《宮中檔康熙朝奏摺》，第 2 輯，頁 437–438。

[26] 中國第一歷史檔案館（編譯），《康熙朝滿文硃批奏摺全譯》，頁 733。

[27] 中國第一歷史檔案館（編譯），《康熙朝滿文硃批奏摺全譯》，頁 768。

能亂人心志，會令人發生疾病；何以突然一下子他大張旗鼓到處搜求洋酒呢？原來皇帝從康熙四十七年 (1708) 下半年大病了一場，大約歷時半年多，在這一段期間，我們常見一些大臣的〈恭請聖安〉專摺上，有皇帝批寫了如「朕血氣還弱」、「朕體尚弱」等字句。康熙四十八年 (1709) 春天以後，批語才改寫成「朕大羔已安，但病後還弱些」或是「自立春以來，飲食起居，漸覺平和，氣血雖弱，似乎無妨。爾可放心」等一類文字[28]。他的病勢轉好，可能與西洋傳教士的建議有關。《正教奉褒》一書中記：

> 康熙四十八年正月二十五日，上諭：西洋人自南懷仁、安文思、徐日昇、利類思等在廷效力，俱勉力公事，未嘗有錯，⋯⋯前者朕體違和，伊等跪奏，西洋上品葡萄酒乃大補之物，高年飲此，如嬰童服人乳之力，諄諄泣陳，求朕進此，必然有益。朕鑒其誠，即准所奏，每日進葡萄酒幾次，甚覺有益，飲膳亦加，今每日竟進數次，朕體已經大安。念伊等愛君之心，不可不曉諭朕意，今傳眾西洋人，都在養心殿，叫他們知道。欽此[29]。

由此可知：康熙這次飲西洋葡萄酒是接受了西洋傳教士的

---

[28] 請參看：國立故宮博物院故宮文獻編輯委員會（編），《宮中檔康熙朝奏摺》，第2輯；中國第一歷史檔案館（編譯），《康熙朝滿文硃批奏摺全譯》，頁609–614。

[29] 黃伯祿，《正教奉褒》，收入：韓琦、吳旻（校注），《熙朝崇正集／熙朝定案／（外三種）》（北京：中華書局，2006），頁367。

懇求，是為治病而喝酒的。至於皇帝為何生病，應該是與康熙四十七年 (1708) 九月廢皇太子胤礽以及另一位心愛皇子胤祄亡故有關，心情悲痛到了極點。同時朝廷裏群臣之間互相傾軋，諸皇子中又鬧起爭立繼承人的鬥爭，使得皇帝心緒很壞，甚至令他飲食難安，睡眠不寧，皇帝也想藉喝些「大補之物」以寧神治病。「每日竟進數次」葡萄酒，顯然是多了一些，這也表明了他酒量不差，平日真是「能飲而不飲」。

康熙五十年代以後，因為與羅馬教皇發生衝突，康熙下令驅逐一批傳教士，幾乎到了禁教的境況。葡萄酒的來源更少了，皇帝的身體與心情正好這時也逐漸轉好，豪飲葡萄酒的事也成為歷史。

總之，康熙喝西洋酒只為治病，沒有上癮。另外在各項飲料中，皇帝最重視的是水，他曾經說過：「人之養生，所用之水最切」。他每次出巡都命人自備泉水，沿途飲用。他認為泉水清潔，「有益於身」。雨後泉水多汙濁，「必致瀉痢」。他自己有時還飲用習自西藏活佛的「露泡茶」，是一種用蒸餾水製成的茶水。他也時常教訓大臣與晚輩們：「爾等凡家居、在外，惟宜清潔」，可見他非常注意衛生保健。又說「人於平日養生，以怯懦機警為上。未寒涼即增衣，不宜食物即禁之。愈謹慎，則大益心身」；同時他又以為：

> 況養生之道，尤以節飲食為要義。朕自御極以來，凡所供餚饌，皆尋常品味，未嘗羅列珍饈，侈以自奉，然於日用嘗餐，猶加意樽節，適可而止，頗得調攝之方，縱恣口腹者，無益而有損，此人情易忽，不可不慎[30]。

　　康熙提出的這些養生原則，即凡事不要逞強，適可小心為佳。

　　康熙不認為補品補藥絕對重要，他說「補中有損」，「如補肝者，即不利於脾。治心者，即不宜於腎」[31]。「飲食禁之太過，惟任諸凡補藥，鮮能資補氣血而令之充足也，養生者宜知之」，只有年老力衰的人，可以酌用補品，如人參等物；按照「我朝滿洲舊風，凡飲食必甚均平，不拘多寡，必人人徧及，使嘗其味」[32]。

　　補藥最好不吃，丹藥更不應服用。他認為煉丹修養長生「皆誕妄不足信，但可欺愚民而已」[33]。康熙二十九年 (1690)，他讀了《唐史》，見唐朝大臣向帝王進丹藥，因而有感而發：「烹丹益壽，金石性烈，從古被害者多，金石不可餌」，「即養生家服氣之說，亦屬矯揉」。又說：「嘗參道書治體內不平，無益；不如閱覽性理一篇，遂覺神志清明，舉體強固。足見方士之言不可信」[34]。

　　在康熙看來，藥補不如食補。他自幼即養成良好習慣，有規律的生活。當了皇帝以後，每天進膳兩次，一次在早上六、七時，稱為早膳；另一次在中午至午後二時之間，稱為晚膳，兩次正膳之外，有時晚間六、七時加一頓晚點。他自己說過：

[30]《康熙起居注》，臺北國立故宮博物院藏本，二十九年三月二十九日條。

[31]《康熙起居注》，臺北國立故宮博物院藏本，五十二年六月二十九日條；華文書局（輯），《大清聖祖仁皇帝實錄》，卷230，頁7。

[32] 愛新覺羅‧胤禛（纂），《聖祖仁皇帝庭訓格言》，收入：《景印文淵閣四庫全書》，第717冊，頁46、51。

[33] 中國第一歷史檔案館（整理），《康熙起居注》，頁1841。

[34]《康熙起居注》，臺北國立故宮博物院藏本，二十九年三月二十九日條。

「朕每日進膳兩次，其餘不食別物」。在康熙三十五年 (1696) 親征噶爾丹時，有過多日「每日一餐」的紀錄[35]。如前所述，他對飲食「毫無奢求，滿足於普通的菜肴」，每天吃些肉類、奶製品與蔬菜而已。他愛吃蔬菜瓜果，而且對蔬果還有一套理論，認為果菜類食品「成熟時始食用，氣味甘甜，亦且宜人」。吃成熟的果菜，「亦養生之要也」，至於「蔥蒜之味雖濁，稍食些許，甚實有益」。更可貴的，他指出「高年人飲食宜淡薄，每兼菜蔬食之，則少疾，於身有益」，同時在「用膳後，必談好事，或寓目珍玩器皿，如是則飲食易消化，於身有益」。康熙的這些說法，顯然與現代科學養生觀極為符合。

除了飲食之外，康熙還相信養生之道應注意內外的修為。他提出的內外養生哲學約有：外在方面首先要勤勞，「以勞為福，以逸為禍」，人應不斷勞動，才能有益身心。他自己每天「御門聽政」，從早上就開始在朝廷辦公，與九卿、詹事、科道官員一起討論國家事務，除極少數幾日，或生重病以及出外巡視地方外，數十年如一日的聽大臣們面奏、批示奏章、指示處理辦法。朝會結束後他又召見大臣、宴請外藩，有時召大臣討論書法，或主持武試、批覽奏摺、向皇太后請安等。當然聽儒臣講論經史書籍的「經筵日講」，更幾乎是天天舉行。可見康熙皇帝是整天活動、勤勞工作的。

勤政工作固然是一種勞動，但練武更能強健身體。康熙說自己「政事稍暇，頗好書射」，他「自幼強健，筋力頗佳，能挽十五力弓，發十三握箭」，可謂是一位騎射好手[36]。御宇六十一

---

[35] 華文書局（輯），《大清聖祖仁皇帝實錄》，卷 171，頁 26、29。

[36] 華文書局（輯），《大清聖祖仁皇帝實錄》，卷 275，頁 9。

年期間，他與皇子們一同練武，與軍士們一同打獵。每年又參
加木蘭行圍，甚至加入軍旅親征外蒙的噶爾丹。直到死亡前幾
個月，他還進行一次狩獵。據他自己在康熙五十八年 (1719) 說：

> 朕自幼至今，凡用鳥槍弓矢，獲虎一百三十五、熊二十、
> 豹二十五、猞猁猻十、麋鹿十四、狼九十六、野豬一百
> 三十二、哨獲之鹿數百，其餘圍場內隨便射獲諸獸，不
> 勝記矣。朕曾於一日內，射兔三百一十八，若庸常人，
> 畢世亦不能及此一日之數也[37]。

　　皇帝確實是一位喜好狩獵運動的人。加上他一生中又有不
少次東巡、南巡、西巡，也都是勞動的表現。這種種勞動應該
對他的心身甚有益處。
　　康熙還從事一些有益健康的休閒活動，例如他喜愛書法，
他說「朕自幼好臨池，每日寫千餘字，從無間斷」，而一生游情
於翰墨之中，「實亦性之所好」[38]。他不是一個玩物喪志的人，
他練習書法是有怡情養性之用的，他甚至還說過：「善於書法者，
俱壽考而身強健。能畫或造物匠役，皆壽七、八十，身強之人，
故心有所專，即是養生之道」。整天寫字是不是影響國家公事呢？
康熙曾對大臣們清楚的說過：「朕亦非專工書法，但暇時游情翰
墨耳」，不會「無益國計」的[39]。
　　至於養生的內在修為，皇帝以為讀書最為重要。他始終相

---

[37] 華文書局（輯），《大清聖祖仁皇帝實錄》，卷 285，頁 10。
[38] 華文書局（輯），《大清聖祖仁皇帝實錄》，卷 216，頁 19。
[39] 《康熙起居注》，臺北國立故宮博物院藏本，三十一年四月二十一日條。

信：「學以養心，亦所以養身」，因此他與書結下一輩子的不解之緣。從小到老都在讀書。他在童年就知道「黽勉學問」，「早夜讀誦，無間寒暑，至忘寢食」，他的祖母孝莊后曾經開玩笑的對他說：「貴為天子，豈欲應主司試而勤苦乃爾！」而他自己也感到「一刻不親書冊，此心未免旁騖」[40]。另外，皇帝也說過：「凡人養生，無過於聖人所留之經書」，因此他無論是在酷暑或嚴冬，無論是平時或戰時，他都勤學不輟。他又深感「學貴有恆」，因「義理悅心，故樂此不疲」[41]，快樂當然就對養生有益了。

康熙皇帝又從經書裏悟徹到人應「儉約不貪」，應「寬坦從容」。「若儉約不貪，則可以養福，亦可以致壽」；「寬坦從容」可以使自己頤養天年。清心寡欲更是重要，「人能清心寡欲，不惟少忘且病亦鮮矣」，「蓋雜念不起，則靈府清明，血氣和平，疾莫之攖」。他曾綜合他這方面的養生哲學得到如下結論：「寡思慮所以養神，寡嗜慾所以養精，寡言語所以養氣，知乎此可以養生」[42]。

康熙皇帝主張「寬坦從容」面對生活，自己的牙齒脫落時還說：這是對子孫有益的事。當他嘴邊的鬍鬚變白時，大臣們勸他以「烏鬚散」染色，他不答應，並說：「古來白鬚皇帝有幾？

---

[40] 愛新覺羅・胤禎（纂），《聖祖仁皇帝庭訓格言》，收入：《景印文淵閣四庫全書》，第 717 冊，頁 2；中國第一歷史檔案館（整理），《康熙起居注》，頁 125、1253–1254。

[41] 華文書局（輯），《大清聖祖仁皇帝實錄》，卷 117，頁 19–20。

[42] 愛新覺羅・胤禎（纂），《聖祖仁皇帝庭訓格言》，收入：《景印文淵閣四庫全書》，第 717 冊，頁 41、68、76、93–94。

朕若鬚鬢皓然，豈不為萬世之美談乎?」甚至對於死亡，他也認為:「人之有生必有死，如朱子之言:天地循環之理，如晝如夜。孔子云:居易以俟命，皆聖賢之大道，何足懼乎!」[43]

當然天下事常是「知易行難」的，康熙帝又何能例外? 他在廢儲後諸子爭繼時，就有「未卜今日被鴆，明日遇害」的恐懼，視死如歸的看法不存在了[44]。他教人「清心寡欲」，自己卻在晚年仍多納江南佳麗到後宮，養生又談何容易呢?

根據以上所述，我們也許可以得到一些初步的結論:

第一，康熙是由祖母孝莊后從小帶大的，祖母對他管教很嚴，因而養成他一些良好的習慣。他自己自幼年就喜歡從長輩處求教生活知識，他說過「每見高年人，必問其已往經歷之事，而切記於心，決不自以為知而不訪於人也」[45]。不僅如此，而且他認為凡有益的，必終生奉行。因此在生活起居與養生方式上，他有一套自己的想法。

第二，康熙雖生長於帝王之家，但因他不是皇后所生，幼年時多少受到歧視，甚至一度因患天花而被隔離到皇城外居住，生活條件不佳。加上當時清朝入關未久，社會經濟仍未恢復，戎馬倥傯，國庫空虛，統治地位又不穩，因而皇家生活極為簡樸，多依滿洲舊俗，無奢華之風。康熙即位之後，因本人崇尚節儉，宮中用度極少，這與日後康熙皇帝的清簡生活是有關聯的。

[43] 華文書局 (輯)，《大清聖祖仁皇帝實錄》，卷 275，頁 10、12。

[44] 華文書局 (輯)，《大清聖祖仁皇帝實錄》，卷 234，頁 4。

[45] 愛新覺羅·胤禛 (纂)，《聖祖仁皇帝庭訓格言》，收入:《景印文淵閣四庫全書》，第 717 冊，頁 8。

第三，康熙自幼誦讀儒家經書，一生服膺儒學，並以崇儒重道為國策，自己又以儒家聖賢君主自居，他從經書中吸取很多做人與養生的要理，如講求「敬慎」、「寡欲」、「養神」、「養氣」等等，這些都成了他日後生活與養生的理論來源。

第四，康熙不但好學，又有研究的精神，喜歡做各種實驗。他偏好中西醫學，習得豐富的人體知識，對疾病的起因多有了解。他調查過老人長生的奧祕，也參與西藥的製造，他為大臣們處方治病，也不遺餘力的搜求偏方，亦從中得到不少飲食以及養生的知識。

總之，康熙皇帝從家族、環境、讀書以及他個人的親身經歷等方面，積累很多知識，日漸形成他的飲食與養生理論。我個人以為，即使在科學進步的今天，仍然是有些參考價值的。

康熙皇帝與醫學

康熙皇帝生於順治十一年 (1654)，死於康熙六十一年 (1722)，享壽六十九歲。他一生之中，身體雖稱健壯；但是到了中年之後，健康情況顯然漸走下坡。據史料可知，他在二十歲時曾因身體「不快」而到南苑「靜攝」過一段時間 [1]。三十六歲時，他因「目力不能書寫細字」而感慨的說他「諸疾時作，不離灼艾」[2]，四十歲時得過一場瘧疾，當時中醫中藥不能奏效，以致得病多時，後來還是由西洋傳教士為他診治用藥，才得痊癒 [3]。這也是他進一步信任西洋醫藥的主因。儘管康熙皇帝日後常去熱河避暑山莊居住，一去常是半年，因「水土甚宜身體，所以飲食起居頗好」[4]；然而康熙四十七年 (1708) 廢黜皇太子事

---

[1] 華文書局（輯），《大清聖祖仁皇帝實錄》（臺北：華聯出版社，1964），卷42，頁4。

[2] 華文書局（輯），《大清聖祖仁皇帝實錄》，卷140，頁23。

[3] 中國第一歷史檔案館（編譯），《康熙朝滿文硃批奏摺全譯》（北京：中國社會科學出版社，1996），頁44。

[4] 國立故宮博物院故宮文獻編輯委員會（編），《宮中檔康熙朝奏摺》，第2輯（臺北：國立故宮博物院，1976），頁278。

件使他身心交瘁，健康大受打擊。當年他已五十五歲，常有「氣血不能全復」、「心跳加增甚重」等等病狀，身體消瘦而衰弱[5]。同時因為心情惡劣，睡眠不佳，竟有一段時期大飲西洋葡萄酒，甚至動員地方官員到處尋覓，對這位不喜飲酒的帝王來說，實在是一次大破戒。六十歲之後，他更患上頭暈、手腳發腫等症，有時「不能轉移」，「行禮時，兩旁人少為扶助亦可」[6]，已然是步履維艱。康熙五十六年 (1717) 大學士嵩祝呈請安摺為他恭請萬安時，他竟氣急敗壞的批寫：「至今朕體未見甚好，行走需人攙扶。甚虛弱，何言萬安，一安亦無」[7]，可見其心境已壞到極點。另外，他的牙齒在晚年也脫落不少，影響他的胃口與食慾，常常將他愛吃的食物「烹爛或作醢醬，以為下飯」[8]。因此，康熙皇帝的晚年是在多病而心情不佳的情形下度過的。

由於康熙皇帝「諸病時作」，而且他又是一位好學、求知慾很強的君主，所以他對於醫藥等事興趣極高。他在多方探求，多年研究之下，累積了不少醫藥方面的知識與經驗，俗語說「久病成良醫」，康熙皇帝也逐漸變成一位「醫生天子」。他對於醫藥的了解與實用，可以從以下幾方面簡要說明：

康熙皇帝自幼勤讀中國古典書籍，除儒家經史之外，他也

---

[5] 國立故宮博物院故宮文獻編輯委員會（編），《宮中檔康熙朝奏摺》，第 2 輯，頁 25；中國第一歷史檔案館（編譯），《康熙朝滿文硃批奏摺全譯》，頁 606。

[6] 中國第一歷史檔案館（編譯），《康熙朝滿文硃批奏摺全譯》，頁 2468；華文書局（輯），《大清聖祖仁皇帝實錄》，卷 248，頁 22。

[7] 中國第一歷史檔案館（編譯），《康熙朝滿文硃批奏摺全譯》，頁 1190。

[8] 愛新覺羅・胤禛（纂），《聖祖仁皇帝庭訓格言》，收入：《景印文淵閣四庫全書》，第 717 冊（臺北：臺灣商務印書館，1983），頁 68。

涉獵不少醫學專門著作。他曾說自己能知道某些醫書是「後世托古人之名而作者」[9]，顯見他對這方面的了解很深。對於人體生病，他基本上認為是免不了的，所謂「陽奇陰偶，凡物好者少，惡者多」。人平常的「調攝惟飲食有節，起居有常，如是而已」，另外，「養身者但寬其心」也是重要的。至於用藥，他也有特別的見解，認為「藥性宜於心者，不宜於脾，宜於肺者，不宜於腎」[10]，所以他反對亂用補藥，尤其是家傳的妙方。他很贊成古代良師的做法，應該先洞悉患者的病因，然後對症下藥，而不是像「近世之人，多有自稱家傳妙方可治某病，病家草率，遂求而服之，往往藥不對症，以致悞事不小」[11]。他對當時中醫的批評很多，甚至有御醫也被他指為「醫學粗淺」，「往往不能救人」[12]，還有御醫因用藥不慎，被他下令「永不許行醫」[13]，另外有些醫生，康熙皇帝則懷疑他們的醫德，說他們「所學既淺，而專圖利，立心不善，何以醫人?」[14] 尤有甚者，康熙皇帝對一切醫家著作都產生懷疑，有一次他對大學士們說:

[9] 愛新覺羅・胤禛（纂），《聖祖仁皇帝庭訓格言》，收入:《景印文淵閣四庫全書》，第717冊，頁45。

[10] 康熙皇帝的這些看法，請參看:華文書局（輯），《大清聖祖仁皇帝實錄》，卷230，頁7;《康熙起居注》，臺北國立故宮博物院藏本，五十二年六月二十九日諸條。

[11] 愛新覺羅・胤禛（纂），《聖祖仁皇帝庭訓格言》，收入:《景印文淵閣四庫全書》，第717冊，頁79。

[12] 中國第一歷史檔案館（編譯），《康熙朝滿文硃批奏摺全譯》，頁458。

[13] 《康熙起居注》，臺北國立故宮博物院藏本，三十二年六月十八日條。

[14] 愛新覺羅・胤禛（纂），《聖祖仁皇帝庭訓格言》，收入:《景印文淵閣四庫全書》，第717冊，頁45。

朕觀醫書，與儒書不同，儒者之書，皆言五倫之理，作
文者據以發揮，雖文之優劣各由乎人，然其理總不出於
五倫之外。若醫書開一方於前，又列數方於後，果此一
方盡善，則彼數方者又何用乎？以此揆之，彼著醫書之
人，已自不能無疑也[15]。

皇帝對中醫有如此壞的印象，或者說是成見，可能與他接
觸了西醫、西藥有關。康熙三十二年 (1693)，他患了一次瘧疾，
體驗到西藥的效能，進而對西醫、西藥產生興趣。有不少人談
到這件事，如耶穌會傳教士白晉 (Joachim Bouvet) 說：

我們用歐洲帶去的藥物治愈了大量病人，其中有不少是
宮廷大臣，甚至還有一個是他的駙馬。不久，皇帝也患
了一場重病，他服用御醫們的藥卻毫無效果，就求救於
我們，使他從病危中脫險。御醫們也想能榮幸地使皇上
的疾病痊愈，但不能如願以償。恰恰在這個時候，洪若
翰和劉應兩位神父來到了，並帶來三金雞納霜（案：奎寧），
治愈了皇帝的病[16]。

樊國梁 (Pierre-Marie-Alphonse Favier) 也記述了這件事，並有更
深入的描述：

---

[15] 華文書局（輯），《大清聖祖仁皇帝實錄》，卷230，頁7。

[16] 白晉 (Joachim Bouvet)（著），馬緒祥（譯），《康熙帝傳》，收入：中國
社會科學院歷史研究所清史研究室（編），《清史資料》，第1輯（北京：
中華書局，1980），頁230。

次年（案：康熙三十二年）皇上偶染瘧疾，洪若（案：洪若翰，Jean de Fontaney）、劉應進金雞納霜，張誠、白晉又進他味西藥。皇上以未識藥性，派四大臣試驗，先令患瘧者服之，皆愈。四大臣自服少許，亦覺無害，遂奏請皇上進用，不日瘧瘳。洪若日記曰：皇上瘧瘳後，欲酬西士忠愛，于降生一千六百九十三年洋曆七月四日，召吾等覲見，特於皇城西安門內賜廣廈一所[17]。

由於金雞納霜治瘧疾的特殊療效，使得皇帝對西藥與西醫的信任感增加了，不久以後，又有傳教士為皇帝治愈了心悸症與唇瘤，益發引起康熙皇帝對西洋醫藥的興趣[18]。以下諸事，正足以說明當時康熙帝對探求這項西方科學知識的熱心以及應用西洋醫藥的一些實狀：

一、徵集西洋醫藥專家來京

康熙四十二年 (1703) 六月十四日皇帝在一件諭旨裏記：

諭赫世亨：據大阿哥奏摺內開，樊繼訓已故等語，想似此外科實難得也，況人品亦佳，深為可惜可憫。爾傳集西洋人等曉諭此旨，將大阿哥所付賞賚之物賜之。又傳

---

[17] 可參考樊國梁 (Pierre-Marie-Alphonse Favier) 於《燕京開教略》所記；而《耶穌會士書簡集中國書簡選》中馬若瑟 (Joseph de Premare) 部分也詳述此事，較樊國梁記事為多，請參看：耿昇（譯），《耶穌會士書簡集中國書簡選》，收入：中國社會科學院歷史研究所清史研究室（編），《清史資料》，第 6 輯（北京：中華書局，1985），頁 169–171。

[18] 馮佐哲，《康熙、乾隆二帝與傳教士關係比評》，收入：清史論叢編委會（編），《清史論叢》（遼寧：遼寧古籍出版社，1994），頁 225。

諭西洋人，用外科甚屬要緊，無論其修道人或澳門地方
人，若能得外科者，則當速找預備，勿致稍怠，關係緊
要，其如何說，現有無人之處，從速奏來[19]。

由此可見皇帝對西洋外科人才的去世甚感憐惜以及急於求
得人才來京的情形。康熙四十六年 (1707)，皇帝又在兩廣總督趙
弘燦的奏摺中批過這樣的話：「新到西洋人若無學問只傳教者，
暫留廣東，⋯⋯若西洋人內有技藝巧思或係內外科大夫者，急
速著督撫差家人送來」[20]。第二年趙弘燦在奏報中又提到：「上
諭著臣與巡撫將澳門存下捌人之內有會刨製藥的魏哥兒，會天
文的得馬諾、孔祿世參人送來」[21]。這些史料文獻都說明康熙
皇帝確曾徵集西洋醫生們到京城。

二、在京城內煉製西藥

在康熙時代，有不少西洋傳教士在宮廷中為皇帝服務，有
傳教士曾在製造西藥方面，寫下如下的記述：

我們在講化學方法製造的內服藥時，還贊揚了這種內服
藥的優點與功用，除了能治疾病或減清病痛外，而且一
點也不像普通藥物那樣使人厭惡而難吃。於是皇帝命令
我們做幾個試驗給他看。⋯⋯在皇帝指定的一個宮殿裏，

---

[19] 中國第一歷史檔案館（編譯），《康熙朝滿文硃批奏摺全譯》，頁 284。

[20] 國立故宮博物院故宮文獻編輯委員會（編），《宮中檔康熙朝奏摺》，第
1 輯（臺北：國立故宮博物院，1976），頁 491。

[21] 國立故宮博物院故宮文獻編輯委員會（編），《宮中檔康熙朝奏摺》，第
1 輯，頁 554–555。

建立了一個實驗室，在那裏排著各種不同式樣的爐灶，擺著化學製藥用的工具和器皿。這位皇帝竟不惜開支，指令所有工具和器皿都要銀製的。三個月裏，在我們主持下，叫人製造了許多種丸、散、膏、丹。在試製過程中，皇帝駕臨觀看過幾次。當我們藥物試驗獲得成功時，他極其高興，並指令所製的藥物歸他支配使用[22]。

三、用西醫西藥為人治病

康熙皇帝命西洋傳教士製造了不少西藥，不但備自己服用，也時常頒賜給一般臣民。白晉說：

> （案：皇帝）還樂於把某些藥物恩賜給皇子、宮廷大臣，甚至侍從。因為這位皇帝心地非常善良，一旦得知這些人中有誰生了病，他就派御醫帶最貴重的藥物去醫治。我們也有這樣的體驗，每次我們當中有人生了病，他也是這樣對待的[23]。

白晉的這番話是可信的，因為在現存的清宮檔案中，可以找到不少與此有關的事證。例如早在康熙三十一年 (1692)，隨同皇帝到塞外的法國傳教士就記下相關的事情。皇九子在那一年患了耳後發腫化膿的病症，最後被一位甫從澳門到北京的西洋

---

[22] 白晉 (Joachim Bouvet)（著），馬緒祥（譯），《康熙帝傳》，收入：中國社會科學院歷史研究所清史研究室（編），《清史資料》，第 1 輯，頁 230。

[23] 白晉 (Joachim Bouvet)（著），馬緒祥（譯），《康熙帝傳》，收入：中國社會科學院歷史研究所清史研究室（編），《清史資料》，第 1 輯，頁 230。

外科醫生治好了，皇帝相當高興，讓皇九子到塞外一同參與打獵，也讓這位外科大夫隨著皇九子出京進行一次旅行。還有一次是以西洋醫生為皇族親戚治病，張誠 (Jean-François Gerbillon) 如此記載：

> 已故皇后的一個兄弟……害了惡性熱病，中醫診斷為不治之症。皇帝對這家有極其深厚的情感，應年輕王公的父親……請求，派了兩名耶穌會士和前面提到的那位醫生去給他看病，並且給他們提供了西藥[24]。

可見皇室人等已由西醫治病了。康熙四十二年 (1703) 川陝總督華顯生病，皇帝派了中西醫大夫為他診治，十一月二十七日華顯在報告中談到他的病情時說：

> 數日以來，因西洋大夫與齊大夫共議調治，奴才病勢，比先稍愈，但瘡口頗深，毒素未減，精氣甚弱，恐病纏身日久，奴才遂問西洋大夫有別樣治法否？伊言除現用藥外，別無他法等語。奴才問齊大夫，言我有治法，但既與西洋大夫共治，則不可擅治等語。

皇帝在他的報告上批寫：「爾具奏謝恩知道了。朕亦想如何作速治愈爾病，齊大夫若有治方，宜速令調治。西洋大夫不堪

---

[24] 張誠 (Jean-François Gerbillon)，《張誠日記》，收入：中國社會科學院歷史研究所清史研究室（編），《清史資料》，第 5 輯（北京：中華書局，1984），頁 213、215。

用，朕甚著急，故令爾家人由驛急馳，齊大夫已有旨了」[25]。
由此可見：康熙皇帝確是以西洋醫生為外省大臣治病，並對西
洋醫生寄予厚望。

　　從史料裏又可以發現，皇帝確實是以西洋人製造的藥給臣
工們治病的。如康熙三十九年 (1700) 八月皇帝有塞北之行，初五
日即降諭命「隨駕官兵及跟役人等內有病瘧疾者，令至行宮門
前給賜治症之藥」；四十四年 (1705)，皇帝南巡，也有如此一般
記事：

> 上問江提張：你臉上比從前很瘦了。回奏說：因病了几
> 次，所以瘦了。皇上說：我有很好藥，你怎麼不討呢?
> 回奏：皇上沒有賜，不敢擅討。上說：你不比別人，不
> 同著，要什麼，只管討。隨顧皇太子：你記著，回去就
> 賜提督張。聖駕回行宮，令近侍梁傳旨說：這金雞那是
> 皇上御製的，服了很好。這是十兩，著賜提督[26]。

　　此外，在四十五年 (1706) 五月二十四日武英殿總監造赫世
亨曾上呈報告一件，其中說：

> 竊照本月二十二日奉旨：多羅所攜得利雅噶有餘，赫世
> 亨爾向伊求取，若少則勿取，可捎信到廣東後尋得寄來。

---

[25] 中國第一歷史檔案館（編譯），《康熙朝滿文硃批奏摺全譯》，頁 303。
[26] 《康熙起居注》，臺北國立故宮博物院藏本，三十九年八月初五日條；
　　《聖祖五幸江南全錄》，收入：汪康年（輯），《振綺堂叢書初集》（臺
　　北：文海出版社，1970），頁 37-38。

若有綽科拉亦求取，欽此。欽遵。奴才對多羅曰：爾所
攜得利雅噶有餘則給我，少則爾備用，到廣東後尋得寄
給我。再有綽科拉亦給我。等語。時多羅即出得利雅噶
兩小錫盒，毛重四兩五錢。綽科拉一百五十塊與我。並
言：所留得利雅噶足我用，綽科拉止有一百五十塊，我
現無用，不久又從呂宋地方送來，到後多送給爾。再者，
到廣東後，尋覓得利雅噶，得即送與爾。等語。

　　據此可知：皇帝在離開京城到外地巡幸駐蹕時，也會帶著
西藥隨行，而且需要量還不少。

　　同年皇三子胤祉在京城向皇帝報告蘇麻拉祖母便血，腹內
墜痛，病勢不輕，皇帝也在他的報告上批著：「爾等細問大夫等，
若用西白噶瓜那，則朕賜祖母一種草根，用以熬雞湯，給祖母
飲，若大夫們不肯則罷。西洋大夫欲用山葫蘆，則向赫世亨取
而用之」[27]。這裏也提到西洋大夫為皇室人員看病的事，而「西
白噶瓜那」一名也應該是一種西藥。

　　康熙四十九年 (1710) 五月二十五日，皇三子胤祉又在奏摺
中提到原住都統班達爾善的長子生漏瘡，情形嚴重。皇帝異常
關心，並令以西洋大夫為他診治，胤祉遵旨命西洋大夫羅得先
與保永義二人去診病，結果發現這位病者「該瘡生而日久，毒
及骨髓，且身患癆病，發燒咳嗽，氣血甚虧」。洋大夫認為：「斷
不能治」，不肯施藥治療。康熙帝得訊後，只說：「換漢大夫治
之看」[28]。

---

[27] 此處兩例請參看：中國第一歷史檔案館（編譯），《康熙朝滿文硃批奏
　　摺全譯》，頁 418、481。

康熙五十一年 (1712) 八月，又有一位都統索奈腹瀉不止，皇帝也命他服得利雅噶[29]。可見得利雅噶是一種止瀉的腸胃藥。總之，康熙皇帝是經常以西醫、西藥為人治病的。

四、打破傳統觀念下令推廣種痘

滿洲人一向視痘症為可怕的病症，在關外的時候，凡遇有人出痘，必使之隔離，令他自生自滅。早期宮廷裏還祭拜痘神娘娘，祈求保佑平安。順治皇帝是因患痘不起英年早逝的，康熙皇帝也因得天花不死方得以繼承皇位，可見當時清宮對痘症的畏懼與無奈。康熙皇帝自吸取西洋醫學知識之後，了解種痘以後人有免疫能力，於是極力推廣種痘。他曾經說：

> 國初人多畏出痘，至朕得種痘方，諸子女及爾等子女皆以種痘得無恙。今邊外四十九旗及喀爾喀諸藩，俱命種痘，凡所種皆得善愈。嘗記初種時年老人尚以為怪，朕堅意為之，遂全此千萬人之生者，豈偶然耶！[30]

文中「堅意為之」四字，表現了康熙皇帝對西洋醫理醫藥的信任至深。

五、熱心鑽研西洋醫學知識

康熙皇帝對於西洋醫學的熱心研究，至少可以就其了解人體構造與分析西藥成分等方面得知。儘管中國古代名醫也有談

[28] 中國第一歷史檔案館（編譯），《康熙朝滿文硃批奏摺全譯》，頁 678。
[29] 中國第一歷史檔案館（編譯），《康熙朝滿文硃批奏摺全譯》，頁 817。
[30] 愛新覺羅・胤禛（纂），《聖祖仁皇帝庭訓格言》，收入：《景印文淵閣四庫全書》，第 717 冊，頁 20–21。

到人體內部情形，但概念仍屬模糊。明末清初，西洋傳教士東來，也引進人體圖說等知識，比較有系統的介紹了人體生理結構。然而中國社會一向保守，又有若干迷信，所以要大家接受這些知識，或是進一步研究這些知識，是非常困難的。康熙皇帝身邊有不少西洋傳教士向他講解西洋科學，而當他學習了幾何與一些天文學理之後，他對醫學，特別是人體各部分及各部間的關聯與協調問題也產生了興趣，命令傳教士們為他進呈有關的文章。白晉後來說：

> 皇帝從韃靼地區旅行一回來，就閱讀了我們進呈給他的十二條和十五條附有用線條鉤勒的圖和解釋的初階命題。他非常滿意，並顯得極為重視，指令他的最好的一個畫家，專畫人體解判圖像[31]。

不僅如此，在康熙三十七年 (1698)，當法國傳教士巴多明 (Dominique Parrenin) 來到中國宮廷服務後，皇帝又進一步要傳教士們將西洋人體解判學的專書翻譯成滿漢文。在翻譯期間，皇帝還特別指示說：「身體上雖任何微小部分，必須詳加翻譯，不可有缺。朕所以不憚麻煩，命卿等詳譯此書者，緣此書一出，必大有造福於社會，人之生命，或可挽救不少」[32]。據說這部書

---

[31] 白晉 (Joachim Bouvet)（著），馬緒祥（譯），《康熙帝傳》，收入：中國社會科學院歷史研究所清史研究室（編），《清史資料》，第 1 輯，頁 229。

[32] 後藤末雄，《康熙大帝與路易十四》，轉引自：閻性真，〈康熙與自然科學〉，收入：左步青（編），《康雍乾三帝評議》（北京：紫禁城出版社，1986），頁 201。

前後費時五年才翻譯完成，但未出版，可能與當時社會男女授受不親等禮教思想有關。康熙皇帝既然力倡程朱理學，這種描繪人體各部並有解說文字的專書，他當然不敢冒天下之大不韙而公諸於社會。不過他的學習精神仍是值得欽佩。

　　若對人體結構有新的了解，則血液循環等知識也必然會有新的觀念。因此皇帝曾說：「受傷之人出血多，則晚年必無殘疾；此特舊血既出，新血復出故耳。是以西洋人治病，常放血以醫之」[33]，顯見他已受到西醫的影響。

　　另外，康熙皇帝也不遺餘力的了解西洋藥物的內容。他曾經向聯絡並管理宮廷服務西洋人的武英殿官員赫世亨詢問綽科拉藥（即巧克力）的成分，赫世亨問了西洋人以後，便向皇帝報告說：

> 至綽科拉藥方，問寶忠義，言屬熱味甜苦，產自阿美利加、呂宋等地，共以八種配製而成，其中肉桂、秦艽、白糖等三位在中國，其餘噶高、瓦尼利雅、阿尼斯、阿覺特、墨噶舉車等五種不在此。止知此八種而已，但此八種配製劑量，我一概不知，只知將此倒入煮白糖水之銅或銀罐內，以黃楊木碾子攪和而飲。此種配方徐日升（案：Tomás Pereira）等亦知之[34]。

　　皇帝對他的報告不太滿意，隨即批示道：「未寫有何效益，

---

[33] 中國第一歷史檔案館（整理），《康熙起居注》（北京：中華書局，1984），頁 2238。

[34] 中國第一歷史檔案館（編譯），《康熙朝滿文硃批奏摺全譯》，頁 418。

治何病。殊未盡善，著再詢問」，赫世亨當然遵旨再向西洋人打聽，後來只向皇帝說：

> 據實忠義言，綽科拉迪非藥，在阿美利加地方用之如茶，一日飲一次或二次。老者、胃虛者、腹有寒氣者、瀉肚者、胃結食者，均應飲用，助胃消食，大有裨益；內熱發燒者、癆病者、氣喘者、痔瘡流血者、下痢血水者、瀉血者，概不可飲用[35]。

　　康熙皇帝對西藥研究的興趣，由此可以看出一點端倪。他又對西洋人發明的燒傷藥極感興趣，法國傳教士張誠就曾談到這件事：「皇上還傳旨向我們垂詢某些關於醫藥的問題，他問到燒傷藥，以便他能夠知道這些藥在歐洲是怎樣使用的，用在身體的那一部分，以及防治什麼病症等等」[36]。

　　康熙皇帝對西醫西藥的重視與信賴，相信可以從上舉數例中得到證實。不過，皇帝並不是一味妄信西醫的，他仍認為中國傳統的中醫有其價值，不但他自己常以中國舊有醫術治病，服用中國藥物，同時他還經常以中國醫理為臣僚們開立處方，

---

[35] 中國第一歷史檔案館（編譯），《康熙朝滿文硃批奏摺全譯》，頁419。

[36] 張誠 (Jean-François Gerbillon)，《張誠日記（1689年6月13日—1690年5月7日）》（北京：商務印書館，1973），頁62。在張誠的日記裏還記述了皇帝向他詢問溫泉發熱的物理原因，歐洲人是否認為溫泉有用以及溫泉能治那些病等的問題，亦可證皇帝的求知的情形，請參看：張誠 (Jean-François Gerbillon)（著），楊品泉（等譯），《張誠日記》，收入：中國社會科學院歷史研究所清史研究室（編），《清史資料》，第5輯（北京：中華書局，1984），頁171。

賞賜他們中國的藥材醫病。

　　早在康熙十一年 (1672) 春天，皇帝陪祖母到赤城幸溫泉時，在途中就下令：「凡有病官兵，著領來與太醫院官診視醫治。其病重不能來者，著太醫院官前去醫治」。同年六月，禮部尚書龔鼎孳患病，皇帝也派了御醫如文照為他看病，並對如文照說：「爾其用心調治」，第二年，盛京將軍阿木爾圖病重，皇帝又派了御醫孫之鼎前往為他治療。康熙二十年 (1681) 又有翰林院掌院學士庫勒納因「遍身骨節痛楚，難以乘騎」，希望皇帝能「遣御醫診治，給與內藥」。皇帝知道此事之後，還責怪他說：「初病時，何不即奏聞？即著御醫馬之俊往治」。後來皇帝知道他已「得汗，脈候平和，不須服藥」了，乃特別叮囑他：「此病切忌風寒飲食，爾方得汗，可厚衣避風，斷不可飽食，不妨少餓」。康熙二十三年 (1684) 又派御醫為直隸巡撫格爾古德診病。同年領侍衛內大臣福善病重，皇帝不但命御醫為他看病，而且自己又親自前往慰問，使得福善感恩不盡。大學士王熙生病，皇帝也賜醫賜藥，命他「加意調理」。這類例子極多，不能列舉。

　　皇帝不但為大臣們治病，他也為關在大牢裏的死刑犯治病，康熙二十二年 (1683)，刑部向他報告有罪囚四十四人，在大牢中病死，皇帝乃對刑部官員說：

> 人命關係重大，無辜枉死，上干天和。朕念獄中犯人自作罪孽，理固應死，但恐死於非命，曾命御醫給與藥物療治有疾之人。聞今歲獄囚患病者甚多，何故不將現給醫藥療治此輩耶？ [37]

────────────
[37] 以上各事請參看：中國第一歷史檔案館 (整理)，《康熙起居注》，頁 24、

另外,在現存可信的檔案中,我們發現皇帝曾給大學士李光地賜過木瓜膏、金不換神仙膏等藥;給閩浙總督梁鼐賜過地黃丸;武英殿總監造和素得到過皇帝賜下的薑汁方子通便祕,也服用過大內的木瓜膏治好了腹瀉。即使是西洋人,皇帝有時也用中藥或中醫方法給他們治病,如聶雲龍在康熙四十三年 (1704) 右肩腫痛,就派了御醫去為他診治,中醫們主張用針灸治療,聶雲龍「不欲針灸」,皇帝後來才說「則聽其便,勿得強迫」[38]。

又如在康熙三十一年 (1692) 川陝總督佛倫患病,皇帝為他處方賜藥,並有諭旨對他說:

> 朕自患病以來,試用各種藥頗多,惟此固本丹的藥、方子亦外界所無,甚好。既派爾赴破邊效力,不勝眷念,特賜于爾。爾一日或四錢或五錢,早晚用酒送下,必獲其效矣。……服此藥時,稍忌蔥、蒜、蘿蔔。

佛倫得到皇帝賜給的內廷珍藥後,依照指示,一日四或五錢以酒送下,經過一個多月,據稱此藥對佛倫極有效,「飲食、行走似較平常增多」了;不過,因為存藥無多,佛倫只好「每日清晨服一次」,節省慢用。皇帝看到他的報告,「聞之甚喜」,於是令命屬下官員備更多的固本丹,交給佛倫的兒子帶去[39]。

曹雪芹的祖父曹寅是康熙皇帝寵幸的大臣之一,曹寅的身

38、133、780-782、1119、1184、1189-1190、1237 等處。

[38] 中國第一歷史檔案館 (編譯),《康熙朝滿文硃批奏摺全譯》,頁 331。

[39] 中國第一歷史檔案館 (編譯),《康熙朝滿文硃批奏摺全譯》,頁 33、42。

體不好，尤其是晚年病魔纏身，皇帝也曾為他分析過病由，賞賜過藥物。康熙五十一年 (1712) 曹寅得了瘧疾，皇帝賜了金雞納霜給他治病不說，對於曹寅的身體，皇帝似乎知道的很多。早在康熙四十九年 (1710)，曹寅自稱患了「疥病」的時候，君臣之間即有如下的文書往返。曹寅報告說：「……旋復患疥，臥病兩月有餘。幸蒙聖恩，命服地黃湯得以全愈。目下服地黃丸，奴身比先覺健旺勝前，皆天恩浩蕩，重賜餘生」。康熙皇帝在他的奏摺上又批了：「惟疥不宜服藥，倘毒入內，後來恐成大痲風，症出海水之外，千方不能治。……土茯苓可以代茶，常常吃去亦好」[40]。地黃湯或地黃丸根本不是治疥用藥，而是滋補肝臟或對陰虛有益的，皇帝顯然知道他患的不是單純的疥症，而是「症出海水之外」，可能是海外傳來的性病。土茯苓這味藥是有解毒作用的，康熙皇帝對曹寅這位病家的了解以及他的處方用藥，實在具有相當水準，完全出自一位專家的手筆。

　　師懿德是康熙時代的武臣，皇帝對他也很好。最初他因為眼睛昏矇，不能親自寫奏摺，引起了皇帝的注意。對於他的用藥，皇帝也很關心，有一次對他說：「凡目病醫生每用寒涼之藥，反為無益，不可不知。又一種點眼之藥，所傷更甚，朕深知。市井庸醫，悞人太多，只得曉諭也」。幾年之後，師懿德的目力日差，雖然延醫調治，每天吃磁殊丸、還睛丸等藥，但效用不大，最後請求皇帝派外科醫生動手術，作徹底根治[41]。

---

[40] 國立故宮博物院故宮文獻編輯委員會 (編)，《宮中檔康熙朝奏摺》，第 2 輯，頁 780–781。

[41] 國立故宮博物院故宮文獻編輯委員會 (編)，《宮中檔康熙朝奏摺》，第 4 輯 (臺北：國立故宮博物院，1976)，頁 312–314；國立故宮博物院

康熙五十四年 (1715)，直隸總督趙弘燮突然患病，左體輕微軟瘓，像似中風。他向皇帝請求派位醫生幫他治病，皇帝同意派章文鑽前往診治，並對他說：「類風之病，補藥無益，而有大損，十分留心」。這位「口眼歪斜，言語澀滯」的總督經過治療服藥之後，「即已轉重為輕」，只是「氣血兩虛，不能復元」。第二年七月，趙弘燮因此左腿疼痛，行走不便，又向皇帝請求賞賜御製藥酒。康熙皇帝因為當時天氣太熱，路途又遠，怕藥酒會壞掉，於是改賜他藥餅，並告訴他「泡酒之法」。趙總督遵照指示泡酒飲用數日，發現「熱氣今已漸漸下膝」，他的「左腿較前又覺少愈」。不過到八月間，趙弘燮又有「肚腹忽爾作瀉，頭腦又復時常發量」等病況，章文鑽建議他吃些補藥，但因皇帝曾說「病經日久，用補藥太多，此酒未必能除根」的話，所以奏報皇上請示：「補劑可否與藥酒并用」。康熙帝的答復是：「補藥并用無防（案：妨）。但肚腹不實，藥酒可以暫停」[42]。趙弘燮說在如此調養之下，健康已漸漸的恢復了。

康熙皇帝為大臣治病還有幾種特別的療法，值得一述。第一是他相信「坐湯」能治不少病，坐湯就是洗溫泉浴。康熙的祖母還在世時，他常陪祖母去各地溫泉小住，為祖母治病。不少大臣也聽從他的話去坐湯治病，李光地就是其中最見效的一

故宮文獻編輯委員會（編），《宮中檔康熙朝奏摺》，第 7 輯（臺北：國立故宮博物院，1976），頁 726–728。

[42] 國立故宮博物院故宮文獻編輯委員會（編），《宮中檔康熙朝奏摺》，第 5 輯（臺北：國立故宮博物院，1976），頁 738–741、773；國立故宮博物院故宮文獻編輯委員會（編），《宮中檔康熙朝奏摺》，第 6 輯（臺北：國立故宮博物院，1976），頁 466、538–541。

位。康熙五十年 (1711) 三月，年已七十歲的李光地身患瘡瘤，最初只是「坐起甚艱」，三、四個月後，餘毒大發，以致「兩手硬腫，且濃血多至數升，瘡燥經夜不寐」，到該年九月，竟然嚴重到「不能勝任衣冠，不能動移數步」的地步，皇帝叫他去坐湯治療，兼用海水泡洗，結果收到很好的療效，使李光地的「瘡毒已淨，惡疾漸除」[43]。

　　第二是以食補治病。康熙皇帝認為病人在大病初愈或是病中需要加添飲食，以增進健康，如上述李光地在瘡毒病好之後，皇帝在暢春園裏接見了他，並且還「親觀病患所在」，後又下令叫奏事處「齎御賜臣鹿尾五條，大鹿一隻，野雞十隻，海水三罈」，命李光地「勉進飲食，勿妄禁忌」。另外任職武英殿總督監造的赫世亨在康熙四十六年 (1707) 夏天生病，發冷發燒，不思飲食，後來證實是痢疾，經診治後病況轉好，「六脈稍和，下痢便數大減，惟年老氣虛，胃不思食」。皇帝在他下痢停止、「語音亦高些，夜亦得睡」之後，派人送給他「狍肉一大塊，黃雉二隻」，告誡其不可因「心情喜悅，食之太過」，並降旨說：「爾病如此，豈有不慈憐、視而不救之理耶？病人食此狍肉後痊愈者甚多，是亦朕之所見。朕非大夫，爾可食之看，其黃雉亦用之看」。赫世亨吃了皇帝賞賜的食物之後，果然身體好了起來，「已能坐臥，且氣亦稍強」，皇帝聞之「甚喜」，隨又差人送去鯽魚十尾，叫他「少少食用，不得多食」。赫世亨病愈能下床行走之後，皇帝還命他「心勿煩悶，好生調養，必速康復」[44]。

---

[43] 《清宮醫案》，轉引自：徐藝圃，〈康熙與患病大學士〉，收入：鄭逸梅（等著），《清宮軼事》(北京：紫禁城出版社，1985)，頁14。康熙時代曾在赤城、遵化、小湯山等地建溫泉行宮，皇帝常去這些地方小住。

當然康熙皇帝的食補處方也是要看病家的狀況，如李光地只是
皮膚病，赫世亨是在痢疾之後，施以食補，而不是一般重病的
人都命令他們食補。因為康熙皇帝是主張「飲食有節，起居有
常」的人，他並不認為「食之太過」是好事。

　　第三是皇帝常用偏方給人治病。康熙四十五年 (1706)，正紅
旗參領莫爾洪患病，從醫生診斷書上可以看出他是下痢出血，
不過又有發燒乾燥、腰腹墜痛、小水結澀不通等症狀。太醫院
的大夫為他施藥無效，皇帝罵太醫們都是醫學粗淺之人，他對
當時在京城為他辦事的皇三子胤祉說：「今于朕處，侍衛第訥亦
患此種病，雖經大夫調治不見效。蒙古大夫給食兔腦漿，復用
幾種藥，今病見大好。故因詳書藥方用法，……照文試治可
也」[45]。可惜檔冊裏沒有看到這一偏方的詳情及用法，無法在
此處作介紹。

　　又有御前臺吉羅卜藏古木布，有一年「下身致命疼痛，並
有泡疹」，理藩院向皇帝報告，希望能求得一醫生為他治病。康
熙皇帝看了奏報之後，隨手批了：「此病朕得過二三十餘次，治
法甚多，而有效者少；唯略難受耳，並無何妨，晚上用醋熏熏
看」[46]。

　　還有一種比較神異的偏方，我們也看到康熙皇帝使用過，
那是吉林將軍孟俄洛在康熙五十三年 (1714) 底咳嗽咯血，皇帝
派人去賞賜他「止血石」、「素珠」，並且特別交代：「倘咳黑血，

---

[44] 中國第一歷史檔案館（編譯），《康熙朝滿文硃批奏摺全譯》，頁
522–528。

[45] 中國第一歷史檔案館（編譯），《康熙朝滿文硃批奏摺全譯》，頁 457。

[46] 中國第一歷史檔案館（編譯），《康熙朝滿文硃批奏摺全譯》，頁 1683。

勿挂頸上，咳出可也，倘咳紅血，挂之，即可痊愈」[47]。

　　皇帝相信偏方，也常向大臣們打聽偏方，所以在康熙朝的檔案文獻中可以看到另外一些偏方資料。如理藩院官員為皇帝從西北邊疆回民處獲得的中暑偏方是：「將綠葡萄搗碎取汁，兌熱水一同服飲畢，令其坐于水中為好」[48]。從蒙古同胞的大夫處得到的治頭痛偏方為：

　　　　其治法，將小茴香製成粉，袋入小口袋內，不可過熱，以溫為宜，試敷於（案：頭骨後）兩風池，若覺有效，即感舒服。見效欠晚敷二三次治之，以其少少熱氣，頭內雲氣消散，似可痊愈。

　　或者用其他材料，方法也是差不多的，如：「于浮陽兩脈風池穴上，以鹽熇治，亦可用麥粉熇治，鹽見效快，面略緩，兩種皆可用」[49]。此外，在康熙皇帝患瘧疾時，也有大臣從陝西等地專送偏方三種到京城的，據說：「詢問每人，均稱已驗試治愈」，皇帝給「方子等件留下了」[50]，後來還是吃了西洋人的奎寧丸治好的。

　　大體說來，康熙皇帝雖信偏方，但他只相信試驗過而有效的偏方，並不是一切偏方都妄信無疑，例如他從來就不信道士們的符咒與仙丹，他常常以所學的西洋知識應用到實際的試驗

[47] 中國第一歷史檔案館（編譯），《康熙朝滿文硃批奏摺全譯》，頁991。
[48] 中國第一歷史檔案館（編譯），《康熙朝滿文硃批奏摺全譯》，頁1682。
[49] 中國第一歷史檔案館（編譯），《康熙朝滿文硃批奏摺全譯》，頁1686。
[50] 中國第一歷史檔案館（編譯），《康熙朝滿文硃批奏摺全譯》，頁44。

上，他曾在京城城牆上立小旗占風；他派人去實地勘查大河的源頭；他留心天文，細測日暈；他也試種水稻而生產了優良品種——「御種稻」。對於醫學，他也是重視試驗並追根究底的。康熙二十年 (1681) 蘇州發生歹徒用藥塗人面孔而使人迷糊被拐賣的事。刑部官員只注意歹徒應判何罪，而皇帝則關心「其所用何藥？何以能迷人？」要各級官員「將此處寫明，……一一察明具奏」[51]，顯然他想了解迷藥的成分。

他也曾在一次打獵後命人將一隻冬眠的熊作解剖試驗，證實「熊能引氣，故冬蟄不食」的話是不是真實，結果熊的腸胃中真是「淨潔無物」。皇帝對此甚為滿意，因為古語被他以實驗證明了，同時他也在學習西洋解剖學之後作了一次親身的實習[52]。

到康熙末年，皇帝對這一類知識的追求仍是興趣不減，他命令欽天監的官員密查衙門裏一位百歲老人臨終時的情形，看看「此人如何亡故，臨終時是否與常人稍有不同之處？爾等將此事甚密打聽明白，一一詳書畢寄與我等」[53]，可見他是一位求知慾強而且富於研究精神的人。

唯一令人感到奇怪的是，康熙皇帝為人治病時，包括他自己在內，皆反對使用補藥，尤其是服用人參，他認為補藥沒有

[51] 中國第一歷史檔案館（整理），《康熙起居注》，頁 682。又四十年 (1701) 五月二十五日記注官亦記：「刑部以用熏藥之李三擬立斬。上曰用熏藥之處，並未詳細問明，此本發回著將用熏之處明日審問，寫入本內具奏」。可見皇帝對熏藥亦有興趣。

[52] 閻性真，〈康熙打獵〉，收入：鄭逸梅（等著），《清宮軼事》（北京：紫禁城出版社，1985），頁 19。

[53] 中國第一歷史檔案館（編譯），《康熙朝滿文硃批奏摺全譯》，頁 1206。

好處，甚至有害。在現藏的官書檔案中，我們隨時可以看到他
所發表的有關言論。例如康熙三十九年 (1700) 二月十一日他問
起居注官揆敘氣色何以不好，揆敘答以「近日偶染微病，飲食
不甚消化」，皇帝說：「爾年幼不可漫服補藥，服補藥之人，斷
無受益耳」[54]。康熙四十五年 (1706) 九月十七日他又在一件奏章
上批寫道：「（案：八貝勒）有生以來好信醫巫，……積毒太甚。
……倘毒氣不靜，再用補劑，似難調治」[55]，這是對他自己的
皇八子因風熱發疹病而發的抱怨話。康熙四十六年 (1707) 夏間，
武英殿總監造赫世亨下痢嚴重時，皇帝也降旨命令他「勿得飲
用一切補藥、人參等物」[56]，同年他又對大學士們說：「朕嘗諭
人勿服補藥，好服補藥者，猶人之喜逢迎者也。天下豈有喜逢
迎而能受益者乎?」[57]康熙五十年 (1711)，大學士李光地手腳浮
腫，皇帝曾說：「李光地病尚未平復，大抵皆濕熱所成，服溫補
之藥所致」[58]；五十二年 (1713) 學士舒蘭患眼疾，康熙皇帝又說
「服補藥無益」，「服補藥如聞讒言，總無利益」[59]。還有尚書
圖納的頭項上生了瘡，皇帝為他開立處方時也說：「此人素喜用
附子、肉桂、人參等補藥，……朕曾降旨切責之，日後豈不生
此瘡耶? ……凡人之性最喜補劑，不知補中有損，可笑!」[60]據
上可知，這位皇帝數十年如一日的不喜補藥。

[54]《康熙起居注》，臺北國立故宮博物院藏本，三十九年二月十一日條。
[55] 中國第一歷史檔案館（編譯），《康熙朝滿文硃批奏摺全譯》，頁 466。
[56] 中國第一歷史檔案館（編譯），《康熙朝滿文硃批奏摺全譯》，頁 528。
[57] 華文書局（輯），《大清聖祖仁皇帝實錄》，卷 230，頁 7。
[58] 華文書局（輯），《大清聖祖仁皇帝實錄》，卷 246，頁 2。
[59]《康熙起居注》，臺北國立故宮博物院藏本，五十二年六月二十九日條。
[60] 中國第一歷史檔案館（編譯），《康熙朝滿文硃批奏摺全譯》，頁 1559。

　　至於皇帝為什麼反對補藥，可能與他親身遭遇有關，以下兩則事例或可作為參考：一是在康熙三十二年 (1693)，在他患瘧疾之時，因服用人參等藥使病情加重，清代官書記下了這件事：

　　三司法題：太醫孫斯百等誤用人參，以致皇上煩燥甚病。……今孫斯百等罪甚重大，……應將孫斯百、孫徽百等俱擬斬。上曰：「孫斯百等診朕病，強用人參致朕煩燥甚病。後朕決意不用人參，病遂得差。……著從寬免死，孫斯百等各責二十板，永不許行醫」[61]。

　　另一事例是在他廢皇太子之後，心身交瘁而大病了一場。後來他說：

　　朕前歲大病之後，乃知溫補之藥，大非平人所宜。且溫補亦非一法，如補肝者，即不利於脾，治心者，即不宜於腎。醫必深明乎此，然後可服其藥，不然徒增益其疾耳。每見村野農人，終身未嘗服藥，然皆老而強健。富貴人動輒服溫補之藥，究竟為藥所愞而且不自知[62]。

　　從以上種種記述，大體可以了解康熙皇帝對補藥有幾種看法：一、「年幼不可漫服補藥」；二、有些病不可服補藥，如瘧疾、眼病、生瘡、浮腫等等；三、補藥也有壞處，即「補中有損」，「如補肝者，即不利於脾，治心者，即不宜於腎」。總之，

[61] 《康熙起居注》，臺北國立故宮博物院藏本，三十二年六月十八日條。
[62] 《康熙起居注》，臺北國立故宮博物院藏本，五十二年六月二十九日條。

補藥應該慎用，而不是一切病都需要進補。基於這些信念，康熙皇帝對於年老體衰的人，還是主張要服補藥的。他的祖母孝莊太皇太后身體違和時，他同意應「進滋補之劑」[63]。曾任勇略將軍的趙良棟後來年老生病，皇帝特賜人參以調攝[64]。皇帝也賜過人參給年高的宋犖與魏象樞等官員[65]。還有兩廣總督楊琳、閩浙總督滿保、直隸總督趙弘燮、天津總兵馬見伯等人都曾得到皇帝特賞的人參，而著名的清官陳璸，到晚年病老時，皇帝更為憐才而賞賜他宮中的好參，而且數量也很多[66]。康熙皇帝到了晚年，又有一種看法，即「南人最好服藥、服參，北人於參不合」，他自己仍是「不輕用藥，恐與病不投，無益有損」[67]。

　　康熙皇帝由於時常生病,故體驗到不少醫學與藥物的知識;而另一方面，西洋傳教士也為他講解西醫的科學、介紹西藥的效能，並分析人體的生理構造，終於使這位好學的帝王成為中西兼通的醫學專家。更難得的是，他透過不斷鑽研，細心試驗，熱心為臣工們治病，累積起豐富的醫學知識與經驗，也因此奠定他醫生天子的地位。康熙皇帝日理萬機，在醫學上竟有如此的造詣與表現，在中國歷代的君主當中，他確實是少見的一位，也可能是僅有的一位。

---

[63] 華文書局（輯），《大清聖祖仁皇帝實錄》，卷42，頁8。

[64] 華文書局（輯），《大清聖祖仁皇帝實錄》，卷179，頁7。

[65] 國立故宮博物院故宮文獻編輯委員會（編），《宮中檔康熙朝奏摺》，第1輯，頁205；中國第一歷史檔案館（整理），《康熙起居注》，頁1064。

[66] 華文書局（輯），《大清聖祖仁皇帝實錄》，卷271，頁11。

[67] 中國第一歷史檔案館（整理），《康熙起居注》，頁2485。

　　根據上述種種康熙與醫學的關係與事象，我們似乎還可以更深入的探討一下中國醫學現代化的問題。先以滿族自身的醫學傳統變遷來說，我們可以確定他們在康熙之世已由一個欠發達的醫學社會進入了較為發達的醫學社會。因為他們的祖先生病時並不請醫生治病，而是由巫師以禱祝為病家驅走病魔。宋代就有人寫道：女真人「疾病則無醫藥，尚巫祝，病則巫者殺豬狗以禳之，或車載病人之深山大谷以避之」[68]。即使到了明朝末年，當努爾哈齊崛起，創建帝國大業之時，滿洲部族中仍以薩滿巫師為人治病，有位朝鮮人在訪問他們之後，記下了他的親身見聞：「疾病則絕無醫藥鍼砭之術，只使巫覡禱祝，殺豬裂紙以祈神」[69]。可見醫學在他們的社會中一直沒有多大進展。天命政權建立之後，由於滿族與漢人的接觸機會增加，並且有很多漢人被俘虜或向滿洲投降，漢醫、漢藥的知識因而進一步的傳入。清太宗皇太極時代，曾命漢醫為臣工將士治病，他自己在病逝前也曾商請朝鮮漢醫到瀋陽來為他進行會診[70]。可見漢族醫學已流行於滿洲社會之中，而漢藥中的竹瀝以及針灸治

---

[68] 徐夢莘，《三朝北盟會編》，收入：國立故宮博物院四庫全書補正編輯委員會（編），《四庫全書補正・史部》（臺北：臺灣商務印書館，1995），卷3，頁12。

[69] 李民宬，《紫岩集・建州聞見錄》，收入：杜宏剛、邱瑞中（等編），《韓國文集中的明代史料》，第10冊（桂林：廣西師範大學出版社，2006），頁390。

[70] 《仁祖大王實錄》，收入：國史編纂委員會（編），《朝鮮王朝實錄》，第35冊（漢城：朝鮮國史編纂委員會，1957），卷44，頁12，記：「清人言于世子館所，以為皇帝病風眩，願得竹瀝，且要見名醫。上命遣鍼醫柳達藥醫朴頵等」，可見清太宗曾請過朝鮮漢醫為他治病。

療，顯然已被主政者所肯定，這也說明滿族醫學的現代化起步，是由漢化開始的。清朝入關定鼎北京之後，在順治元年 (1644) 就設立了太醫院，以著名的漢人醫學專家為清朝皇室作醫療服務，使滿洲貴族社會在醫學現代化方面能進一步提升。康熙年間，因為西洋傳教士服務於清廷，西洋的醫藥科學漸次傳入清宮，並得到康熙皇帝的信任，從而在宮廷與臣僚之間既深且廣的流傳開來。這種醫學水準的進步，由低層次向高層次發展，確是滿族社會，也是清初社會一個成功的醫學現代化進程。不過康熙皇帝只以西醫、西藥為少數人治病，只在宮廷中設局製造西藥，沒有向廣大社會推廣，讓眾多人民受到益處，這實在是美中不足的憾事。

有著極高智慧、能力與實權的康熙皇帝，既然親身經歷西醫西藥的醫療效果，為什麼在他統治之日，卻未大力推行醫學現代化，讓中國的醫學水平與世界先進國家並駕齊驅呢？對於這個問題，我個人有幾點粗淺的看法：

第一，康熙是一位好學並力求進步的學者型皇帝，他對中國的高深學問，特別是理學，作過多年而又深入的探討，不僅造詣很高，其治學態度也是真誠的，並非粉飾性的表演。他曾說：

> 朕自五齡即知讀書，八齡踐阼，輒以學庸訓詁詢之左右，求得大意而後愉快。日所讀者必使字字成誦，從來不肯自欺。……反覆探索，必心與理會，不使纖毫扞格。實覺義理悅心，故樂此不疲[71]。

---

[71] 中國第一歷史檔案館（整理），《康熙起居注》，頁 1249。

對於西洋科學，他也有著極強的求知慾，因此他對西洋教士們傳來的天文、地理、數學、醫學、音樂、語言等等樣樣都有興趣，都想學習。尤其在他即位之初，欽天監裏的大臣們發生了中西曆法之爭，使他對實踐性很強的西洋科學興起了濃厚的學習念頭。他說：「湯若望於午門外九卿前，當面睹測日影，奈九卿中無一知其法者。朕思己不知，焉能斷人之是非，因自憤而學焉」[72]。他愛好中西學問，而且也有研究成果，但是當時的環境卻不容許科學與理學並存，因為前者是能促使人類思想獲得解放的一種利器，後者則是禁錮人們思想的良方。前者是當時中國社會所鄙視的，後者則是由政府賦予合法地位而被大力提倡的。身為一國之君，康熙皇帝非常了解中國傳統夷夏之防的精義，為了統治眾多的漢人，為了鞏固滿族的統治大權，他絕無可能捨棄漢族傳統主流學問而去崇尚西洋夷學。這是很明顯的一項事實，為了滿足政治的需求，他不能宣揚、推行西醫與西藥。

第二，綜觀康熙一朝，無論皇帝從事漢化或是西化，他的基本著眼點在於「有用與無用」以及「有益與無益」兩大問題上，凡是對清朝有用、有益的，都可以仿行、因襲；無用、無益的則不加考慮。例如在中央衙門欲沿襲明朝制度時，內閣、翰林院他可以恢復，但太監的十三衙門則不予仿行，仍以內務府為皇家服務的機關。起居注衙門可以仿照明朝成立，但發覺這單位對施政統治不利時，隨即予以裁撤[73]。可見康熙皇帝取

---

[72] 愛新覺羅‧胤禛（纂），《聖祖仁皇帝庭訓格言》，收入：《景印文淵閣四庫全書》，第 717 冊，頁 69。

[73] 陳捷先，〈從清初中央建置看滿洲漢化〉，收入：陳捷先，《清史論集》

借別人文化制度的標準是有選擇性的，是帶有功利性的。西洋
醫學確有療效，確有優長之處，他是有心仿照取用的；但是西
醫西藥是夷學，提倡以後必然會受到守舊衛道者的反對，所以
他只把這一部分的西化局限在宮廷，局限在少數臣工之間，讓
自己與親近者受益，也藉以得到施捨聖恩的美名，可以說是一
種享受反應，只能視為醫學西化的一點起步。

　　第三，人類所有思想和活動領域中的變化，若是發生由壞
變好，由低級變為高級的質變時，通常是先由外緣發生變化，
而後才逐漸有內核的變化，這是文化學者的一項理論。他們以
為人類在歷史長河中前進發展期間，先是創造各種器物，構成
物態文化層，而後又在社會組建了一些社會規範，因而有制度
文化層，之後由於各式人類的交往更形成了一些約定俗成的習
慣，而產生行為文化層。最後則由意識活動長期積累的印象經
驗構成心態文化層。這些由外而內的各文化層之價值密度不同，
對外來文化的抗拒力也各異，而其中以物態文化層的密度最弱
最小，因而最易被攻破而容受別種文化。以西洋文化進入中國
為例，最初也只是輿圖、機械鐘錶、美術繪畫等為主，服用的
西藥與人體的解剖也是西醫學問中的物態文化層，是比較容易
被康熙等君主接受取用的。而西洋醫學的制度與理論，則是屬
於西醫文化的內核層次，以康熙時代的國情與一般人的知識水
準而言，顯然不能達到如此深度的層次，因此要推動有廣度與
深度的西醫現代化，必然是有困難的。這不僅切合清初歷史事
實，也符合文化學上的理論。

―――――――――――

　　（臺北：東大圖書公司，1997），頁 119。

從經筵日講看康熙皇帝好學

　　宋朝是一個重文輕武的朝代，不但大臣重文，皇帝也重文，而皇帝亦必須花些時間與侍講、侍讀的大臣們一起講論經史，藉以督促君主留心學問，求得治理之道。這種君臣共同研討經史的活動，稱為「經筵」。本來經筵並無一定的時刻表，到明朝以後，開國的君臣認為經筵重要，不能象徵性的偶爾舉行，便決定於春秋二、八月中在宮中行經筵大典，不過明朝皇帝多不好學，尤其萬曆、天啟之時，經筵之際，皇帝僅「端拱而聽，默無一言」，應付時刻而已，經筵徒具名目。清朝定鼎北京之後，經筵制度仍沿襲明朝，但君臣態度之認真，講授內容之深入，都不是宋、明兩朝所能比擬的。

　　順治初年，由於皇帝年幼，由多爾袞攝政，同時又因戎馬倥傯與南明戰爭連年，經筵之典雖已明定，但未正式舉行。順治八年 (1651)，皇帝親政，兩年後乃下令著大臣等籌備經筵之事，當時所降諭旨是：「朕惟修己治人，大經大法，備載經史，欲與翰林諸臣，明其義理；但內院尚非經筵日講之地，著工部即將文華殿作速起造，以便講求古訓」[1]。順治十二年 (1655)，皇帝

又降諭說：

> 朕惟自古帝王勤學圖治，必舉經筵日講，以資啟沃。今經筵已定於文華殿告成之日舉行，日講深有裨益，不宜刻緩，爾等即選滿漢詞臣，學問淹博者八人，以原銜充講官，侍朕左右，以備諮詢[2]。

不久大臣就遵旨議定：

> 日講之禮，每歲自二月經筵後始，夏至日止。八月經筵後始，冬至日止。每日於部院官奏事後進講，講章繕正副二本，以正本先期進呈，本日掌院學士率講官二人、或三人，以副本進講[3]。

從此經筵日講就成為清朝的定制了。

順治皇帝英年早逝，繼承帝位的是康熙皇帝。康熙登極時年僅八歲，由四位守舊的滿洲權臣輔政。儘管這位新君在即位

1 崑岡（等修），劉啟端（等纂），《欽定大清會典事例》，收入：續修四庫全書編纂委員會（編），《續修四庫全書》，第 812 冊（上海：上海古籍出版社，1995），卷 1047，頁 1。

2 崑岡（等修），劉啟端（等纂），《欽定大清會典事例》，收入：續修四庫全書編纂委員會（編），《續修四庫全書》，第 812 冊，卷 1047，頁 6。

3 崑岡（等修），劉啟端（等纂），《欽定大清會典事例》，收入：續修四庫全書編纂委員會（編），《續修四庫全書》，第 812 冊，卷 1047，頁 6。

前曾從宮中漢人太監唸過經書，了解不少漢人古典學問[4]，但經筵日講之事因守舊大臣反對漢化而遲未舉行，直到皇帝親政，清除輔臣勢力之後，才正式展開。

康熙九年 (1670)，皇帝諭禮部說：「帝王勤求治理，必稽古典學，以資啟沃之功，朕於政務餘閒，惟日研經史，念經筵日講，允屬大典，宜即舉行，爾部其詳查典例，擇吉具儀以聞」[5]。

第二年，禮部擬定講官滿漢各八人，滿員以大學士以下、副都御史以上官兼任。漢員則以翰林出身之大學士、六部尚書、侍郎及內閣學士、詹事、少詹事、翰林院侍讀、侍講、國子監祭酒兼任[6]。不過這一年九月皇帝為回東北老家展祭太祖、太宗陵寢，未能如期開講。康熙十一年 (1672) 正月至三月間，皇帝又為盡孝道，陪同祖母去赤城溫泉泡湯，幾乎不在京城，也未能舉行日講。四月初一日皇帝才在京城中安定下來，月中以後，史料裏便記錄下一些有關日講的事件：

---

[4] 《聖祖仁皇帝庭訓格言》記康熙皇帝自述文字：「朕八歲登極，即知黽勉學問，彼時教我句讀者，有張、林二內侍，俱係明時多讀書人，其教書惟以經書為要」。請參看：愛新覺羅‧胤禛（纂），《聖祖仁皇帝庭訓格言》，收入：《景印文淵閣四庫全書》，第 717 冊（臺北：臺灣商務印書館，1983），頁 2-3。

[5] 崑岡（等修），劉啟端（等纂），《欽定大清會典事例》，收入：續修四庫全書編纂委員會（編），《續修四庫全書》，第 812 冊，卷 1047，頁 2。

[6] 崑岡（等修），劉啟端（等纂），《欽定大清會典事例》，收入：續修四庫全書編纂委員會（編），《續修四庫全書》，第 812 冊，卷 1047，頁 2。

十五日庚寅。早，上御太和殿視朝。……巳時，上御弘德殿，講官熊賜履、孫在豐進講：子夏曰賢賢易色一章。

十九日甲午。早，上御乾清門，聽部院各衙門官員面奏政事。辰時，上御弘德殿，講官熊賜履、史大成、孫在豐進講：子曰君子不重則不威一章。

二十二日丁酉。早，上御乾清門，聽部院各衙門官員面奏政事。巳時，上御弘德殿，講官熊賜履、史大成、孫在豐進講：曾子曰慎終追遠一章。

其後二十四日、二十六日、二十八日與三十日，也都在辰時由熊賜履等分別向皇帝講了「子禽問於子貢曰夫子至於是邦也」、「子曰父在觀其志」、「有子曰禮之用」以及「有子曰信近於義」等章，地點都是在弘德殿[7]。

從以上紀錄可知：康熙皇帝早期的經筵日講為隔日進講，開講時間在上午七時或九時，而讀書之事則安排在政事處理之後。

康熙皇帝確實是一個勤學的君主，僅從經筵日講的有關活動中便可以看得出來，例如：

一、改隔日進講為每天進講

康熙十二年 (1673) 二月初七日，當日講官員傅達禮等向皇帝奏報開日講事時，皇帝說：「朕聽政之暇，即於宮中披閱典籍，殊覺義理無窮，樂此不疲。向來隔日進講，朕心猶為未足，嗣後爾等須日侍講讀，闡發書旨，為學之功，庶可無間」[8]，從

---

[7] 中國第一歷史檔案館（整理），《康熙起居注》（北京：中華書局，1984），頁 31–33。

此每日進講成了新制。當然皇帝每天的事務繁忙，未必能天天聽講研討學問，但康熙帝能有此心意也算是難能可貴了。

二、經筵日講不能中輟

康熙皇帝自從在日講經史中吸收到很多中國古典義理學問之後，他非常重視這項活動，盡可能按日舉行，即使在一些特殊情況下，他也不允許停止，以下數例可作說明：

康熙十二年 (1673) 三月初，皇帝移駐瀛臺聽政辦事，雖是短暫幾天，大臣以為皇帝去「遊逸」，因而建議停講。皇帝則對他們說：「因宮殿樑柱損壞，每逢霖雨滲漏，難以居住，故令修葺，暫來駐此」[9]，而「進講所以致知，蓄德期於日新，未容稍間，講官其日至瀛臺，照常進講」[10]。

同年四月十五日，皇帝因「身少違和，欲暫幸南苑數日」。第二天，皇帝到了南苑，住進東宮。他說：「南苑乃人君練武之地。邇來朕體不快，來此地遊覽，扈從講官史鶴齡、編修張英，俱係詞臣，著各作詩賦，於十八日進講時進呈」。十八日，這些講官便向皇帝講了「宰予晝寢」一章[11]。

同年五月初三日，講官傅達禮等「以舊例夏至輟講奏明」，皇帝則回答說：「學問之道，必無間斷，方有裨益。以後雖寒暑不必輟講，待至六月溽暑，再來請旨」[12]。

[8] 中國第一歷史檔案館（整理），《康熙起居注》，頁 80。
[9] 中國第一歷史檔案館（整理），《康熙起居注》，頁 86。
[10] 崑岡（等修），劉啟端（等纂），《欽定大清會典事例》，收入：續修四庫全書編纂委員會（編），《續修四庫全書》，第 812 冊，卷 1047，頁 7。
[11] 中國第一歷史檔案館（整理），《康熙起居注》，頁 94–95。
[12] 中國第一歷史檔案館（整理），《康熙起居注》，頁 96。

　　康熙十二年 (1673) 底，吳三桂反清，不久之後擴大為三藩動
亂，經筵日講之事一度受到影響。康熙十三年 (1674) 九月初一
日，皇帝對日講官說：「日講關係重大，今停講已久，若再遲，
恐至荒疎。日月易邁，雖當此多事之時，不妨乘間進講，於事
無所廢惧，工夫不間，裨益身心非淺，爾衙門議奏」[13]。後來
翰林院掌院學士等認為軍事機務繁重，「請間一日進講」，皇帝
不同意他們的建議，並說：「軍機事情，有間數日一至者，亦有
數日連至者，不可以日期，其仍每日進講，以應朕惓惓嚮學之
意」[14]，可見皇帝在帝國存亡的關鍵時刻，仍一心一意要讀書。

　　康熙二十三年 (1684) 四月二十三日，學士牛鈕、孫在豐向皇
帝的侍衛報告說：「頃聞部院衙門明日無本章入奏，臣等進講應
停一日。且皇上勤政典學，萬幾之餘，隆寒盛暑俱不輟講，此
日似可暫輟，為此請旨」。侍衛入奏以後，皇帝讓他傳出諭旨說：
「明日部院衙門偶爾無本章入奏，是時講論經義更有餘暇，著
仍來進講。以後每日照常直講，不必間輟」[15]。

　　康熙二十四年 (1685) 三月十四日，講官常書、孫在豐等又向
皇帝侍衛報告：「恭逢皇上萬壽節，普天同慶，視元旦尤重。自
十五日至二十一日，似應停講」，隨即皇帝降諭：「講書深有益
於學問，朕愛聽不倦。前偶爾違和，輟講數日，心尚歉然。朕
意欲將《詩經》速速講完，不必停也」[16]。即使過生日的前後，

[13] 中國第一歷史檔案館（整理），《康熙起居注》，頁 174。

[14] 崑岡（等修），劉啟端（等纂），《欽定大清會典事例》，收入：續修四
庫全書編纂委員會（編），《續修四庫全書》，第 812 冊，卷 1047，頁
7。

[15] 中國第一歷史檔案館（整理），《康熙起居注》，頁 1173。

皇帝也要聽講。

由於皇帝不斷舉行日講，講官們在準備講章的工作上常常感到吃力而時間不夠，因而在康熙二十四年 (1685) 間即由翰林院出面上奏說：「臣等會同詹事等官，正在晝夜撰擬日講講章，伏乞皇上暫時少緩進講，俾得陸續撰擬進呈」，皇帝看了這份奏報之後，降旨說：「仍著按日進講，其講章，爾等撰擬後節次進呈」[17]。即使沒有講章，皇帝也認為可以先講然後再呈講章。

綜上可知：康熙皇帝除了生大病、行重大典禮、親征作戰、離京出巡之外，其他時間，即使皇宮中漏水、寒暑天氣、自己生日、三藩變亂、衙門無事以及缺乏講章，他仍然舉行日講，不允中斷。

三、因重視日講而改變讀書時間與地點

康熙皇帝早年的日講都是在聽政之後舉行，這也是表示政務比讀書更為重要。康熙二十二年 (1683) 八月初一日，當講官牛鈕等人到乾清門等候進講時，皇帝命令侍衛傳諭說：「每日進講在各衙門啟奏之後，不免太遲。嗣後改於啟奏前進講，可以從容多講數條，實為有益」，講官們遵旨，乃在同月十三日先行日講，而後再辦理政務[18]。不過，這項改變後來並未成為制度，皇帝常在聽政與日講間作調整，時前時後，並不一定。另外皇帝在乾清宮、保和殿或弘德殿等處舉行日講時，由於宮殿宏大，

---

[16] 中國第一歷史檔案館（整理），《康熙起居注》，頁 1302。

[17] 崑岡（等修），劉啟端（等纂），《欽定大清會典事例》，收入：續修四庫全書編纂委員會（編），《續修四庫全書》，第 812 冊，卷 1047，頁 11。

[18] 中國第一歷史檔案館（整理），《康熙起居注》，頁 1038、1045。

故閒雜人少;而皇帝有時會在瀛臺聽政,環境就不如上述幾處了。康熙二十四年 (1685) 三月二十六日,他就向講官常書等人說:「向於瀛臺門進講,觀聽煩雜,於討論經義、究悉書旨,尚屬未便。今欲移至內殿進講,便於從容顧問。爾等以為何如?」講官們當然沒有意見,只說:「不勝忻幸之至」,當天就「召至內殿進講:旄丘之葛兮二章、狐裘蒙戎二章」,然後於辰時再到外殿聽政[19]。這些事也都足以反映皇帝對研習經史態度的認真。

四、改進日講的方式與內容

日講原本是儒臣先擬好講章,然後進講,講述內容以四書、五經為主,對皇帝有啟沃之功、勸戒之意。康熙皇帝在日講舉行幾年之後,也改進了日講的一些方式與內容。首先他認為講章「須有勸戒箴規之意,乃稱啟沃」。講章內如有「覆載同功,乾坤合撰」、「媲美三王,躋隆二帝」,或是「道備君師,功兼覆載」等等的話就跡近諂諛,「太過,可改平常語」。講章「不得過為溢辭,但取切要,有裨實學」,講官們應注意改進[20]。另外,他也對講官們說過:「講章詞取達意,以簡要明白為尚。如本文敷衍太多,則斷章未免重複。……今後所撰《詩經講義》亦須要言不煩,期於盡善」[21]。至於講章的內容,皇帝有一次也提出了意見,他說:「經筵關係大典,自大學士以下九卿、詹事、科、道俱侍班,所講之書,必君臣交儆,上下相成,方有裨於治理。向來進講俱切君身,此後當兼寓訓勉臣下之意,庶使諸臣皆有所警省」[22]。他反對單向式的教學,他說:「讀書務求實

---

[19] 中國第一歷史檔案館(整理),《康熙起居注》,頁 1309。

[20] 中國第一歷史檔案館(整理),《康熙起居注》,頁 194、247、293、875。

[21] 中國第一歷史檔案館(整理),《康熙起居注》,頁 1175。

學，若不詢問、覆講，則進益與否，何由得知？」因此從康熙十六年 (1677) 四月起，他常常「先親講一次，然後（案：由講官）進講」。同年六月初五日舉行日講時，皇帝還對日講官們說：「朕於四書究心已久，汝可試舉一章，侍朕講解」，並且「諄諭再四」的要日講官們點出一段。學士喇沙里只好遵旨舉出「子曰舜其大知也與一章」，據說當天皇帝「講論精微，義理融貫」，十分精采[23]。康熙皇帝對日講提出諸多改進意見，可見他對讀書非常有興趣，亦可知經筵日講在當時不是一項虛有其名的制度。

五、講解與討論並行

康熙皇帝為了使日講不淪為具文，他反對明朝皇帝「默無一言」的接受大臣解說，除了詢問、覆講之外，他又主動提出討論。以下幾則記事，可以一讀。

康熙十六年 (1677) 四月初六日：

> 辰時，上御弘德殿，講官喇沙里、陳廷敬、葉方藹進講。……講畢伊尹以割烹要湯，講章內有伊尹之在有莘，諸葛亮之在隆中，惟其處而無求，所以出而能任等語。講畢，上問曰：「諸葛亮可比伊尹否？」廷敬對曰：「此一章書是論人臣出處之正。三代以下，亮之出處最正，所以比之伊尹」。上曰：「伊尹聖之任者也，以其君為堯舜之君，亮能之否？」廷敬對曰：「先儒謂亮有王佐之才，亮雖不及伊尹，然其學術亦自正大，後世如此等人才誠不

[22] 中國第一歷史檔案館（整理），《康熙起居注》，頁 1038。
[23] 中國第一歷史檔案館（整理），《康熙起居注》，頁 296、302、305、310、312。

易得，但其所遇之時勢不同，所以成就不及伊尹」。上曰：
「然」[24]。

同年六月十八日：

辰時，上御弘德殿，講官喇沙里、陳廷敬、葉方藹、張
英進講。……上親講畢，講官照常進講。上曰：「君子進
則小人退，小人進則君子退，君子小人勢不並立」。廷敬
對曰：「自古以來，治日常少而亂日常多者，皆由於疏正
人，親小人故」。上又曰：「孟子所謂一暴十寒，於進君
子退小人、親賢遠佞之道，最為透徹。人君誠不可不知」。
沙里對曰：「皇上聖明，洞見及此，真足為萬世之法也」[25]。

康熙十七年 (1678) 二月二十一日：

上親講畢，講官照常進講。上問：「所撰《尚書講章》與
《大全》諸說不同?」廷敬對：「《大全》一書，雜引諸儒
之說，《講章》專主蔡傳，其《大全》精要處俱已該括在
內」。方藹對：「《大全》以外，尚有《註疏》。蔡沉作集
註時，其可取者俱已探入。《大全》一書亦發明蔡傳之意
而已」。上問：「《註疏》與《大全》何如?」廷敬對：「《註
疏》雖漢、唐儒者之書，其言克明俊德，為能明顯俊德
之人平章百姓，為百官族姓。其義甚短，不如《大全》

---

[24] 中國第一歷史檔案館（整理），《康熙起居注》，頁 300。
[25] 中國第一歷史檔案館（整理），《康熙起居注》，頁 308。

所解之正」。上曰:「然」。

　　而在日講之後,皇帝「因申命和叔一節講章中,有仲冬得正陰之氣語,問:『仲冬之月,一陽初生,如何謂之正陰?』廷敬對曰:『坎為北方正陰之位,陰之終即陽之始。然一陽始生而甚微,全體猶是屬陰』。上頷之」[26]。

　　康熙二十二年 (1683) 十月二十日講畢之後:

> 上問:「理學之名始於宋人否?」張玉書奏曰:「天下道理具在人心,無事不有,宋儒講辨更加詳密耳」。上曰:「日用常行無非此理,自有理學名色,彼此辨論益多」。牛鈕奏曰:「隨事體認,義理真無窮盡,不必立理學之名」。上又問:「湯斌云何?」斌奏曰:「理學者本乎天理,合乎人心,堯、舜、孔、孟以來總是此理,原不分時代。宋儒講理,視漢、唐諸儒較細,故有理學之名,其實理學在躬行,近人辨論太繁耳」。上曰:「朕見言行不相符者甚多,終日講理學,而所行之事與其言悖謬,豈可謂之理學? 若口雖不講,而行事皆與道理符合,此即真理學也」[27]。

　　類似的討論很多,不能一一列舉。總之由此可以看出康熙皇帝舉行日講,並非徒具形式,而是真有讀書與研討之實,同時皇帝個人的學問也很淵博,不像明朝君主那樣「不諳文義」。

---

[26] 中國第一歷史檔案館 (整理),《康熙起居注》,頁 352。
[27] 中國第一歷史檔案館 (整理),《康熙起居注》,頁 1089。

六、為求甚解，虛心下問

康熙皇帝為使經筵日講發揮實益，不是「止飾虛文」，他常常對不了解的問題提出詢問，尋求解答。這類例子也很多，現在且抄錄幾則如後。

康熙十二年 (1673) 九月初七日，日講完畢之後，「上召賜履至御前，……上問讀書切要之法。對曰：『凡讀書全要得古聖人立言之意。得意忘言，中心默識，應事接物方纔得力。不然，紙上陳言，無補身心之實』。上曰：『誠然』」[28]。

同年十一月初四日，皇帝在日講後又問熊賜履：

> 「本然之性，氣質之性，其指何居？」對曰：「本然之性，即太極也，孟子所謂性善是也；氣質之性，即二五萬物也，孔子所謂性相近習相遠也。究之氣質之性，皆可化而為本然之性，故性善之說為不可易，而大有功於天下萬世也」。問經權二字之義？對曰：「經權非有二也，經是中，權是時。中至當恰好是經，隨時隨在無不至當恰好是權。若離經言權，則為權謀術數之權，而非聖人通變達權之權矣」。……上問曰：「修身、明德是一是二？」對曰：「明德為本，未有德不明而可言身修者。明德便是修身，故又曰修身為本」。上曰：「善」[29]。

康熙十四年 (1675) 四月二十五日，在講官講完「孟子曰以力假仁者霸」以及「仁則榮」兩章之後，皇帝便問道：「仁是心之

---

[28] 中國第一歷史檔案館（整理），《康熙起居注》，頁118。
[29] 中國第一歷史檔案館（整理），《康熙起居注》，頁132。

德麼?」孫在豐奏曰:「仁是心之德, 愛之理。如此說, 仁字之
義方完」。皇帝又問:「何以謂之霸?」講官回答:「霸者先詐力
而後仁義, 所尚者功利富強之術, 不可謂之仁」。皇帝再問:「孔
子何以稱管仲如其仁, 如其仁?」孫在豐的回答是:「此乃言其
功業之盛也, 與此仁字不同」。皇帝因而問:「或先霸術而後行
王道, 可乎?」孫在豐說:「如此便駁雜了, 究竟不能行王道。
蓋天理人欲不並立也」。皇帝很同意他的說法, 並補充了一句:
「天理人欲之不可並立, 猶君子小人之不可並立也」[30]。

　　康熙十九年 (1680) 四月十八日, 講官們向皇帝進講《易經》,
解釋「象曰大哉乾元五節」、「象曰天行健一節」:

> 上問曰:「元亨利貞既屬四德, 又曰大亨而利于正, 何也?」
> 葉方藹奏曰:「大亨而利于正是占辭, 但在他卦則可, 在
> 乾卦仍當分四德」。張玉書奏曰:「乾卦, 天德渾全, 故
> 與他卦不同」。上又問曰:「潛見惕躍飛亢皆是龍德, 三
> 爻、四爻不稱龍, 何也?」葉方藹奏曰:「或躍在淵, 原
> 是說龍, 九三獨稱君子。君子即龍也, 其義本自相通」。
> 張玉書奏曰:「九三在六爻中居人位, 故稱君子, 更有切
> 於人事」[31]。

　　除此之外, 康熙皇帝對經筵日講的重視還可以從其他的表
現中窺知。譬如他有時候不按二、八月的規定開講時間, 而提
前加課或延長講授, 也有讓講官於晚間增加講解《資治通鑑》[32]。

---

[30] 中國第一歷史檔案館 (整理),《康熙起居注》, 頁 203。
[31] 中國第一歷史檔案館 (整理),《康熙起居注》, 頁 528–529。

康熙二十二年 (1683) 他又下命「齋戒日期……，如不親詣行禮，則仍進講」[33]。最特別的是他在康熙二十三年 (1684) 冬天第一次南巡時，回程路經山東曲阜，於十一月十八日在孔廟的詩禮堂，由監生孔尚任、舉人孔尚禮客串講官，講了「大學之道一節」、「天尊地卑一節」。皇帝雖然對孔尚任等所撰的講章不太滿意，認為「文字尚未得其精微，其篇末排語平仄亦少不調，音韻無倫」。不過，後來命隨行的大學士略作修改，而完成了一次巡幸中的日講大典[34]。

康熙皇帝在舉行經筵日講的前十年中，確實唸了不少書，而且作過深度的研究，舉凡《論語》、《大學》、《孟子》、《中庸》、《書經》、《詩經》、《資治通鑑》、《易經》以及一些宋儒的性理之書，幾乎全都讀遍。他曾說：「朕在宮中，手不釋卷」，認為一個人「一刻不親書冊，此心未免旁騖」[35]。他不但博覽載籍，盡讀儒家經典，「即道書、佛經無不記識」[36]。他也讀過很多醫書，而且頗有心得[37]；亦曾經對侍從的文學大臣分享其讀書歷程，他說：

---

[32] 中國第一歷史檔案館（整理），《康熙起居注》，頁 526。

[33] 崑岡（等修），劉啟端（等纂），《欽定大清會典事例》，收入：續修四庫全書編纂委員會（編），《續修四庫全書》，第 812 冊，卷 1047，頁 9。

[34] 中國第一歷史檔案館（整理），《康熙起居注》，頁 1253–1254。

[35] 中國第一歷史檔案館（整理），《康熙起居注》，頁 125。

[36] 中國第一歷史檔案館（整理），《康熙起居注》，頁 2228。

[37] 華文書局（輯），《大清聖祖仁皇帝實錄》（臺北：華聯出版社，1964），卷 230，頁 7。

朕自五齡，即知讀書，八齡踐阼，輒以學庸訓詁，詢之
左右，求得大意而後愉快。日所讀者，必使字字成誦，
從來不肯自欺。及四子之書，既已通貫，乃讀尚書，於
典謨訓誥之中，體會古帝王孜孜求治之意，期見之施行。
及讀大易，觀象玩占，實覺義理悅心，故樂此不疲耳[38]。

　　皇帝對於各書的接受情形，他謙虛的說自己：「資性不敏，
獨於易旨雖極研究，終未洞徹耳。至若史、漢以及諸子百家、
內典、道書，莫不涉獵，觸事猶能記憶」[39]。當然他對於性理
的書最感興趣，不但仔細閱讀，而且圈點加批，說明感受與心
得，不少大臣都看過他手批的《性理大全》一書，發現書中「一
字一句評閱精詳」，或是有人以「一句一讀皆御筆手自丹黃」來
形容，在在說明皇帝讀此書的仔細認真以及他對該書曉暢之情
形。康熙皇帝說他讀過的很多書，「觸事猶能記憶」一事，應該
是可信的，除了他的記憶力一直很好之外，史料中可留存下的
文字似乎也可以證明這一點。例如康熙五十三年(1714)底，他已
是六十二歲的老人了，他和大臣議論江蘇巡撫張伯行為官情形
時，他說：

　　清官多刻，刻則下屬難堪。清而寬，莫善於是。過恃其
清，可乎？宋朱子云，居官人清，而不自以為清，始為
真清。為君者亦宜寬，不可刻。即今出鹽差官員，每年
送翰林禮物。漢學士等皆由翰林遷擢之官，若此等處察

[38] 華文書局（輯），《大清聖祖仁皇帝實錄》，卷117，頁19-20。
[39] 中國第一歷史檔案館（整理），《康熙起居注》，頁1249-1250。

出，皆罪也。《易》云不家食。為官之人，凡所用之物，若皆取諸其家，其何以濟？故朕一意從寬不察察於細故也[40]。

又如康熙五十四年 (1715) 十一月初八日，皇帝與大學士們討論湖南巡撫陳璸上奏請禁加火耗一事時，他說：「朕聽政五十餘載，尚不敢自恃。每發一語，必思可行。陳璸甫任巡撫，輒發大言，可乎？《論語》云，必世而後仁。彼視之太易，祇以年逼桑榆，在任無幾，藉此博身後虛名耳」[41]。

第二天，皇帝與大臣們議政時，有人稱讚他「智周萬物，於閭閻之事無不洞悉」，他說：

> 《書》云明四目，達四聰。朕於天下事無不洞悉，然知之而即發，亦非大體。總之，為政以中正誠敬為本。中正則能公，誠敬則能去私。朕日讀性理諸書，見得道理。如此徒為誇大之詞，何益？[42]

康熙五十六年 (1717) 三月，他對於起居注官陳璋私抄檔案給江南官員趙熊詔的事，十分不滿，尤其將責任推到皇帝身上更令他憎恨，他對大學士們說：

> ……或有大臣所辦之事，功則歸己，過則諉之年老糊塗。

---

[40] 中國第一歷史檔案館（整理），《康熙起居注》，頁 2135。
[41] 中國第一歷史檔案館（整理），《康熙起居注》，頁 2215。
[42] 中國第一歷史檔案館（整理），《康熙起居注》，頁 2218。

為人臣者，在官一日，當盡一日之心，安可以年老糊塗推諉耶？今國家大臣俱係年高髮白之人，朕亦年高，與爾諸臣年亦相等。孟子曰，責難于君謂之恭，陳善閉邪謂之敬，吾君不能謂之賊。書云，一日二日萬幾，天工，人其代之。今爾等以年老糊塗推諉，朕亦若爾等，以為年高糊塗，或料理失宜，諸臣其能堪此？[43]

同年四月十六日，皇帝聽政時與大學士談到戶部尚書趙申喬有清名但個性偏執時，皇帝說：「人各有一定性格，有寬和者，有偏執者。凡眾人會議，不可獨執己見。子書云：心愈小，德愈大。此語宋儒亦取之。如趙申喬執性，殊非大臣之體」[44]。

據上可知：康熙皇帝確實是「觸事猶能記憶」經史諸書的。《論語》、《孟子》、《尚書》、《易經》等書中的經文，他隨時可以引用，正如他自己說的：「朕七、八歲所讀之經書，至今五、六十年，猶不遺忘」[45]。

總而言之，康熙皇帝是一位愛讀書的皇帝，他不但一生勤奮讀書，並且熟記、理解所讀過的書，而他能讀書致用則更是難得。

---

[43] 中國第一歷史檔案館（整理），《康熙起居注》，頁 2371。

[44] 中國第一歷史檔案館（整理），《康熙起居注》，頁 2384。

[45] 愛新覺羅・胤禛（纂），《聖祖仁皇帝庭訓格言》，收入：《景印文淵閣四庫全書》，第 717 冊，頁 91。

康熙皇帝與書法

　　康熙皇帝非常愛慕中華文化，對於程朱理學極力提倡，而且以身作則的努力鑽研，幾乎成了專家。他對中國的書法，也有著出奇的偏好，可以說他一輩子游情於翰墨之中，更有不少人認為他可以躋身於名家之列。曾國藩後來說：康熙皇帝「年十七、八時，讀書過勞，至於咯血，而不肯少休，老耄而手不釋卷。臨摹名家手卷多至萬餘」[1]，就是指皇帝在讀書與寫字方面的情形。

　　康熙皇帝在中國書法上的造詣，連當時的西洋人都對他讚譽有加，曾在清宮中供職多年的著名法籍耶穌會士白晉 (Joachim Bouvet)，在寫給法國國王路易十四的一份報告中，提及康熙皇帝「所有的愛好都是高尚的」、「他寫得一手漂亮的滿文與漢文」[2]，

1 李元度（著），易孟醇（點校），《國朝先正事略·曾國藩序》（長沙：岳麓書社，1991），頁1。

2 白晉 (Joachim Bouvet)（著），馬緒祥（譯），《康熙帝傳》，收入：中國社會科學院歷史研究所清史研究室（編），《清史資料》，第1輯（北京：中華書局，1980），頁197、219。

可見康熙帝擅長書法是當時中外人皆知的。

　　儘管有不少大臣為了諂諛，說皇上的書法美好是天授的才能，是天賦的異稟之一；但是康熙皇帝卻說他在書法上的成就是由天性的喜愛與不斷的苦練而得來的。在他五十初度之後，曾向大臣們說：「朕自幼好臨池，每日寫千餘字，從無間斷，凡古名人之墨蹟、石刻，無不細心臨摹，積今三十餘年，實亦性之所好」[3]。類似的話，皇帝也曾說過，如：「……宮中古法帖甚多，朕皆臨閱。……所有法帖，朕曾臨徧，大抵名人墨蹟，屢經匠工鏤刻，其原本精神漸皆失真。……朕素性好此，久歷歲年，毫無間斷」[4]。

　　由於皇帝臨摹歷代書法名家的法帖很多，從現有的史料中，可以看出他最初似乎是從學習董其昌的筆勢開始的。他有一次向大臣們說：「……沈荃昔云：伊曾親受董其昌指訓，朕幼年學書，有一筆不似處，沈荃必直言之」[5]。董其昌的字是皇帝喜歡的，康熙三十八年 (1699) 南巡途中，皇帝在蘇州旅次還臨摹了他的字，清宮史料裏記述了此事：「三月十五日，在蘇州臨董其昌家雞野鶩春蚓秋蛇八大字。掌院學士韓菼奏云：皇上書法，不啻龍飛鳳舞，晉唐名迹所不及，何況其昌？」[6] 說到晉唐名迹，皇帝也鍾愛王羲之、顏魯公等大家的書法，以下幾則記事，也許可作說明：

[3] 華文書局（輯），《大清聖祖仁皇帝實錄》（臺北：華聯出版社，1964），卷216，頁19。

[4] 《康熙起居注》，臺北國立故宮博物院藏本，四十一年十月初五日條。

[5] 《康熙起居注》，臺北國立故宮博物院藏本，四十一年十月初五日條。

[6] 《康熙起居注》，臺北國立故宮博物院藏本，三十八年三月十五日條。

國子監祭酒馮源濟以王羲之〈快雪時晴帖〉墨蹟二十四
字裝成冊頁，賫付學士喇沙里代奏曰：「此帖乃王羲之所
書真蹟，臣父素所珍藏。今皇上留心翰墨，臣不敢收藏
此帖，願進御覽」。……上命收進。覽畢，隨命喇沙里傳
諭馮源濟曰：「朕萬幾之暇，篤好讀書臨帖，常臨王羲之
字，素謂此帖甚善。今覩所獻真蹟更佳，朕心喜悅，賜
以表裡各八端，將此帖留覽」[7]。

　　康熙皇帝並不是一般玩物喪志的人；但是這件王羲之的真
蹟實在「甚善」，令他衷「心喜悅」，因而留在宮中以便御覽了。
皇帝對王羲之書法的欣賞，也可以從為〈曹娥碑〉題跋一事中
窺知。史料中也記了這件事：

上親跋王羲之曹娥碑真蹟，詞曰：「曹娥碑相傳為晉右軍
將軍王羲之得意書。今覩真蹟，筆勢清圓秀勁，眾美兼
備，古來楷法之精未有與之匹者。至今千餘年，神采生
動，透出絹素之外。朕萬幾餘暇，披玩摹倣，覺晉人風
味，宛在几案間，因書數言識之」[8]。

　　可見皇帝認為王羲之的字是「眾美兼備」的，而且他在有
空時常「披玩摹倣」，喜愛之情，可謂溢於言表。對於唐代書家，
皇帝則特愛顏真卿的「嚴氣正性」。有一天皇帝在早晨聽大臣講

---

[7] 中國第一歷史檔案館（整理），《康熙起居注》，（北京：中華書局，1984），
　頁321。
[8] 中國第一歷史檔案館（整理），《康熙起居注》，頁338。

解四書等古經之後，特別命講官牛鈕、陳廷敬二人留下，並將
他們召入乾清宮，與他們一同觀賞古代名家字畫，討論各家的
優長缺失，當時的情形是：

> （案：皇帝）命近侍雜取晉、唐、宋、元、明人字畫真蹟
> 卷冊，置榻上。每進一卷冊，上於御案上手自舒卷，指
> 點開示。或誦其文句至於終篇，或詳其世代爵里事實，
> 論其是非成敗美惡之迹，且閱且語。中間所賜覽古今來
> 諸名家真蹟神品，至五、六十餘種，不可殫述。至顏真
> 卿書，則諭謂此魯公書，嚴氣正性，可卜後來臨難風節。
> 二臣奏：「真卿當唐明皇時，安祿山之亂，河朔盡陷，真
> 卿固守平原。初，明皇聞亂，歎曰：河北二十四郡，無
> 一忠臣耶？及真卿奏至，帝謂左右曰：朕不識真卿為何
> 如人，乃能若是，此可見忠臣義士，人君貴養之於平時，
> 然後用之於一旦。今觀其書，可想見其嚴霜烈日，凜然
> 生氣」。上曰：「然」。

同時，皇帝又叫牛鈕與陳廷敬看他臨摹的翰墨，他對二大
臣說：「此黃庭堅書，朕喜其清勁有秀氣，每暇時輒一臨摹。汝
等審視果真蹟否？」牛鈕等隨即回奏說：「蘇、黃、米、蔡宋書
之最有名者，而此書又庭堅得意之筆。皇上萬機餘暇，留心書
史，至於書法，亦可陶養德性，有益身心」。皇帝同意他們的看
法。後來這三位君臣又談到古人的清節，得到一個結論：「大抵
文章、翰墨可傳於後世者，類皆賢人君子為多」[9]。

[9] 中國第一歷史檔案館（整理），《康熙起居注》，頁 878–879。

康熙皇帝與大臣們討論書法，互相示範是常見的事，清朝官書中就屢見不鮮，例如康熙十六年 (1677) 四月初十日：

> 傳（案：喇沙里、沈荃）入懋勤殿，命荃書「忠孝」二大字及「正大光明」四字行書一幅。上覽畢，復親書「忠孝」二大字。喇沙里等出，賜茶。又傳諭沈荃：「爾在御前作書，未免拘束，可於私寓寫大小字數張進呈，朕將覽焉」。

康熙皇帝又於同年五月二十日召侍讀牛鈕至懋勤殿，命他寫字，牛鈕書寫了五言唐詩一首，「上覽畢，親灑宸翰，草書唐詩絕句一首」。

又如在康熙二十六年 (1687) 四月十七日皇帝在乾清宮內與大學士等多人談論書法，檔案中記：

> 上又顧明珠等曰：「朕適書闕里碑文，爾等可試觀之」。又命講官伊圖、陳元龍向前共觀。明珠奏曰：「御書神妙，真足卓絕古今」。上曰：「邇來無暇作書，運筆殊覺勉強，不甚愜意」。王熙奏曰：「皇上書法精熟，光華煥發，筆意與趙子昂相仿彿，而神彩渾厚實遠過之」。宋德宜奏曰：「皇上究心字學，不但遠邁宋、元諸家，即晉、唐名人俱在陶鎔之內，所以諸體畢備，獨集大成」。陳元龍奏曰：「御書結搆謹嚴，筆法超拔，神化之妙，難以名言。……」上曰：「宋大學士向有善筆之名，可就此案作書，朕欲一觀其用筆耳」。上降座立案前，觀書。宋德宜書唐詩一首畢。上又曰：「陳元龍作小楷頗佳，且甚敏捷，可就此案

作大字一幅」。陳元龍亦書唐詩一首。上覽畢,即親灑宸
翰,書唐詩一首。王熙、宋德宜奏曰:「仰覩宸章,真如
龍飛鳳舞。臣等得侍臨池,可勝欣幸」。上書畢,陞坐[10]。

皇帝能降坐觀書,讓大臣用他的桌子寫字,表現了他對書
家的尊重。尤有甚者,他有時還會臨摹大臣寫的字,以「摹倣
玩味」。康熙十六年 (1677) 五月二十四日的《起居注》裏就記載
了這件事:

> 詹事沈荃進呈奉旨草書千字文、百家姓,學士喇沙里率
> 同啟奏。上覽畢,將御書漢字二幅賜荃。令喇沙里傳諭
> 曰:「朕素好翰墨,以爾善於書法,故時令書寫各體,備
> 朕摹倣玩味。今將朕所書之字賜汝,非以為佳,但以摹
> 倣爾字,故賜汝觀之,果相似否」[11]。

康熙帝的謙遜好學,由此可見一斑。他對書法好的大臣也
予以稱讚,曾說:「翰林內書法優長者皆有一種翰林習氣,惟孫
岳頒書法最佳,草書實是過人」[12]。至於沈荃,皇帝也說他「書
法遒勁,想專心學習有年故耳」[13]。還有一位名叫梅玉峰的官
員,他可以倣寫康熙皇帝的字,幾乎到了亂真的地步,皇帝也

---

[10] 以上各事請參看:中國第一歷史檔案館(整理),《康熙起居注》,頁 301、
308、1619。

[11] 中國第一歷史檔案館 (整理),《康熙起居注》,頁 309。

[12] 《康熙起居注》,臺北國立故宮博物院藏本,四十一年十月初五日條。

[13] 中國第一歷史檔案館 (整理),《康熙起居注》,頁 1362。

非常賞識他，曾經說過：「梅玉峰見朕之字甚多，所以寫字到了如此之好！」[14]

康熙皇帝自己酷愛中國書法，當然也希望他的兒子勤練書法，從皇太子胤礽的學習過程就可以得到證實。據可靠記載，清朝皇子的教育甚嚴，每日從早晨五點開始至下午七時左右，讀滿漢文書、練滿漢文字，另加挽弓射箭等體能活動，忙碌一天，皇帝希望能達到「崇文善武」的目標。有關皇太子寫字的事，有幾則紀錄可以參考：

（案：康熙二十六年六月初九日）皇太子作書，書完，以所書漢文數百字、清文一章，令諸臣觀。湯斌啟曰：「此字端嚴秀勁，真佳書也」。庫勒納、田喜霱啟曰：「筆法精妙，結構純熟」[15]。

第二天，康熙皇帝早朝完畢之後，來到皇子們讀書的無逸齋，皇太子的老師湯斌將皇太子的楷書向隨皇帝而來的大臣們展示，大臣們觀看之後都說：「皇太子楷字，筆筆中鋒，端妍秀勁，臣等何幸得覩法書」。後來皇帝說：

……皇太子寫字，向來倣史鶴齡，每寫一紙，朕改抹者多，加點者少，未嘗加圈。昨歲宣示內閣之時，湯斌等已皆知之，諸皇子在宮中從無人敢讚好者，若有人讚好，

[14] 中國第一歷史檔案館（編譯），《康熙朝滿文硃批奏摺全譯》（北京：中國社會科學出版社，1996），頁571。
[15] 中國第一歷史檔案館（整理），《康熙起居注》，頁1642。

朕即非之。昨講官入直，親見皇太子讀書、寫字，有稱
揚之語，皇太子纔始聞得人說一好字耳[16]。

據此可知：教育皇太子的課程中，每天有書法課，而且皇
帝自己還嚴加評定，「改抹者多」，使皇子日求進步。同時又不
許人稱揚皇子，免得年輕人自滿自驕，有礙學習。事實上，皇
太子從小就練習寫字了，在大學士勒德洪的一件報告中可以看
得出來。他說：

> 臣等伏承皇上以皇太子歷年親寫所讀書本及臨摹楷法大
> 小字共八篋有奇，示內閣與詹事府諸臣同閱者，臣等瞻
> 仰敬觀，不勝欣慶。……自建立元良，親行訓迪，六齡
> 至今，寒暑昕夕，未嘗間輟。……臣等再三展覽，滿字
> 自六歲起至十歲，漢字自十歲起至今年（案：指康熙二十五
> 年）睿齡十三歲閏四月二十三日出閣以前卷冊，積累已幾
> 等身。歲月日時，加進無已。字字端整，筆筆精楷[17]。

「積累已幾等身」、「字字端整，筆筆精楷」等語當然是奉
承話，不過皇帝對皇子在書法上的要求，是可以從這件奏報中
了解的。皇帝不單對自己兒子的書法有所要求，對朝廷中某些
文官的書法亦是。他親政後不久，曾經命令翰林院的官員們勤
練書法，研習詩文，後來因為三藩亂起，未能如願。康熙十六
年 (1677) 吳三桂反清勢力衰弱，皇帝又重提舊事，對經筵講官喇

[16] 中國第一歷史檔案館（整理），《康熙起居注》，頁 1644–1645。
[17] 中國第一歷史檔案館（整理），《康熙起居注》，頁 1485–1486。

沙里等說：

> 治道在崇儒雅，前有旨，著翰林官將所作詩賦詞章及真
> 行草書不時進呈。後因吳逆反叛，軍事倥傯，遂未進呈。
> 今四方漸定，正宜修舉文教之時，翰林官有願將所作詩
> 賦詞章及真行草書進呈者，著不時陸續送翰林院進呈[18]。

　　翰林院的官員，特別是為他講學的近侍官員，皇帝對他們
在書法上的要求尤其嚴格。王鴻緒是皇帝的寵臣之一，「文章詩
賦，頗為優長」，然而皇帝在康熙二十四年 (1685) 時仍說「近日
王鴻緒字殊不見佳」[19]，顯然是說他不常練習了。康熙二十六
年 (1687)，翰林院題名沈上墉補日講起居注官時，皇帝也說：

> 講官職任緊要，必得老成宿學之人，始可勝任。朕觀此
> 時講官，迥不如前。……即如寫字一事，沈荃在時，極
> 喜書寫，從無厭倦。今雖間有能寫字者，若令其書寫，
> 則深以為苦矣。這講官員缺，爾等將可用之人問明翰林
> 院具奏[20]。

　　這也顯示他對補缺人員並不滿意。康熙三十三年 (1694)，皇
帝也命大學士們在翰林官員內，「知有長於文章，學問超卓者具
奏」，後來大學士向皇帝提報數人，其中「進士唐孫華，長於詩

---

[18] 中國第一歷史檔案館（整理），《康熙起居注》，頁 297。
[19] 中國第一歷史檔案館（整理），《康熙起居注》，頁 1362。
[20] 中國第一歷史檔案館（整理），《康熙起居注》，頁 1621。

賦，文章亦佳」，但是經過皇帝親自進行考試之後，則對大學士
們說：「觀唐孫華文學實優但字不甚佳，著額外授為禮部主事，
令於翰林院行走」²¹。翰林院官員若外轉做官，也有以書法為
考量標準的。有一次，皇帝與大學士們談到翰林院官調補外省
道臺的事，皇帝認為吏部的辦法是有瞻徇情面之嫌的。他說：

> ……今翰林官員內，或有不善書法者，或有不能撰講章
> 者，或有不能點斷通鑑章句者，惟以飲酒、宴會、圍棋、
> 馬弔為戲，未有讀書立品，思副委用，以裨益國事為心
> 者。……此事著問吏部、翰林院堂官，此道缺調用之議
> 是否相宜。

　　吏部與翰林院的官員後來回奏說：「翰林官以作字著書為伊
等專責，或有書法不工，章句不能點斷者，反以道缺陞補，誠
不相宜」²²。從這段君臣議事的文字中，可見皇帝是重視書法
的，不然如何會列為第一要項？
　　康熙皇帝因為重視書法，他常以臣工寫字好壞來決定他們
的前途，有人因書法好而得到更高更好的官位，打進皇帝核心
寵臣的圈子。有人則因寫字不工整而不得升遷，甚至連考試都
不能通過，根本談不上做大官了。可以參看以下幾則例子：
　　康熙十六年(1677)十月二十日，皇帝降諭大學士們說：

> 朕不時觀書寫字，近侍內並無博學善書者，以致講論不

²¹ 華文書局（輯），《大清聖祖仁皇帝實錄》，卷164，頁11。
²² 中國第一歷史檔案館（整理），《康熙起居注》，頁1524–1525。

能應對。今欲於翰林內選擇博學善書者二員，常侍左右，講究文義。但伊等各供其職，若令仍住城外，則不時宣召，難以即至。今著於城內撥給房屋，停其升轉，在內侍從幾年之後，酌量優用。再如高士奇等善書者，亦著選擇一、二人，同伊等在內侍從。爾衙門滿漢大臣會議具奏[23]。

　　大學士們會議之後，推薦了人選，最後皇帝作了決定，並給大學士勒德洪、明珠等人又降了一道諭旨：「著將侍講學士張英在內供奉，張英著食正四品俸。其書寫之事一人已足，應止令高士奇在內供奉，高士奇著加內閣中書銜，食正六品俸。伊等居住房屋，著交與內務府撥給」[24]。張英與高士奇就因為「善書」等好條件被選入南書房中辦公了，從此「備顧問、掌機要」，為皇帝所倚重。張英後來升為禮部尚書、翰林院掌院學士、文華殿大學士，可謂位極人臣。高士奇並非科舉出身，但也升官為詹事府少詹事等職。後來被人彈劾休致回家，然而不久後又被召回京城，還在南書房中任職。信任之專，由此可見。

　　康熙二十四年 (1685) 三月，國子監助教員遇缺擬補用新人，大學士明珠等選出二人，一是工部的筆帖式陶三泰，另一是兵部筆帖式努山。明珠向皇帝報告說：「臣等遵旨看其書寫，陶三泰書寫精工，為人亦優。努山係一樸實之人」。皇帝隨即作了決定：「陶三泰著補授助教」，可見皇帝比較喜歡書法好的人[25]。

---

[23] 中國第一歷史檔案館（整理），《康熙起居注》，頁 331。

[24] 中國第一歷史檔案館（整理），《康熙起居注》，頁 337。

[25] 中國第一歷史檔案館（整理），《康熙起居注》，頁 1310。

相反地，有些人因書法不佳而影響了前程，上述的唐孫華就是一例，還有比他情形更嚴重，連政治圈都打不進的。康熙三十年 (1691) 春天，在京城裏舉行殿試，有人就因為字跡不好而落榜，清宮檔案裏便記錄過這樣的事：

> （案：皇帝在逐卷詳閱殿試選卷後）問大學士王熙曰：所作文章亦有甚不堪者否？王熙奏曰：文章無甚不堪，但有一卷，字跡潦草。上令取其卷，折名閱畢，曰：此五格字跡甚不堪，初學書寫，將伊停此一科，下次再試[26]。

這位考生顯然因書法不好而被淘汰了。

由於康熙皇帝酷愛書法，他也憐惜善書的人才。康熙二十九年 (1690) 四月二十五日，他在乾清門聽政時，吏部尚書鄂爾多因為太常寺少卿高層雲病逝，向皇帝建議以通政司參議錢三錫補缺。皇帝立即向起居注官員們說：「高層雲書法甚工，所患何病，爾等聞之否？」庫勒納和王頊齡便向皇帝奏報：「高層雲患痰火，六日而已」[27]。大臣死亡，遺缺補人是經常有的事，很少見到皇帝問起官員的死因，高層雲能被皇帝關心，當然是與他「書法甚工」有關。

滿洲鑲黃旗屬下人喇沙里，以文翰通籍，累官至翰林院侍講學士，後來升為翰林院掌院學士兼禮部侍郎，也與他的書法及文學才能有關，尤其在他職任經筵講官期間，為皇帝尋得了王羲之的〈快雪時晴帖〉真蹟，又常帶領沈荃等人在懋勤殿等

---

[26]《康熙起居注》，臺北國立故宮博物院藏本，三十年三月二十二日條。
[27]《康熙起居注》，臺北國立故宮博物院藏本，二十九年四月二十五日條。

處與皇帝一同談論書法，或觀摩寫字。康熙十八年 (1679) 十一月
喇沙里病逝，皇帝聞訊後非常難過，除派遣內班侍衛攜銀三百
兩到喇沙里家慰問之外，又命令大學士等：「可將好諡與他」[28]。
第二年，皇帝更「加贈喇沙里禮部，賜祭葬，諡文敏」[29]，對
這位通文翰的大臣表示敬重。

　　康熙皇帝對善書大臣憐愛、尊重的最佳例證可以在沈荃的
身上看到。沈荃是漢人，出生於江蘇華亭（今上海市松江），他在
順治時考取探花，康熙十二年 (1673) 十一月充任日講起居注
官[30]。當時皇帝正熱心字學，曾經命令沈荃在御前寫大小字，
也在家中寫〈千字文〉、〈百家姓〉等上呈御覽。沈荃的字皇帝
非常喜歡，被「稱善，俱留中」的很多。皇帝也賜給他一些御
書。尤其在康熙十六年 (1677) 六月十七日這一天，下午皇帝召他
到懋勤殿，給他看了很多宮中珍藏的晉、唐、宋、元名家字蹟
以及淳化、蘭亭諸帖。後來君臣二人又各寫一些行書、大字，
皇帝把親書的「存誠」、「忠恕」和早先寫好的「龍飛」、「鳳舞」
大軸賜給了沈荃，在沈荃離開時，皇帝又送他六本法帖，才結
束了二人相聚愉快的一個下午[31]。沈荃死後，皇帝不止一次提
到他，稱讚他的書法美好。如「已故沈荃書法遒勁」、「沈荃在
時，極喜書寫，從無厭倦」等等，而沈荃也因「效力皇上之處
甚多」得到一個諡號，相信也是與書法有關的[32]。康熙三十八

[28] 中國第一歷史檔案館（整理），《康熙起居注》，頁 464。

[29] 鄂爾泰（等修），李洵、趙德貴（主點），《八旗通志・卷236・儒林傳
上》（長春：東北師範大學出版社，1985），頁 5334。

[30] 華文書局（輯），《大清聖祖仁皇帝實錄》，卷44，頁 4。

[31] 中國第一歷史檔案館（整理），《康熙起居注》，頁 313。

年 (1699) 春天，皇帝南巡江蘇，遇到沈荃的兒子沈宗敬，皇帝追
念故人，在贈送御書給其他官員時，也特別寫了一幅「落紙雲
煙」的匾額給沈宗敬，以表思念。甚至到沈荃謝世後近三十年，
皇帝還念念不忘他，《清稗類鈔》一書中記述了這件事：

> 康熙癸巳（案：康熙五十二年），方望溪侍郎苞供奉南書房。
> 一日，聖祖召編修沈宗敬至，命作大小行楷。日晡，內
> 侍至，傳諭李文貞公光地曰：朕初學書，宗敬之父荃實
> 侍，每下筆，即指其病，兼析所由。至于今，每作書，
> 未嘗不思荃之勤也[33]。

我們知道：皇帝也曾賜過字給沈宗敬，宗敬做官可能也與
他父親的餘蔭有關，康熙皇帝對善書大臣的情義，真是深長高
厚，而這段君臣間的翰墨因緣也十足令人羨慕。

康熙皇帝自幼即愛書法，而且「每日寫千餘字，從無間斷」，
他統治的時間又長達六十一年，顯然他一生寫製的御書墨寶，
必定數量可觀。這批為數龐大的作品他是如何處理的呢？這件
事當然很難了解其實況，不過，從現存的史料中，我們大概可
以作一推測，他的絕大多數墨寶，是由他自己贈送給當時的王
公大臣、士紳百姓以及一些僧道人士，還有某些特定場所。這

---

[32] 中國第一歷史檔案館（整理），《康熙起居注》，頁 1271、1362、1621。

[33] 徐珂，《清稗類鈔‧諫諍類》，第 4 冊（北京：中華書局，2003），頁 1478；
又《大清聖祖仁皇帝實錄》記：「沈荃之子沈宗敬，為人參劾，朕念伊
父存日勤勞，姑留其職」，亦可見康熙帝對書家的遺愛。請參看：華文
書局（輯），《大清聖祖仁皇帝實錄》，卷 295，頁 8-9。

樣的想法應不至於錯，畢竟清代官方檔冊中就記載了不少這方面的事。例如：康熙十六年 (1677) 六月初五日，皇帝在宮中「命英（案：張英）寫行草大字三幅。上御筆書『存誠忠孝』四大字賜之」[34]。同年六月十七日，「上又親書『存誠』、『忠恕』二扁，同以前御筆『龍飛』、『鳳舞』二大軸及府法帖六本賜荃（案：沈荃）」[35]。第二年三月二十八日「上召翰林院掌院學士陳廷敬、侍讀學士葉方藹、侍讀王士禎入侍內庭，蒙上賜御筆大字各一幅，行草唐人五、七言詩各一幅」[36]。又如康熙十九年 (1680) 六月二十七日起居注官員寫道：

> 早，上御瀛臺，聽部院各衙門官員面奏政事畢，部院各官出。……少頃，上命衣都額真飛耀塞、對親，侍衛爾格，捧上諭及御書大軸至瀛臺前亭，頒賜大學士索額圖、勒德洪、明珠、李霨、杜立德、馮溥各一。諭曰：「朕萬幾餘暇，留心經史，時取古人墨蹟臨摹，雖好慕不衰，未窺其堂奧。歲月既深，偶成卷軸。卿等佐理勤勞，朝夕問對，因思古之君臣，美惡皆可相勸，故以平日所書者賜卿，方將勉所未逮，非謂書法已工也。卿等其知朕意」。索額圖等隨謝恩出。上又召學士庫勒納入，偕侍衛爾格捧上諭及御書卷軸出，賜庫勒納大軸一；學士葉方藹大軸、長卷各一；詹事格爾古德大軸一；沈荃長卷一；侍讀學士牛鈕、常書大軸各一；侍讀學士崔蔚林、蔣弘

[34] 中國第一歷史檔案館（整理），《康熙起居注》，頁 312。
[35] 中國第一歷史檔案館（整理），《康熙起居注》，頁 313–314。
[36] 中國第一歷史檔案館（整理），《康熙起居注》，頁 360。

道、侍講學士嚴我斯、侍講董訥、王鴻緒各長卷一；侍
講學士張玉書大軸、長卷各一[37]。

還有更大規模的贈送御書場面，如康熙四十一年 (1702) 五
月二十五日，皇帝降旨「傳大學士、九卿、翰林、詹事科道官
一百四十餘員，至保和殿，頒賜御書有差」[38]，當天「侍郎以
下諸臣御書各一幅」[39]。類似上述大小臣工個人或團體賜御書
的事很多，皇帝的墨寶也就這樣的由宮中進入臣子的家中了。
另外還有一種大量贈送皇帝御書的情形就是出外巡幸時，康熙
帝也是喜歡贈送字軸給臣民。現以康熙三十八年 (1699) 南巡為
例，表列舉出他沿途贈御書的事實如下：

二月初四日賜直隸巡道趙弘燮「清惠不群」。
初十日賜管理縴夫禮部員外郎舒古鼐、慎刑司員外郎阿爾
賽御書各一幅。
十一日賜管理縴夫郎中穆楚庫、員外郎常代御書各一幅。
十二日賜天津總兵潘育龍御書〈杜若賦〉一幅。
十三日賜管理縴夫員外郎滿蒲、阿米達御書各一幅。
十八日賜原任刑部侍郎任克溥「冰壺朗映」四大字，臨米
芾〈天馬賦〉一卷。又賜尚芝龍、張鼎臣、張鼎蕭、張常住御
書各一幅。
三月初四日賜總漕桑格「激引清風」四大字等物。

[37] 中國第一歷史檔案館（整理），《康熙起居注》，頁 564–565。
[38] 華文書局（輯），《大清聖祖仁皇帝實錄》，卷 208，頁 6。
[39] 《康熙起居注》，臺北國立故宮博物院藏本，四十一年五月二十五日條。

初八日賜原任工部侍郎李柟「多識畜德」四大字、對聯一副、唐詩一幅。賜原任布政使汪楫「游詠清風」四大字並字一幅。原任給事中李宗孔「游詠清風」四大字並字一幅。又賜天寧寺僧廣元「禪心澄水月」五大字、「佛門堂」三大字、「皓月禪心」四大字、「寄懷閑竹」四大字。興教寺僧廣徹「西來法」三大字。北山寺僧廣證「法律禪」三大字。

初九日賜糧道劉道芳「龍飛」二大字、「揚仁風」三大字並字一幅、手卷一。鳳廬道佟毓秀字一幅。揚州知府傅澤洪字一幅。鹽商張文秀「松風」二大字、手卷一。天寧寺廣元「鷹堂」二大字。北來寺僧「上崇」二大字、「慈雲」二大字。

十一日賜江天寺僧超樂《心經》並字四幅。僧明真「雲峯」二大字、「松風石」三大字，並字一幅。避風館僧源恆「甘露門」三大字、《金剛經》一部。僧明融「超峯」二大字、經一部。僧妙覺「禪棲」二大字、經一部。僧僧瀾「善覺」二大字、經一部。又僧慧光九人經各一部。

十三日賜廣儲司郎中皀保、掌儀司員外郎陶朱、戶部員外郎敦多字各一幅。

十五日賜翰林院掌院學士韓菼「家雞野鶩春蚓秋蛇」八大字（臨董其昌體）及「東南雲峰」四大字（東南雲峰四字韓菼請求勒石虎丘，以彰榮遇）。

十六日賜江蘇巡撫宋犖「仁惠諴民」四大字、「懷抱清朗」四大字、臨米字一幅、〈天馬賦〉一卷、詩扇一柄。賜提督張雲翼「思無邪」三大字及字一幅、手卷一幅、詩扇一柄。

十八日賜總督張鵬翮御書一幅。

十九日賜蘇州織造李煦「修竹清風」四大字、字二幅。原

任尚書翁叔元詩扇字三幅。原任尚書王日藻「連雲」二大字、
字三幅。原任御史徐樹穀「天光雲影」四大字、字二幅。原任
巡撫顧泂詩扇字。原任國子監典簿徐昇「雲光台」三大字、又
字一幅。原任給事中慕琛字二幅。原任庶吉士沈宗敬「清風蘭
雪」四大字、又字一幅。

二十日賜雲泉寺僧持藻「般若臺」三大字。

二十六日賜浙閩總督郭世隆「岳牧之任」四大字、又手卷
一幅。巡撫張勉「宣布德澤」四大字、又手卷一。提督趙弘燦
「樂善不倦」四大字。

二十七日賜湖州知府陳一夔「名垂青史」四大字。福建將
軍金世隆「器志方雅」四大字。提督王萬祥「智義合宜」四大
字。總兵官李華「惠迪吉」三大字。藍理「所向無前」四大字。
內閣學士胡會恩「秘閣清班」四大字。庶子陳元龍「鳳池良彥」
四大字又字一幅。又賜南海普陀山僧明志「潮音洞」三大字、
「梵音洞」三大字、「普濟群靈」四大字、「皓月禪心」四大字、
又字一幅。僧性統「天花法雨」四大字、「修持淨業」四大字、
又字一幅。天竺寺僧挺萃「法雲慈悲」四大字。僧輅慧「飛來
峰」三大字、「雲棲」二大字。

二十八日賜內閣學士顧祖榮「邃清之秋」四大字。副都御
史吳涵「風霜之任」四大字。布政使趙良璧「承流宣化」四大
字。按察使于準「廉察之寄」四大字。又賜淨持寺僧方孝「西
峰」二大字並對聯。

二十九日賜織造官敖福合「鶯鶴情」三大字、「蘭亭」二大
字、對聯一副、字一幅。鹽道卜三畏「廉鎮」二大字。原任詹
事高士奇「忠義節義」四大字、對聯一副、字一幅。原任少詹

事邵遠平「蓬觀」二大字。原任諭德沈涵「華省」二大字。原任中允蔡升元「清華」二大字。原任御史龔翔麟「蘭臺」二大字。原任總督甘文焜等「勁節」二大字。又賜玉泉禪寺僧等裕《金剛經》。

四月初二日賜給事中宋駿業、宋大業兄弟「篤念前勞」、「蹇諤老成」、「文學侍從」大字匾額。賜侍講學士王九齡「視草」二大字。侍讀學士張廷瓚「玉堂」二大字。國子監祭酒孫岳頒「尊經服教」四大字。原任侍郎彭孫通「松桂堂」三大字。百歲老人顧履吉「凌雪喬松」四大字。九十二歲老人褚篆「海鶴風姿」四大字。

初五日賜原任尚書翁叔元「攬秀堂」三大字。原任詹事高士奇「再過鵝峰」四大字。給事中宋駿業憫農詩一章並御書。原任御史盛符升「年登大臺」四大字。原任贊善黃與堅「如松堂」三大字。原任檢討尤侗「鶴栖堂」三大字。原任巡撫顧汧「閱清暉」三大字。兩浙運使道李濤「惠愛」二大字。織造官李煦詩一首、對聯一副。華山僧敏膺「高雲」二大字、「翠巖寺」三大字、又字一幅。詳符寺僧紀蔭「神駿寺」三大字。

初六日賜杭州司庫戚色御書一幅。華山僧敏膺「香域」二大字。

初七日賜原任左春坊秦松齡「松風水月」四大字、「山色溪光」四大字。放生池僧「慈雲寺」三大字。小金山僧「蘭若」二大字。

初八日賜僧紀蔭「清淨寺」三大字、字二幅、對聯一副。

十五日賜洪武陵「治隆唐宋」四大字黃綾一幅。安徽巡撫李鈵「敷政於外」四大字。布政使張四教「忠信之長」四大字。

江蘇布政使劉殿衡「藩維之寄」四大字。按察使趙世顯「清明仁恕」四大字。蘇松糧道劉殿邦「一州之表」四大字。驛鹽道王然「清簡為最」四大字。安徽糧道鮑復昌「治民如家」四大字。鳳廬道佟毓秀「惠愛在人」四大字。常鎮道施朝輔「百里宣風」四大字。又以織造府官曹寅之母年老，賜「萱瑞堂」三大字；曹寅「雲窗清靄」四大字、又字一幅、對聯一副。

十六日賜朝天宮道士顏弘業「忻然有德」四大字、字一幅。

二十日賜大學士張玉書「恭儉為德、澄懷日新」八大字、「浮翠樓」三大字、字一幅、對聯兩副。又賜總河于成龍「澄清方岳」四大字、字二幅、對聯一副。鎮江僧廣如「八公洞」三大字、《金剛經》一卷。超著「鶴林寺」三大字、《金剛經》一卷。僧超學「竹林寺」三大字。瓜州僧通和「息浪菴」三大字、《金剛經》一卷。江天寺僧深起「水天清映」四大字。僧印銓「清規」二大字。僧湛悟《金剛經》一卷。

二十二日賜李宗孔「香山洛社」四大字。李柟御製詩一幅。兩淮鹽院卓琳「紫垣」二大字。原任主事郭士璟「泉石怡情」四大字。御史程文彝「肅紀守法」四大字。原任道程兆麟「歌詠昔賢」四大字。侍講學士郎啟「竹風蘭露」四大字。又賜徐樹穀「愛清景」三大字。沈宗敬「落紙雲煙」四大字。鹽商項起鶴母「壽萱」二大字。鹽商汪森裕「禮年高」三大字。舉人吳廷禎字一幅。天寧寺僧廣元詩一章。清涼寺僧紀蔭字一幅。焦山寺僧「法雲慧日」四大字。天心寺僧元啟「香阜寺」三大字。萬佛庵僧普怡「雲門雪竇」四大字。

二十四日賜相士羅光榮「通幽索隱」四大字。江天寺僧「龍光寺」三大字。

二十五日賜內閣學士布泰「木天」二大字。蘇州雲泉寺僧特藻「慧業寺」三大字、「精舍」二大字。

二十八日賜于成龍「樂休祉」三大字、對聯一副。徐廷璽「慈惠之師」四大字。雲台寺僧隆禎「遙鎮洪流」四大字。

五月初三賜五經博士仲秉貞「聖門之哲」四大字。

初六日賜高士奇條幅、對聯。賜大名府九十七歲老人聶志笙「春秋高」三大字。

初七日賜直郡王「綺窗」二大字。誠郡王「擁書千卷」四大字、「芸窗」二大字、「雲舫」二大字。七貝勒「進學齋」三大字。衍聖公孔毓圻「詩書禮樂」四大字。五經博士孔毓埏「遠秀」二大字。山東巡撫王國昌「珪璋特達」四大字。布政使劉暟「維德之隅」四大字。按察使李基和「獨特風裁」四大字。登萊道郎廷極「振鷺初飛」四大字。

十三日賜天津總兵潘育龍「盡銳爭光」四大字。

十四日賜內閣學士噶禮「清班」二大字。郎中馬爾漢、員外郎恩愛御書各一幅。

十六日賜兵部尚書席爾達「居貞素」三大字及字一幅[40]。

以上是康熙皇帝此次南巡沿途贈字的紀錄大要，由此我們可以了解，皇帝在南巡的一百零三天之間，他送出了近三百件御書墨寶，其中有匾額、條幅、對聯、詩扇、手卷等等，而受贈者多達二百餘人，包括王公大臣、地方小官、鄉紳商人、和尚道士、壽公壽婆，甚至相士各式人等。另外還有專為洪武陵、

---

[40] 《康熙起居注》，臺北國立故宮博物院藏本，三十八年二月初三日至五月十七日間各條。

子路廟寫的，實在是洋洋大觀。康熙年間，還有多起類似這樣的巡幸，即便是南巡一項，先後也有六次之多，其他如東巡故鄉遼瀋，西北出遊塞外等等也經常舉行，而皇帝的御書經由這樣的方式與管道送出的著實不少。

康熙皇帝如此大量的贈送御書，我個人以為並非單純為滿足一己的虛榮心，更不是他個性慷慨的表現。他贈送御書實有著深一層的目的。他送字給和尚道士是為了聯絡各宗教人士；送給高齡長者是表示他有敬老之心；送給退休舊屬是藉以說明他是重情義的人；送給在職文武官員則帶有鼓勵與警惕的涵意，是要他們為國為民多做些事，這些對他的統治皆是有助益的。例如在上述的南巡途中，他賜趙弘燮「清惠不群」匾額，就特別降諭說：「爾兄弟係功臣之子，未必玷辱先人，故皆擢用授以文武要職。今復以此四字賜汝，此後益當砥礪廉潔，廣宣惠愛，以副朕視民如子之至意」；賜宋犖的字時也說：「以爾居官好，故有此賜」；賜陳一夔「名垂青史」是表彰其父陳丹赤為國捐軀，當然也希望陳一夔自己也能忠於國家。其他如「風霜之任」、「廉察之寄」、「宣布德澤」、「肅紀守法」等等，都是有期勉之意的。

康熙皇帝也有應各級官員之請而贈送御書的，如為泰山、華山等五嶽題的字、為各地名勝題的字、為古聖先賢廟祠題的字、為釋道寺觀題的字等等。他也為中央衙門都察院寫過「都俞吁咈」、為國子監寫過「彝倫堂」、為翰林院寫過「道德仁藝」、為詹事府寫過「德業仁義」等等的牌匾，甚至他還為屬邦琉球寫過「中山世土」、為安南寫過「忠孝守邦」等匾額[41]。由此可

---

[41] 此處各式題字，可在《康熙起居注》、《大清聖祖仁皇帝實錄》、《中山世譜》（琉球）、《大南實錄》（安南）等資料中看到。

見，康熙皇帝的御書在當時無論是國內國外，或是機關、寺廟、遊歷地區與人民家中，到處都是可以見到的。

康熙皇帝也有不少墨寶被各地官員勒石成碑，甚至被印刷成拓本傳世，以下幾例可為說明：

皇帝第二次南巡是在康熙二十八年 (1689) 春天，他在揚州曾賜知府高承爵題杭州〈靈隱〉詩的墨寶，高承爵後來勒石建亭，安置在平山堂名勝區的西邊御苑中，這塊石碑字形工整、刻工精美，至今仍完整無缺的屹立園中，供人觀賞。

康熙四十二年 (1703)，皇帝賜給山西巡撫噶禮一些墨寶，噶禮後來向皇帝報告，他已經將部分御書刊出並製匾懸掛在公署之中，而且奏稱：「御書神奇寶字，超乎各名家」，收集各官所有的御書，一齊勒石，並在衙門北邊建一御書樓，將刻石排列嵌於山牆之中，形成一座碑林。噶禮又拓碑文印刷，希望能「傳至萬萬年」，他後來還想擴建御書樓，皇帝則批示說：「前造御書樓甚為寬大，……著停止再行增建」[42]。

康熙四十三年 (1704)，皇帝出巡西北時，曾賜陝甘總督與西安地方官員們一些御書，同年七月十五日，甘肅巡撫齊世武便上書報告說：「皇上親賜西安總督巡撫等箴言、鏤石銘、詩等三種書，奴才皆勒石立于大堂，朝夕瞻仰，謹遵聖訓以行」[43]。

另外，有一次皇帝巡幸到了密雲，當地知縣周鉞向皇帝獻詩，皇帝也賜以御書詩字一幅。這位知縣還不滿足，又奏請皇帝「在密雲題詠，以便勒之碑石。太監李玉入奏，捧出御製密

---

[42] 中國第一歷史檔案館（編譯），《康熙朝滿文硃批奏摺全譯》，頁 297、313。

[43] 中國第一歷史檔案館（編譯），《康熙朝滿文硃批奏摺全譯》，頁 333。

雲詩章。諭曰：即刻寫就，墨尚未乾，命爾先看，書法何如。
俟墨乾後用寶賜爾」[44]。這則故事除了使我們知道康熙皇帝確
有不少墨寶被勒之碑石之外，也透現皇帝在書法與詩文上的才
能以及他平易近人的風度。

　　康熙皇帝一生酷愛書法，他在臨摹古人各家法帖中，心得
很多，知道「用筆時輕重疏密、或疾或遲、斟酌俱各有體」，因
此他可以被視為一位傑出的書家皇帝。儘管他說「每日寫千餘
字」，那可能只是年輕初學書法時的事，因為在三藩動亂期間，
在三征噶爾丹之時，顯然沒有時間作書，也沒有心情練字。而
到康熙四十七年 (1708) 之後，一方面因為廢皇太子的家變，另一
方面他的健康也出現問題，使得他幾乎無法作書，所以他寫字
最多以及賜御書最多的時間，應該是在康熙十六年 (1677) 前後
以及四十年至四十一年 (1701–1702) 之間的一段時期。我們從史
料中看到他在康熙二十八年 (1689) 時說他自己「目力不能書寫
細字」[45]，三十一年 (1692) 時又對大臣們公開稱「朕不寫字作文
亦久矣」。康熙三十二年 (1693)，皇帝患瘧疾多時，接著又忙於
征討噶爾丹，長途跋涉到塞外邊疆，直到三十七年 (1698) 以後，
才比較得到空閒，書法作品顯見增多了。康熙四十七年 (1708) 以
後，他又經歷了家變與身體不順意的雙重打擊，經常有心跳不
寐的現象，甚至有頭暈、手腳浮腫的痛苦，有時更嚴重到右手
不能寫字[46]。晚年當九門提督隆科多向他求墨寶時，他說：「近

[44] 《康熙起居注》，臺北國立故宮博物院藏本，四十一年六月二十二日條。

[45] 華文書局（輯），《大清聖祖仁皇帝實錄》，卷140，頁23。

[46] 華文書局（輯），《大清聖祖仁皇帝實錄》，卷275，頁5；卷276，頁
5。

幾年不大寫書了。……雖不如前，好歹仍有原樣。為使爾知道，將朕之御書詩扇賜去了」[47]，當時隆科多是他的寵臣，勉強為之，送了他一柄御書詩扇。這也是史料中有關康熙皇帝書法生涯的最後記載了。

康熙皇帝的書法是不是很美？他能不能躋身於書法名家之林？這些事我個人不能置評。不過，作為一個歷史研究者，我倒有幾點感想，在此略作抒發：

第一，在專制時代，皇帝是位尊權重的，是富有四海的，他可以窮奢極侈，他可以荒淫無道。然而，康熙皇帝卻有酷愛書法的高雅嗜好，而且持之以恆的練習與研究，樂此不疲的以贈送書法交友與聯絡臣民，實在難能可貴。

第二，康熙皇帝與大臣們切磋書法或示範書法之時，儘管大臣們諂諛的說「皇上天縱之聖，書法盡善盡美，允為楷模」；但是皇帝總是謙稱：「雖好慕不衰，未窺其堂奧」。他向人展示書法或是賜人御書，也都表示「非謂書法已工也」。這種謙虛的美德，亦是不多見的。

第三，歷史上有不少工書畫、通音律、醉心翰墨的君主，常常也是好聲色、喜浮華、治平無方，甚至玩物喪志而使國家衰亡，如南唐李後主、北宋徽宗等等。然而康熙皇帝卻與他們不同，即使在初學之時，興趣極高，幾乎每日與臣工們論書道。他也不忘人君的本分，清代官書裏記載過這樣一件事：

上又曰：「……至于聽政之暇，無間寒暑，惟有讀書寫字而已」。上遂御書一行令觀。達禮（案：傅達禮）奏曰：「皇

---

[47] 中國第一歷史檔案館（編譯），《康熙朝滿文硃批奏摺全譯》，頁 1609。

上書法端楷，盡善盡美。一日萬幾，復孜孜于學，講習
討論，惟日不足，真可謂無逸作所矣。但人君之學與儒
生不同。寫字無甚關係，恐勞聖體」。上曰：「人君之學，
誠不在此。朕亦非峃工書法，但暇時游情翰墨耳。爾言
朕知之矣」[48]。

　　這是康熙十二年 (1673) 三月初四日君臣間的一段對話，充
分表現出皇帝知道國事的重要，書法只是他的暇時嗜好而已，
而在字裏行間也能一窺他接受諫諍的謙虛心懷。約二十年後，
他又在一個場合裏向大臣說：「或有謂寫字作文皆係虛文粉飾，
雖極精工，亦無益於國計。朕不寫字作文亦久矣」[49]。可見康
熙皇帝喜愛書法是很理性的，他把書法當作一種休閒活動，用
以怡情養性，雖然也有以書法為工具來籠絡臣工與士民的念頭，
但這種功利性並不妨害他治國，相反地，對他的統治可能還是
有裨益的。

[48] 中國第一歷史檔案館（整理），《康熙起居注》，頁 86。
[49] 《康熙起居注》，臺北國立故官博院藏本，三十一年四月二十一日條。

「聖不自聖」的康熙皇帝

在專制時代的中國，君主是高不可攀的，臣僚為了求得皇帝的歡心，為了得到聖恩與眷寵，都會極盡所能的向君上諂諛逢迎。皇帝跟常人一樣，也喜歡聽別人說好聽的話、受人讚美。因此，大臣的奉承、帝王的自誇在史書中屢見不鮮，亦是不足為奇的。

然而，康熙皇帝似乎有些例外，他在位的六十一年之中，我們發現他自始至終都表現著謙遜與不驕傲，不喜歡別人過分的阿諛讚美，真是一位不尋常的君主。

這位一生愛讀書的皇帝，多年來一直有些飽學大臣向他講學，當翰林院官員們向他進呈講章時，難免會用些稱頌君主的文字，康熙看了就不以為然，常常命令他們改寫，這類的事在清代官書中很容易看到。例如康熙十四年 (1675) 二月十七日就記載了這樣的一件事：

> 春季經筵四書、《書經》講章二節，同經筵各官擬定，學士傅達禮呈覽。上諭：「講章內書寫稱頌之言，雖係定例，

凡事俱宜以實。這中庸誠者天之道也一節講章內有：秉
至誠而御物，體元善以宜民，固已媲美三王，躋隆二帝
等語。似屬太過，著另改來看」[1]。

　　第二年二月，康熙皇帝又發現經筵講官在講章中用了誇張
的文字，他感覺不妥，官書裏也記錄了這件事：「學士喇沙里、
徐元文啟奏經筵講章題目。上諭曰：『嗣後經筵講章稱頌之處，
不得過為溢辭，但取切要，有裨實學。其諭各講官知之』」[2]。

　　康熙二十一年 (1682) 八月，類似的事又發生了，「翰林院掌
院學士牛鈕等啟奏，經筵講章庶矣哉二段內，頌聖處有『道備
君師，功兼覆載』二語。上曰：經筵大典講章，須有勸戒箴規
之意，乃為有益。此二語太過，著改撰」[3]。

　　康熙皇帝不但要求大臣擬進的講章文字須切合實際，不得
過分頌揚，即便是他一生喜愛且有相當成績的書法與詩文，他
也不要大臣們對他過分頌揚讚響。康熙十九年 (1680) 六月二十
七日，他在處理公務完畢之後，給大學士索額圖、勒德洪、明
珠、李霨、杜立德、馮溥等人各贈送一幅親筆書寫的大型字軸，
並且對大臣們說：

――――――――――

[1] 中國第一歷史檔案館 (整理)，《康熙起居注》(北京：中華書局，1984)，
　　頁 194。

[2] 中國第一歷史檔案館 (整理)，《康熙起居注》，頁 247。

[3] 中國第一歷史檔案館 (整理)，《康熙起居注》，頁 875。同樣在康熙十
　　六年 (1677) 二月二十二日皇帝也命令講官改掉「覆載同功，乾坤合撰」
　　等語，請參看：中國第一歷史檔案館 (整理)，《康熙起居注》，頁 293。

朕萬幾餘暇，留心經史，時取古人墨蹟臨摹，雖好慕不
衰，未窺其堂奧。歲月既深，偶成卷軸。卿等佐理勤勞，
朝夕問對，因思古之君臣，美惡皆可相勸，故以平日所
書者賜卿，方將勉所未逮，非謂書法已工也。卿等其知
朕意[4]。

　　皇帝的自謙由此可見一斑。同樣的他在大臣們勸說要集印
他的詩文時，也作過類似的表示，《大清聖祖仁皇帝實錄》有如
下的記事：

翰林院題覆：工科給事中許承宣疏請刊刻御製詩文，臣
等詳考經史，自古帝王制作，煥然可紀者，莫著於詩書，
嗣後西漢文最近古，史稱孝文詔令，有三代遺風，唐宋
明歷代，各有刊刻帝王文集，典例昭然。我皇上聖德神
功，卓越千古，道統治法，兼總百王，而猶日御講筵，
典學不倦，睿思所及，發揮理道，迴出諸臣意表，間以
手詔申誡羣下，辭旨深淵，同符典謨。萬幾之餘，留心
著作，或發為文章，或形諸篇什，鎔鑄六經，包蘊萬象，
為歷代帝王所未及，允宜刊刻頒布，用昭典冊之極觀，
文明之盛事。伏乞俯允科臣之請，簡發御製詩文，敕下
臣衙門，鳩工鑴梓，頒示中外，流徵億禩。

　　皇帝後來雖然批寫「援據典例懇請，勉從所議刊行」；但是
他還是謙虛的說了他「雖間有著作，較之往代，自覺未能媲

美」[5]。

　　康熙皇帝是中國歷史上少見的勤學君主,他的學問很廣博,
其中有不少是中西兼通的。有大臣認為皇帝是上天指派的人,
天賦異稟,是一般平凡人不能比擬的。但如此恭維之語也不被
康熙皇帝認同,有一次他對領侍衛大臣等說:

> 朕嘗講論天文、地理及算法、聲律之學,爾等聞之,輒
> 奏曰:皇上由天授、非人力可及,如此稱譽朕躬,轉掩
> 却朕之虛心、勤學處矣。爾等試思,雖古聖人,豈有生
> 來即無所不能者,凡事俱由學習而成[6]。

　　康熙皇帝就是這樣一個不受吹捧的人。

　　皇帝不喜別人阿諛逢迎,也可以在另外一些事件上看出來,
例如他有一次到關外打獵,在鄂爾楚克哈達地方哨鹿,收穫頗
豐,一天竟打到了十一隻大鹿。船廠的佐領那柳便拍馬的說:
「臣生長本地,一日獲十一鹿者,臣實從未經見,真神奇也」,
康熙皇帝對他冷淡的回答道:「朕從來哨鹿行圍,多所殺獲,何
神奇之有?」[7]

　　又如有大臣將地方糧食豐收歸功於皇上有福氣與英明領
導。兩江總督阿山就在康熙四十一年 (1702) 九月二十四日上奏
說:「天心感應,屢顯豐饒景象」,皇帝不接受他的奉承,反而

---

[5] 華文書局 (輯),《大清聖祖仁皇帝實錄》(臺北:華聯出版社,1964),
　　卷 111, 頁 28–29。

[6] 華文書局 (輯),《大清聖祖仁皇帝實錄》,卷 262, 頁 20。

[7] 華文書局 (輯),《大清聖祖仁皇帝實錄》,卷 247, 頁 12。

批寫了這麼一段文字：「若云此皆皇帝洪福齊天地、恩播遐邇所致，則江北屬數地及山東數處，皆被水災，民游食者亦有，抑非福不與天地齊、恩未傳布所致何耶?」[8]

康熙年間，也有大臣想為皇帝立碑，以頌功德，用以達到諂諛君主的目的。如陝西巡撫鄂海就有過這種念頭，他在康熙四十二年 (1703) 十二月初九日上了一份奏章，其中提及：

> 西安地方，殊屬緊要。應將皇上天威、奇才、無窮之恩，恭立碑記，以傳頌後世萬萬年。……但聖主奇才懿行，記載難盡，且亦難免有漏記者，若蒙皇帝矜念，親書文章，賜予奴才，恭立碑碣，傳頌于奕世矣。

皇帝對他的請求隨即批了：「凡立碑者，惟為一時之名，並不能與永載實史可比，此事理應停止」[9]。

康熙五十二年 (1713) 正月，福建巡撫滿保也向皇帝報告說：福建省紳衿兵民一致希望在九仙山上建立一塊石碑，慶賀皇帝六十大壽，皇帝的批示很簡單：「所奏不合，著飭行」[10]。同年四月，和碩顯親王顏潢也上奏欲在宗人府衙門內建皇上功德碑，同樣也得到「不允」的回答[11]。由於民間要為皇帝祝壽的活動很多，康熙帝不能一一停止，後來他乃頒降一道諭旨，說明他

---

[8] 中國第一歷史檔案館（編譯），《康熙朝滿文硃批奏摺全譯》（北京：中國社會科學出版社，1996），頁 275。

[9] 中國第一歷史檔案館（編譯），《康熙朝滿文硃批奏摺全譯》，頁 304。

[10] 華文書局（輯），《大清聖祖仁皇帝實錄》，卷 253，頁 10。

[11] 華文書局（輯），《大清聖祖仁皇帝實錄》，卷 254，頁 30。

的心意：

> 見各處為朕六十壽誕，慶賀保安祈福者，不計其數，朕
> 實涼德，自覺愧汗。從來帝王之治天下，罔不以民生為
> 念。若為一己之私，即不能擴而充之矣。朕若先知，必
> 令止之，今已成矣，難違眾志，夜來思之達旦，朕為天
> 下萬國蒼生之主，萬姓安，即朕之安；天下福，即朕之
> 福。……傳之各處，凡有祝延萬壽者，必以雨暘時若，
> 萬邦咸寧為先。……豈敢自有滿假乎？[12]

康熙皇帝確實是一位務實的君主，他不但輕視歌功頌德的
虛文，亦將他個人的「安」、「福」放在國計民生之後。他不喜
愛別人讚美頌揚，從這裏也許可以找到真正的原因。

康熙皇帝最難得的一項表現，是他再三拒絕大臣們為他上
尊號。康熙二十年 (1681)，「守成兼創業」的三藩平定大事業成
就之後，監察御史何嘉祐等人奏請加皇上尊號以彰顯功德。康
熙帝說：

> 奏稱天下蕩平，皆朕一人功德所致，則徬徨靡寧耳！前
> 議撤三藩時，令議政王大臣等會議，言不可撤者甚多，
> 言宜撤者甚少，朕決意撤回，乃吳三桂背叛，各處驛騷，
> 兵民困苦，今蒙天地鴻庥、祖宗福庇，數年之內，幸得
> 殲滅賊寇，若再延數年，兵損民困，則朕決意遷撤之舉，
> 何以自解耶？此奏無益[13]。

---

[12] 華文書局（輯），《大清聖祖仁皇帝實錄》，卷 254，頁 1–2。

　　這是他把平亂的大功歸之於天地祖宗的福佑，他個人並不足道，因此不必上尊號。

　　兩年以後，臺灣內附於清，鄭成功家族的勢力消除了，大臣們又以海疆問題解決，請上尊號。康熙皇帝則說：「臺灣未順，亦不足為治道之缺」，而且他「不願煩擾多事」，不必上尊號。他命官員了解他的心意。但是在不久之後大學士們又上奏稱：皇帝的威德加於海外，使海島軍民向化，這是古昔帝王所無的功德，「非加上尊號，無以慰臣民仰戴之願」。康熙帝仍堅持說「不必行」，因為「海賊乃疥癬之疾，臺灣僅彈丸之地，得之無所加，不得無所損，若稱尊號，頒赦詔，即入於矜張粉飾矣」[14]。

　　康熙二十六年 (1687) 正月，喀爾喀蒙古等首領多人，聯合上疏，認為俄羅斯被擊敗，邊疆安寧了，請上尊號。康熙皇帝對他們恭順擁戴之心，十分嘉慰；但是他希望眾蒙古部落「自茲以後，無相侵擾，親睦雍和，永享安樂，更勝於上朕尊號」，所以對他們的奏請，還是「不准行」[15]。

　　康熙三十六年 (1697)，厄魯特蒙古的大首領噶爾丹被消滅了，皇帝經過三次親征才達成目的，也是清初以來滿蒙關係上的一次大成功戰役。和碩顯親王丹臻等人於五月間都以為皇帝的聖德神功，超越千古。以往大臣幾次請上尊號，皇上都以噶爾丹亂事未平，不允所請。現在噶爾丹既滅，大臣們又出於至誠的請上尊號，應該「特賜俞允」才是。可是康熙皇帝仍只回答：「所奏已悉，著仍遵前旨行」，也就是說不同意上尊號。大

[13] 華文書局（輯），《大清聖祖仁皇帝實錄》，卷99，頁5。
[14] 華文書局（輯），《大清聖祖仁皇帝實錄》，卷112，頁20–21。
[15] 華文書局（輯），《大清聖祖仁皇帝實錄》，卷129，頁6–7。

學士們後來又再三懇求，皇帝並未改變初衷，對大學士說：

> 朕覽史書，帝王事業，貴始終如一，不以徽號為貴。上
> 世無論矣，即明代亦無受尊號者，後人並不非之。朕自
> 御極以來，不曾念及一己，只為天下生民計，夙夜焦勞，
> 惟恐一時意怠，不克有終。況噶爾丹之滅，由於上天之
> 篤祜，祖宗之福佑，眾將士之勤勞也，朕何有焉？……
> 朕之徽號，不必加，亦不必再奏[16]。

　　可見康熙皇帝所堅持的理由是他不以尊號為貴，而攻滅噶
爾丹一事，他並無功勞可言，其竟謙虛至此！同年六月初二日，
諸王、貝勒、貝子以及滿漢文武官員，甚至還有一些士民百姓
也一齊去了暢春園，再度恭請皇帝接受尊號，皇帝則以「吏治
尚未澄清，民生尚未豐裕，士卒尚未休息，風俗尚未淳樸」種
種理由，認為「外寇既靖，正宜休息生養，徒加尊號，何益於
治？」還是不准上尊號，並且命令王公大臣等「毋復再奏」[17]。
　　大臣們第五次想為康熙皇帝上尊號，是為慶賀其五十大壽，
那是康熙四十一年 (1702) 十二月十六日，也是由諸王、貝勒、貝
子、文武大臣以及一些生監小民一起聯名請求的。皇帝降旨說：
「朕以實心為民，天視天聽，視乎民生，後人自有公論。若誇
耀功德，取一時之虛名，大非朕意，不必數陳」，諸王大臣們後
來再三奏請，「終不允」[18]。

---

16 華文書局（輯），《大清聖祖仁皇帝實錄》，卷183，頁32–33。
17 華文書局（輯），《大清聖祖仁皇帝實錄》，卷184，頁1–2。
18 華文書局（輯），《大清聖祖仁皇帝實錄》，卷210，頁16–17。

　　十年以後，皇帝的花甲大壽之期到了，王公大臣們都認為皇帝勵精圖治、宵衣旰食，為國家服務了五十多年了，「論功，則超越三王；語德，則包涵二帝。……自生民以來，聰明天亶，學問性成，篤敬純孝，仁至義盡，聲教暨訖，幅幀廣大，未有如我皇上者也」。現在欣逢皇帝六旬正誕，「聖德崇隆，臣民愛戴，萬方普慶，千載一時」，因此臣工們「敢竭愚忱，籲懇我皇上俯順輿情，允上尊號」。結果皇帝的回答仍是老套：「若侈陳功德，加上尊號，以取虛名，無益治道，朕所不喜」，上尊號的請求「斷不允行」[19]。

　　康熙皇帝實在是一位才華出眾、文治武功都有大成就的君主，在中國古代帝王中實屬罕見，尤其他有謙沖的德行，不喜歡別人頌揚讚美，他認為一切諂諛都是無益的事，「君臨天下之道，惟以實心為本，以實政為務」[20]，國計民生以外事都不是他所關心的。這樣一位具備聖人條件的人卻不視自己為聖人，堅持拒絕別人給他的一切美譽與尊號，難怪當時有不少臣工用「聖不自聖」來形容他的為人與行事。

　　當然也有人以為康熙這種「裝模做樣」的虛偽行為，只是為他製造一個聖德仁君的假象。這一說法也不能視為全無道理；不過在「國惟一主」的專制時代，康熙的表現也算是難能可貴的！

[19] 華文書局（輯），《大清聖祖仁皇帝實錄》，卷252，頁8-10。

[20] 華文書局（輯），《大清聖祖仁皇帝實錄》，卷252，頁10。

康熙皇帝對儒釋道諸家的態度

　　康熙皇帝曾經說過：「朕八歲登極，即知黽勉學問，彼時教我句讀者，……其教書惟以經書為要」；他又說：「朕七、八歲所讀之經書，至今五、六十年，猶不遺忘」[1]。同時在他親政之後，又接受漢人大臣的建議，「舉行經筵」，慎選學問與品行兼優的學者大臣，為他分班進講經史[2]。由於他好學而且相信「學問之道，必無間斷，方有神益」，所以他不論在平時或戰時，不論是溽暑或寒冬，都命令侍講的官員們「不必輟講」[3]。由此可知：這位滿洲的帝王從小就學習中國古典經書，而且一輩子「樂此不疲」的追求經書中無窮義理。他所研讀的這些中國經書，當然就是儒家的學問著作。康熙皇帝為什麼愛好中國經

---

[1] 愛新覺羅‧胤禛（纂），《聖祖仁皇帝庭訓格言》，收入：《景印文淵閣四庫全書》，第717冊（臺北：臺灣商務印書館，1983），頁2-3、91。

[2] 華文書局（輯），《大清聖祖仁皇帝實錄》（臺北：華聯出版社，1964），卷9，頁2；卷14，頁30。

[3] 《大清聖祖仁皇帝聖訓》，收入：文海出版社（輯），《大清十朝聖訓》（臺北：文海出版社，1965），卷5，頁1；華文書局（輯），《大清聖祖仁皇帝實錄》，卷42，頁7，亦記此事。

書，正如他自己說的：「帝王勤求治理，必稽古典學，以資啟沃之功」；又稱：「人主臨御天下，建極綏猷，未有不以講學明理為先務」[4]，可見他講求中國學問，實在也是有現實面與功利面的原因。我們知道：自從滿族在明朝末年興起之後，雖有一段時間仇視漢族，殺戮漢人，然而清太宗皇太極於瀋陽建立清朝之後，發現若要統治中國，必先接受與尊重漢族文化。這項重大的建國方針遂由皇太極、多爾袞、順治皇帝等人持續推動與執行，收到了極佳的效果。而康熙皇帝為了鞏固清朝政權，為了消弭漢人反側力量，乃大力推行尊孔崇儒的政策，這是很自然的事。他勤讀中國經書，並不單是為學問而學問的。

儒家學問傳到宋朝產生了理學，理學中雖有派別，但程朱一派最受後世君主歡迎，因為朱熹曾說：「君臣父子，定位不易，事之常也。君令臣行，父傳子繼，道之經也」，而「三綱五常，禮之大體，三代相繼皆因之而不能變」[5]。這套理論給社會各層人等都定了位，若有想改變或反抗的，便是離經叛道。這當然是每個統治者都亟求的學理根據，康熙朝大倡理性之學，用理學家做官，推崇程朱，甚至將朱熹在孔廟中配享「十哲」之列，這些都是因當時政治因素而產生的。

康熙皇帝既然尊孔崇儒，對道釋兩家必然不能敬重，在他

---

[4] 《大清聖祖仁皇帝聖訓》，收入：文海出版社（輯），《大清十朝聖訓》，卷5，頁1。

[5] 朱熹，《朱子大全・卷14・甲寅行宮便殿奏札》（臺北：臺灣中華書局，1970），頁9；朱熹，《四書章句集注・論語集注》，收入：《景印文淵閣四庫全書》，第197冊（臺北：臺灣商務印書館，1983），卷1，頁13。

的言論與行動中，我們就可以很清楚的看出這種情況。

康熙二十九年 (1690) 三月二十九日，皇帝在讀了中國史書之後，對魏、唐兩朝若干君臣崇信道教，作了如下的評述：「崔浩研精經術，練習政事，洵魏臣之傑出者，其不信佛尤度越時俗，卓然高蹈。何乃師受道士之術，而崇奉尊禮之，且上其書以蠱惑君心，得罪名教不淺」；「唐高祖惑於誕妄之言，遂以老子為祖，而為之立廟。至高宗明皇，復恢張其說，崇信不疑，何所見之皆左耶！」[6]

皇帝對道教始祖並不尊敬，且將大臣向君主宣揚道教一事視為「蠱惑君心」，而他對一般道士印象則更是奇壞，康熙十一年 (1672) 二月就發生過這樣的事：

> 二十八日……上見路傍跪一道士，令兵部尚書明珠問其故。道士奏云：「臣廟在金閣山，離此三十里，名靈真觀。雖向有此名，然遭逢聖主，若得旌表，另賜名號，則光寵益甚」。上顧謂近臣曰：「此道士妄干徼倖，求賜名號，意欲蠱惑愚民」。遂諭曰：「朕親政以來，此等求賜觀廟名號者，概不准行。況自古人主好釋老之教者，無益有損。梁武帝酷好佛教，捨身於寺，廢宗廟之血食，以麵為牲，後竟餓死臺城。宋徽宗好道，父子皆為金虜。此可鑒也。道士止宜清靜修身，何必求朕賜號。爾妄求徼倖，本應處治，姑從寬宥。以後若敢妄行，決不饒恕！」[7]

---

[6]《康熙起居注》，臺北國立故宮博物院藏本，二十九年三月二十九日條。
[7] 中國第一歷史檔案館（整理），《康熙起居注》（北京：中華書局，1984），頁 24。

從上引文中，我們可以看到康熙皇帝不但斥道教，同時也
對佛教予以批判。事實上，皇帝對佛教出家和尚的印象也不好，
有一次他出巡到北京城外，經過海會寺，聽說廟裏有一狂僧，
自稱得道，皇帝頗不以為然，乃命學士傅達禮去問個究竟，傅
達禮後來回報，認為這位和尚「語言動靜大似狂妄，勿論得道
之僧，即使真正活佛，亦與國家何益。況此輩不耕而食，不織
而衣，自謂得道，招搖鼓惑，深為可惡。……切思此等之人，
自古以來，止足為害，實無裨益」。傅達禮最後請求皇帝「斥逐
此僧」，「以肅清京畿內地」。皇帝對傅達禮的報告與建議只回答
了：「出家人止宜住深山窮谷，京師豈是修行之地。朕亦知此僧
狂妄，……此等之人，往往為害不淺」，但沒有下逐斥令 [8]。

康熙皇帝對於道釋兩教的反感，也許有其他的原因，以下
的一段君臣談話似乎可以讓我們窺知些許梗概：

> （案：康熙十二年十月）初九日乙巳，早，上御乾清門，聽
> 部院各衙門官員面奏政事。辰時，上御弘德殿，講官熊
> 賜履……進講……講畢，上召賜履至御前，諭曰：「朕十
> 歲時，一喇嘛來朝，提起西方佛法，朕即面闢其謬，彼
> 竟語塞。蓋朕生來便厭聞此種也」。對曰：「二氏之書，
> 臣雖未盡讀，亦曾窮究，其指大都荒唐幻妄，不可容於
> 堯舜之世。愚氓惑於福果，固無足怪，可笑從來英君達
> 士，亦多崇信其說，畢竟是道理不明，聰明誤用，直於
> 愚民無知等耳。皇上宣聰作哲，允接二帝三王之正統，
> 誠萬世斯文之幸也」。上曰：「朕觀朱文公家禮、喪禮不

作佛事。今民間一有喪事，便延集僧道，超度煉化，豈是正理?」對曰:「總因習俗相沿，莫知其非。近見民間喪家，一面修齋誦經，一面演劇歌舞，甚至孝子痛飲，舉家若狂，令人不忍見聞。諸如火葬焚化、跳神禳賽之類，傷財敗俗，不可殫述。皇上既以堯、舜為法，一切陋習，力行禁革，轉移風教，嘉與維新，化民成俗，未必不由此也」[9]。

　　清朝皇帝自太祖努爾哈齊以來，對於西藏喇嘛教（今稱作藏傳佛教）從來就是利用多於崇信的，對於蒙古人迷信喇嘛教更是不斷批評。其之所以再三訓誡子孫要「禮敬喇嘛而不入喇嘛之教」，係考量可以利用喇嘛教來控制蒙古[10]。康熙時代喇嘛教與清廷的關係大致上也延續了這個傳統。皇帝不但不會去參加大喇嘛「轉生於世」的法會，同時還降諭說:「諸蒙古篤信喇嘛，久已惑溺，家家供養喇嘛，聽其言而行者甚眾。應將此等詐稱庫圖克圖者嚴行禁止」[11]。有時當使臣前往蒙古，康熙皇帝也會下令說:「蒙古惟信喇嘛，一切不顧，此風亟宜挽易，倘有喇嘛等犯法者，爾等即按律治罪，令知懲戒」[12]。總之，康熙皇帝對包括喇嘛教在內的道釋兩教確有成見，而這種成見顯然與熊賜履這批理學大臣有關，因為理學家們心中認為道釋二氏「荒

---

[9] 中國第一歷史檔案館（整理），《康熙起居注》，頁127。

[10] 陳捷先，〈略論清初三朝與喇嘛之關係〉，收入:陳捷先，《清史雜筆》，第8輯（臺北:學海出版社，1987），頁33。

[11] 中國第一歷史檔案館（整理），《康熙起居注》，頁1916。

[12] 《康熙起居注》，臺北國立故宮博物院藏本，三十九年三月初二日條。

唐幻妄」，而他們又吹捧康熙皇帝是「允接二帝三王之正統」的
君主，是以「堯、舜為法」的賢君，希望皇帝對這些「傷財敗
俗」的異端「力行禁革」，皇帝又怎麼能對道釋兩教有好印象呢？

　　清朝康熙時代，為了提倡忠君思想，為了鞏固統治大權，
皇帝力崇理學，中央先後重用了熊賜履、魏象樞、魏裔介、張
伯行、湯斌等等理學大家，並以其為皇帝進講經史。熊賜履是
其中著名的一位，他奉程朱為「正統」，斥陸王為「雜統」，老
莊墨釋都是「異統」。他又認為康熙皇帝是沿襲堯舜禹湯而下的
正統君主，是程朱嫡系傳人。經過這些「理學名臣」的宣傳鼓
動，道釋兩教在當時的活動空間顯然就不會太多、太大了。

　　在崇尚理學的氛圍之下，道釋兩教乃受到排斥，而那些比
道釋兩教更能動搖國本的所謂「邪教」，則更不見容於清廷。康
熙朝這一類的例子很多，現在僅略舉數則，作為說明：

　　康熙十一年 (1672)，湖廣大吏董國興參奏地方邪教首領朱二
眉，據說很多人「去問他休咎」，皇帝下令將朱二眉押解京師，
後來熊賜履自家鄉省親返京，皇帝就問他有關湖廣百姓的情形，
因而談到了朱二眉，熊賜履說：「二眉雖與臣同鄉，但他講仙術，
用符呪。臣讀孔孟之書，學程朱之道，不與此輩交往，生平未
覿其面，亦不信其說」，皇帝也說：「朕觀其人，乃邪妄之小人
也」。過了幾天，皇帝又與熊賜履談到這件事，康熙笑著說：「朱
二眉若是真正術數，還罷了，便不驗也不害事。他局面猖狂，
行徑詭僻，甚是可疑」。接著皇帝問熊賜履「湖廣有作亂的人否？」
熊回答：「從來歲荒人窮，易于生事」，皇上立刻下了結論：「董
國興參朱二眉甚當」[13]。可見當時朝廷中視講仙術的人為「邪

---

[13] 中國第一歷史檔案館（整理），《康熙起居注》，頁 29–30。

妄之小人」，而這些又可能與地方作亂有關的。

　　康熙十九年 (1680) 二月間，吏部建議將邪教趙氏、陳三道等立斬；李應宗等人應斬，到秋後處決。大學士明珠認為「邪教惑人，……自應正法」。另一位大學士李霨也說：「妖言惑眾是實，如此處分亦自允當」。皇帝也贊同他們的看法，判了這批邪教人等死刑[14]。

　　同年五月，有個名叫張九富的人設立聖人教，三法司認為他蠱惑民眾，準備判他絞刑。大學士索額圖同意三法司的做法，漢人大學士李霨沒有表示應判何罪，只說他們是「無知愚民」。皇上後來覺得這些小人的一時妄行，「所犯者小」，和二月間發生的趙氏、陳三道等人「惑眾謀逆者不同」，所以下令給張九富等「減等發落」[15]。

　　而是年十月初又有張宮等人被告發意圖謀反，後來查出張宮僅是一名「光棍無賴之人，但無謀反實跡」；不過案中牽涉到一批邪教人等，而把「為首道士等俱已立行正法」[16]。

　　康熙二十年 (1681) 七月，翰林院侍講王鴻緒上書告發湖廣地區朱方旦邪教煽惑案件。皇帝說：「朱方旦朕素知之，原是匪人。所云前知預曉，風影皆無，滿漢人民無知，被惑者亦多。其悖逆煽惑之處俱實，應重加懲治」。同時皇帝又不滿意地方督撫與大小言官對朱方旦「竟不糾參，殊屬不合！此人即不處死，亦當流徙寧古塔」[17]，命令有關衙門研究辦理此案，並呈報告。

---

[14] 中國第一歷史檔案館（整理），《康熙起居注》，頁 494。

[15] 中國第一歷史檔案館（整理），《康熙起居注》，頁 535。

[16] 中國第一歷史檔案館（整理），《康熙起居注》，頁 621–622。

[17] 中國第一歷史檔案館（整理），《康熙起居注》，頁 723。

到第二年二月，九卿等高官經過調查審理，給皇帝作了回覆，
清朝檔案裏也記載了這件事：

> 「翰林院侍講王鴻緒疏參楚人朱方旦，自號二眉道人，
> 陽托修煉之名，陰挾欺世之術，廣招黨羽，私刻秘書。
> 其書有曰：『古號為聖賢者，安知中道？中道在我山根之
> 上，兩眉之間』。其徒互相標榜，有顧齊宏者曰：『古之
> 尼山，今之眉山也』。陸光旭則曰：『孔子後二千二百餘
> 年而有吾師眉山夫子。朱程精理而不精數，大儒之用小；
> 老、莊言道而不言功，神仙之術虛』等語。皆刊書流布，
> 蠱惑庸愚，侮慢先聖，乞正典刑，以維世道。經湖廣總
> 督王新命審實具題，朱方旦詭立邪說，妄言休咎，煽惑
> 愚民，誣罔悖逆，應立斬。顧齊宏、陸光旭、翟鳳彩甘
> 稱弟子，造刻邪書，俱斬監候」。從之。宗人府題：閒散
> 宗室勒爾錦贈朱方旦「至人里」、「聖人堂」匾額，原任
> 巡撫張朝珍贈「聖教帝師」匾額，應行文查明。上諭曰：
> 此事毋庸行查，前勒爾錦領兵在荊州時，朕已聞此事，
> 曾諭云：朱方旦係狂妄小人，軍機大事萬不可聽其蠱惑。
> 又往秦，路經武昌，張朝珍語之云：朱方旦果一奇異神
> 人，爾宜相會。由此觀之，所贈匾額是真。尋議勒爾錦
> 見在羈禁，毋庸議。張朝珍已經病故，革所予世襲官[18]。

---

[18] 蔣良騏（撰），林樹惠、傅貴九（校點），《東華錄》（北京：中華書局，
1980），頁198。文中「往秦」人名中之「往」字係手民之誤，華文書
局（輯），《大清聖祖仁皇帝實錄》，卷101，頁4，作「對秦」；中國第
一歷史檔案館（整理），《康熙起居注》，頁819，作「對親」，均是滿

　　根據以上事例，我們可以看出，康熙皇帝對邪教人士是絕不寬容的，因為這些妄行的小人不是有謀反的行為，就是有悖逆的言論，他們常能煽惑民眾，向大清統治權挑戰，不扼殺他們便不能清除亂源。至於上引史料中朱二眉與朱方旦實同屬一人，有關他的案件，《清稗類鈔》中的記述比清方檔案中的詳盡得多，現在補充如下：

　　第一，朱二眉或朱方旦於康熙十一年 (1672) 被捕後，儘管皇帝認為他「自詡前知，與人決休咎」，但最後仍是「寬釋」了他，沒有給他任何處分。

　　第二，吳三桂反清時，順承郡王勒爾錦帶兵駐防荊州，朱方旦常常出入他的軍營，為他「占驗」出主意。後來皇帝下令命勒爾錦「軍機大事，勿為蠱惑」，朱方旦乃遠走江浙，另謀發展。

　　第三，康熙二十年 (1681)，王鴻緒得到了朱方旦刻印的書，指朱方旦略去帝王臣庶的階級，又發明記憶在腦不在心的「異說」，而他的信徒很多，所以列出「誣罔君上、悖逆聖道、搖惑民心」三大罪以及「廣田宅、為子納官、交結勢要」等罪狀，具疏糾參。王鴻緒特別強調朱方旦詭立邪說，招致羽黨，「常聚至數千人」，「雖漢之張角，元之劉福通，亦不過以是術釀亂」，這當然令皇帝愈感不安了。

　　第四，朱方旦在康熙二十一年 (1682) 春結案後就被斬首了，其徒翟鳳彩、顧齊宏於秋後處決，陸光旭則幸運的被釋放回家[19]。

洲人名的同音異譯。

[19] 徐珂，《清稗類鈔・獄訟類》，第 3 冊（北京：中華書局，2003），頁

康熙皇帝自幼誦讀儒家經史，又從理學名師學習多年，在修身、齊家與治國等方面都深受儒家思想影響，特別是熊賜履一批官員，整天向皇帝進言：「從古聖帝明王未有溺於佛老者。無論尊信其說，如秦皇、梁武貽笑千秋，即稍為假借，便累君德不小，望皇上始終以為深戒」。或是說些：「帝王之道以堯、舜為極。孔孟之學，即堯、舜之道也。外此不特仙佛邪說在所必黜，即一切百家眾技，支曲偏雜之論，皆當擯斥勿錄，庶幾大中至正，萬世無弊」。如此的「耳提面命」，難怪皇帝會說出：「朕生來不好仙佛，所以向來爾講闢異端，崇正學，朕一聞便信，更無搖惑」[20]。

不過，康熙皇帝真是如此的排斥佛道兩教嗎？我個人認為事實並不盡然。我們從眾多的史料中可以發現，他不好仙佛，甚至禁絕西洋宗教，都是與他維護清朝統治大權、加強皇權以及尊重儒家的正統地位有關的。他確實厭惡那些煽惑人心的和尚、道士，更痛恨那些危害國家的邪教分子；但是他還是禮敬一批品格高尚的出家人，也聯絡、贊助不少僧道人士，甚至也曾利用佛道兩教為他服務，現在就略舉些許實例如下：

一、拜謁寺廟與賞賜出家人

康熙二十一年 (1682) 四月二十一日，他在東巡回鑾的路上，專程去「遼陽州千手寺降香」，並遵照他祖母之命「發來香資白金六百兩，賜給寺僧」，「又幸千山香巖等五寺，各賜寺僧銀五兩」[21]。康熙二十二年 (1683)，他在二月間登上了山西的五臺山，

1003–1005。

[20] 中國第一歷史檔案館（整理），《康熙起居注》，頁 116、125。

[21] 中國第一歷史檔案館（整理），《康熙起居注》，頁 835。

拜謁神佛，為祖母「致祈景福」；二十三年 (1684) 十月又上山東
泰山天仙殿行禮；二十四年 (1685) 九月前往京城附近的白塔寺
進香行禮[22]。康熙二十八年 (1689) 正月，皇帝第二次南巡，途經
山東泰山，一行人於十七日從「泰安州北門入，詣東嶽廟峻極
殿，率文武諸臣行禮」。同時由於皇帝關心泰山上的神祠，大臣
們會議決定：「泰山祠宇原有每年儲備修葺工銀一千餘兩無庸議
外，今應於香稅錢糧內，每年動支四百兩，東嶽神廟應分給二
百兩，岱頂碧霞元君祠應分給二百兩，俱給與各守祀廟祝」，並
命令地方官稽察，「以副我皇上昭格神明至意」[23]。類似的例子
很多，茲不贅舉。

二、禮敬品高清修的真人高僧

　　康熙皇帝有一次讀了唐史，對道士司馬承禎不屑與唐睿宗
談陰陽術數，而且「固請還山」的事，大為讚賞，他認為司馬
承禎是一位品格「高致」的出家人[24]。他也對江南的木陳和尚
極度尊敬，木陳曾於順治年間到過宮中，與皇帝頗有交往[25]。
木陳圓寂以後多年，當皇帝於康熙四十四年 (1705) 南巡江浙時，
木陳的徒孫元梁接駕，皇帝對他也相當禮遇，以示對木陳的追
念[26]。康熙在三十七年 (1698) 時也授予五臺山菩薩頂真容院喇

---

[22] 中國第一歷史檔案館（整理），《康熙起居注》，頁 1073、1239、1358。

[23] 中國第一歷史檔案館（整理），《康熙起居注》，頁 1826–1827。

[24] 《康熙起居注》，臺北國立故宮博物院藏本，二十九年三月二十九日條。

[25] 徐珂，《清稗類鈔‧宗教類》，第 4 冊（北京：中華書局，2003），頁 1941，
記木陳受封為弘覺禪師，應係順治朝之事，《北游集》即為木陳道忞於
順治十六年 (1659) 入京說法之實錄。

[26] 國立故宮博物院故宮文獻編輯委員會（編），《宮中檔康熙朝奏摺》，第
3 輯（臺北：國立故宮博物院，1976），頁 583–590。

嘛丹巴格隆「清修禪師」的封號，以表示對他的禮敬[27]。另外，早在康熙十一年 (1672)，這位「生來不好仙佛」的皇帝就已經與杭州天目山和尚行淳等人有文件往來，並且把順治皇帝的一些御書文字讓天目山寺僧收藏[28]，由此可知皇帝還是禮敬佛家的，更不可能有想滅佛的事。

三、贊助興建寺觀與寶塔

根據清朝禮部的統計，康熙六年 (1667) 全國共有敕建的大寺廟六千零七十三處，小寺廟六千四百零九處。私建的大寺廟八千四百五十八處，小寺廟五萬八千六百八十二處。僧共十一萬零二百九十二名，道士共二萬一千二百八十六名，尼姑共八千六百一十五名。總計寺廟七萬九千六百二十二處，僧道尼姑共十四萬零一百九十三名[29]。由以上數字可以了解康熙年間佛道兩教在中國還是相當盛行。又據滿漢文的大臣報告，我們也可以看出康熙皇帝自己下令建廟或是同意大臣出資建廟，為數也是不少。例如他為祖母祈福祈壽，曾在暢春園內建恩佑寺，在南苑造永慕寺。康熙二十二年 (1683) 二月，他去五臺山「渙發帑金，修葺寺宇」[30]；四十二年 (1703) 冬天，皇帝從陝西回鑾時，賜金命令西安將軍博霽在城內衙門教場西北角建大廟，第二年落成時皇帝又為該廟賜名「廣仁寺」[31]。熱河承德在康熙時代

[27] 愛新覺羅・玄燁，《聖祖仁皇帝御製文集》，第 2 集，收入：《景印文淵閣四庫全書》，第 1298 冊（臺北：臺灣商務印書館，1983），卷 17，頁 4–5。

[28] 國立故宮博物院故宮文獻編輯委員會（編），《宮中檔康熙朝奏摺》，第 1 輯（臺北：國立故宮博物院，1976），頁 5–8。

[29] 徐珂，《清稗類鈔・宗教類》，第 4 冊，頁 1939–1940。

[30] 中國第一歷史檔案館（整理），《康熙起居注》，頁 1073。

建造了行宮，成為避暑山莊，山莊內不僅有江南與塞北的宮殿園林，也建造了一些廟宇，像溥仁寺、溥善寺等都是康熙時期以國家經費營造而成的[32]。此外，在康熙四十五年 (1706) 正月，山西巡撫噶禮「捐銀監督油畫」五臺山光宗寺等六處廟宇，皇帝認為「這是一件好事」。噶禮又捐銀給一位「算命人羅光榮」，讓他去揚州擇地建造斗姆閣，皇帝也表示了贊同[33]。說到揚州，康熙皇帝有一年南巡經過，因為隨皇太后同行，見到茱萸灣的古塔「歲久寢圮」，他為了表示孝心，「欲頒內帑略為修葺」，結果地方上的官員與商人聞訊，紛紛「踴躍赴功，庀材協力，惟恐或後，不日告竣」[34]。皇帝如此熱心建廟、建塔，顯然沒有排佛的念頭，除非佛廟對民生與社會有不利影響時，皇帝才下令不准興建某些佛教廟宇。例如他曾經說過：「僧徒寺廟，各有田園，甚或一僧住持一寺，即欲為開山始祖，聚集徒眾，以千百計，此皆糜費之大者也」[35]，這是當時限制建廟的一個原因。另外，皇帝也提到「直隸各省寺廟，常窩藏來歷不明之人，行不法之事，……不許創建」[36]。其他還有寺僧多占百姓土地，

---

[31] 中國第一歷史檔案館（編譯），《康熙朝滿文硃批奏摺全譯》（北京：中國社會科學出版社，1996），頁 316。

[32] 承德市文物局、中國人民大學清史研究所（編），《承德避暑山莊》（北京：文物出版社，1980），頁 35。

[33] 中國第一歷史檔案館（編譯），《康熙朝滿文硃批奏摺全譯》，頁 407。

[34] 愛新覺羅・玄燁，《聖祖仁皇帝御製文集》，第 3 集，收入：《景印文淵閣四庫全書》，第 1299 冊（臺北：臺灣商務印書館，1983），卷 23，頁 2。

[35] 華文書局（輯），《大清聖祖仁皇帝實錄》，卷 242，頁 4。

[36] 華文書局（輯），《大清聖祖仁皇帝實錄》，卷 248，頁 29。

愚民集錢供養僧道、游民住廟擾害地方等等原因，也是讓康熙認為有禁建寺廟的必要。而這些情形，發生在康熙晚年較多。

四、賜御書給寺廟與僧道人士

康熙皇帝酷愛中國書法，更愛將他所書的翰墨賜贈給別人，不但京中外省的臣工經常得到他的墨寶，就連和尚、道士也有不少人享有這份光榮，頒發匾額給寺廟則更是常見[37]。據現存可靠資料記載，康熙皇帝為各地寺觀所寫的匾額以及他賜贈給佛道二教出家人的御書，數量極為可觀，而且地區分布極廣。例如京城香山寺、浙江傳燈寺、江西廬山秀峯寺、山西西安廣仁寺、承德溥仁寺，甚至僻遠地區廣西湘山絕頂的廟宇裏以及海外的臺灣天后宮、關帝廟中，都可以看到康熙的手跡[38]。由於不少廟宇或官署都將康熙皇帝的御書刻成木匾，或勒於石上，所以至今仍存留不少。皇帝賜給僧道的翰墨作品則為數更多，就以他第三次南巡在揚州、鎮江一帶為例，皇帝就贈送「禪心澄水月」、「佛門堂」、「皓月禪心」、「寄懷閑竹」、「鷹堂」等給天寧寺僧廣元；送「西來法」三字給興教寺僧廣徹；送「法律禪」三字給北山寺僧廣證；送「雲峯」、「松風石」等給江天寺僧明真；送「超峯」二字給避風館僧明融；送「禪棲」二字給妙覺；「善覺」二字給僧瀾等等[39]。另外在南京、蘇州、杭州等地，皇帝也賜贈不少御書給出家人，可見皇帝對一般僧道還是

[37] 請參看本著第5篇〈康熙皇帝與書法〉。

[38] 《康熙起居注》、《宮中檔康熙朝奏摺》以及各地方志中記載此事很多，不擬贅述。

[39] 《康熙起居注》，臺北國立故宮博物院藏本，三十八年三月至四月諸日條。

有好感的，還是想要聯絡他們的。

五、利用出家人為皇家與政府服務

　　佛道兩教能以教義輸入一般人民心中，產生影響心靈的作用，同樣的，清朝政府官員與康熙皇帝本身也不例外，他們亦不能解脫佛道的思想枷鎖。不過，他們是有節制的、有目的的，並適時利用這些出家人為皇家或政府服務，以下幾件事可以作為說明：

　　㈠為皇帝與皇家祈福祈壽：康熙皇帝即位之後，時常為他的祖母與母親在廟裏誦經祈福祈壽。另外在逢年過節時，在地方與中央也有誦經之事。如山西巡撫噶禮因受皇恩深重，常和母親一起去五臺山為「皇上誦萬壽經」[40]。宮庭裏也有大規模的誦經活動，即使皇帝去承德避暑，他也會命令京城官員、皇子們舉行，如康熙四十七年 (1708) 八月初一至初七日間，「著各寺喇嘛盡力誦念甘珠爾經，若一寺喇嘛不敷，則令二寺合念。五十喇嘛在中正殿、永寧寺誦經，亦令和尚等在報國寺、廣濟寺誦經」；不但如此，誦經完畢之後，大臣們還得「將各寺誦念數」向皇帝作詳細報告[41]。康熙四十八年 (1709) 八月中旬則又動員了喇嘛二百一十六人在中正殿誦經[42]。同年八月二十一日至九月十二日又在京城一帶的中正殿、永寧寺、聖化寺、廣慈寺等處誦經二十一天[43]，誦經活動算是頻繁的了。還有每年三月十八日康熙皇帝生日之前，各地官員照例會在廟裏拜佛誦經，

[40] 中國第一歷史檔案館（編譯），《康熙朝滿文硃批奏摺全譯》，頁 277。
[41] 中國第一歷史檔案館（編譯），《康熙朝滿文硃批奏摺全譯》，頁 585。
[42] 中國第一歷史檔案館（編譯），《康熙朝滿文硃批奏摺全譯》，頁 642。
[43] 中國第一歷史檔案館（編譯），《康熙朝滿文硃批奏摺全譯》，頁 649。

為皇帝祈壽。以康熙五十年 (1711) 為例，西安將軍席柱在華山誦經，「敬祝聖壽無疆」；漕運總督赫壽在淮安率文武官員「誦經祈禱，祝聖主萬壽」；兩江總督噶禮「每晚親于署內北斗姆閣前行禮」敬祝萬壽無疆；山西巡撫蘇克濟則在「署內所供斗姆、觀世音菩薩前，敬香禱祝聖主聖壽無疆」[44]。皇帝如不好仙佛，怎麼能同意大臣在各地請和尚、喇嘛誦經祝壽，而事後又公然的寫上報告讓皇上知道這些活動呢？

㈡為國家祈雨祈晴：清朝皇帝接受了漢人文化，在久旱不雨時也常下令祈雨，在清代官方檔案中這類事也屢見不鮮。康熙三十年 (1691) 內務府奏以道士祈雨，皇帝還批令「喇嘛等毋免祈雨」[45]。有時祈雨多日尚未降雨，皇帝為了心誠還會下令「禁止殺生，祈雨三日」[46]。直到康熙六十年 (1721)，也就是皇帝去世的前一年，清代官方記載中仍有皇帝下令祈雨的事[47]。有時逢到連月陰雨，雨水過多，清代官員也有以官員或出家人來「祈晴」的，康熙五十二年 (1713) 在熱河與北京等地都有「禁殺生」、「誦經」的活動[48]。

㈢為政府作戰效力：康熙晚年準噶爾蒙古首領策妄阿拉布坦不順服清廷，皇帝有征伐之意，我們從當時吏部尚書富寧安等人奏報中，竟然有道士李慶安投軍效力之事。據稱李道士有

[44] 中國第一歷史檔案館 (編譯)，《康熙朝滿文硃批奏摺全譯》，頁711–713。

[45] 中國第一歷史檔案館 (編譯)，《康熙朝滿文硃批奏摺全譯》，頁 19。

[46] 中國第一歷史檔案館 (編譯)，《康熙朝滿文硃批奏摺全譯》，頁 675。

[47] 中國第一歷史檔案館 (編譯)，《康熙朝滿文硃批奏摺全譯》，頁 1472。

[48] 中國第一歷史檔案館 (編譯)，《康熙朝滿文硃批奏摺全譯》，頁 871。

法術，祭神時顯靈，康熙皇帝似乎也相信他的能力，特別賜給
他寶刀、蓋印的敕書，命他訓練八百兵丁。李道士聲稱：「我用
兵庸劣，惟靠神法而行」，向清廷要一些法器去作戰，康熙皇帝
也批准了他的請求，並對吏部尚書富寧安說：「向朕所請諸物，
俱命內府製作，固裝遣發」[49]。皇帝對這位李道士的態度與康
熙十一年 (1672) 拒絕跪地求賜號的道士來，真有天壤之別了。

　　根據以上種種事實，我們可以了解：康熙皇帝對佛道兩教
的態度不僅時好時壞，也具有雙重標準。事實上，皇帝對宗教
的信仰是多元的，對任何宗教的信仰都談不上虔誠專一。他仍
舊信奉滿洲本土的薩滿教，每年元旦他必到堂子裏去祭薩蠻。
康熙三十五年 (1696) 六月遠征準噶爾班師回京時，也是先到堂
子行禮，然後再去皇太后宮中請安[50]。即使是平時出外回京之
際，也見有先謁堂子祭薩蠻的事[51]。而康熙皇帝對天主教的態
度也值得一番探討。他早年顯然並非堅決禁教，當浙江大吏視
天主教為白蓮教，下令拆毀教堂時，康熙皇帝還說：

> 各省居住西洋人，並無為惡亂行之處，又並非左道惑眾，
> 異端生事。喇嘛僧等寺廟尚容人燒香行走，西洋人並無
> 違法之事，反行禁止，似屬不宜，相應將各處天主堂俱
> 照舊存留，凡進香供奉之人仍許照常行走，不必禁止[52]。

---

[49] 中國第一歷史檔案館（編譯），《康熙朝滿文硃批奏摺全譯》，頁 1340、
1342。

[50] 華文書局（輯），《大清聖祖仁皇帝實錄》，卷 174，頁 4。

[51] 中國第一歷史檔案館（編譯），《康熙朝滿文硃批奏摺全譯》，頁 1252。

[52] 黃伯祿，《正教奉褒》，收入：韓琦、吳旻（校注），《熙朝崇正集／熙

綜合以上所述，我個人以為康熙皇帝的宗教態度並不複雜，更非難於理解。也許從以下幾點去探索，便可以得到一些初步的結論了：

第一，滿族本是明末遼東的一個「看邊小夷」，經過幾十年的生死搏鬥，終於做了中國的主人，這番事業得來不易，清初的帝王皆了解要維持這份勝利成果，必需尊重漢族的傳統文化，清太宗、多爾袞如此，順治皇帝也是如此。康熙皇帝繼承了皇位，也繼承了這種以漢制漢的傳統政策。

第二，漢族文化中以儒家為正統，儒家文化中又以理學最能為帝王服務，特別是三綱五常一類的倫理道德教條，更是維護君統、鞏固政權的利器。康熙皇帝幼讀儒家經典，又有理學大家作為他的導師與輔臣，以尊孔崇儒的政策來治理漢人，是最適合不過的，而康熙皇帝也可以與堯舜比美，做個理想的儒家君主。

第三，中國人一向是敬天畏天的，皇帝是天所指派的「天子」，人民應當尊重他。漢朝儒家又發明天人相感的學說，因此康熙皇帝為地震修省，為得雨酬神等等行為並不是迷信，而是敬天畏天的一種表示，是符合儒家思想的。作為一位賢君，一個儒家信徒，康熙皇帝認為祭天、祭祖、祭孔都是「有合大道、

朝定案／〈外三種〉》(北京，中華書局，2006)，頁 359。華文書局(輯)，《大清聖祖仁皇帝實錄》，卷 31，頁 4，載康熙皇帝談話：湯若望「至供奉天主，係沿伊國舊習，並無為惡實跡」等語，可見皇帝早年對西洋宗教印象亦佳。康熙五十六年 (1717) 皇帝從廣東碣石總兵官之請禁教等事，全因「禮儀之爭」發生，西方教士有危害中國之故也，請參看：華文書局 (輯)，《大清聖祖仁皇帝實錄》，卷 272，頁 8。

敬天及事君親……係天下通義」。

第四，道佛二教信徒，如果是清靜修身，或是為人民祈福求安的，康熙皇帝都尊重他們，讓他們從事宗教活動；但是若有教徒意欲蠱惑民眾、無益於國家，當然不能容許他們存在。至於那些荒唐不實的煉丹、服氣之說，非孔孟之學，自然不能聽信。

第五，西洋天主教原本也是「祈福求安，與佛道之理何異?」應該讓他們在中國有存在的空間，只要傳教士遵紀守法，就不致被排斥。可是他們後來竟「甚悖于中國敬天之意」，不准徒眾們祭天、祭祖、祭孔，實在不合「聖人以五常百行之大道、君臣父子之大倫」。而這根本是徹底違反中國兩千年來的尊孔崇儒傳統，也違反理學家強調的三綱五常大原則，危害到君主的權威，則該教焉得不禁?

第六，康熙皇帝對各教派的態度非常功利，並且隨現實需要而作靈活修正。在三藩變亂的危急存亡之秋，任何有煽惑民眾傾向的宗教活動都給予打壓。後來全國統一、社會安定以後，他對宗教的態度就寬容許多了。康熙皇帝一心想把中西教派都容納到理學之內，藉以吸收新的、好的不同文化，但基本條件是維護大清朝的政權，而且不悖於儒家的傳統文化。

康熙皇帝好色

　　清朝的康熙皇帝是中國歷史上難得一見的傑出君主，他在位時文治武功顯赫，他個人的學問品德也高過於常人，後世史家對他的生平事功、歷史地位都有很高的評價，康熙皇帝自己也以理想儒家帝王自我標榜，因此康熙帝可說是一個相當完美的古人。

　　在個人嗜好方面，康熙皇帝給人的印象也是極佳的，例如他原本吸煙，後來戒了；同時為防止火災，他勸人戒煙，因此他也從此不再吸煙。他為此事曾有以下的說明：「……如喫烟一節，雖不甚關係，然火燭之起，多由於此，故朕時時禁止。然朕非不會喫烟，幼時在養母家頗善於喫烟，今禁人而己用之，將何以服人，因而永不用也」[1]。

　　他也能喝酒，但更能控制自己喝酒，實在難得。他對他的子孫曾說過：

1 愛新覺羅・胤禛（纂），《聖祖仁皇帝庭訓格言》，收入：《景印文淵閣四庫全書》，第 717 冊（臺北：臺灣商務印書館，1983），頁 13。

朕自幼不喜飲酒，然能飲而不飲。平日膳後或遇年節筵宴之日，止小杯一杯。人有點酒不聞者，是天性不能飲也。如朕之能飲而不飲，始為誠不飲者。大抵嗜酒則心志為其所亂而昏昧，或致病疾，實非有益於人之物，故夏先后以旨酒為深戒也[2]。

　　他甚至認為酒的危害很大，「富家子弟，敗家破產，身罹疾厄，皆由於此；而貧窮者纔得幾文，便沽飲盡醉，行兇遭禍，抑何比比！」又說：「樂酒無厭，心恒狂亂，遂至形骸顛倒，禮法喪失，其為敗德，何可勝言！」[3] 可見他對煙酒都非常理性的戒除或節制，以免引來災禍，並藉以養生。由於注重養生，康熙皇帝當然講究「清心寡欲」，他以為「人能清心寡欲，不惟少忘且病亦鮮矣」。同時他也堅信「寡思慮所以養神，寡嗜慾所以養精，寡言語所以養氣，知乎此可以養生」[4]。從他的這些言論當中，我們不難看出他應該不是一個好色之徒，他會「戒之在色」的。

　　康熙皇帝不好女色一事，似乎在當時人的觀感中也是出名的，甚至還有不少人稱讚過他，如西洋傳教士白晉 (Joachim Bouvet) 就在給法國國王路易十四的萬言書中說道：

---

[2] 愛新覺羅・胤禛（纂），《聖祖仁皇帝庭訓格言》，收入：《景印文淵閣四庫全書》，第 717 冊，頁 21-22。

[3] 愛新覺羅・胤禛（纂），《聖祖仁皇帝庭訓格言》，收入：《景印文淵閣四庫全書》，第 717 冊，頁 22-23。

[4] 愛新覺羅・胤禛（纂），《聖祖仁皇帝庭訓格言》，收入：《景印文淵閣四庫全書》，第 717 冊，頁 76、94。

幾年前，(案：康熙)皇帝到南京巡視江南省，人們根據舊
習慣，以朝貢的方式給他進獻了七個美女。他連看都不
看一眼，拒不接受。他覺察到某些侍臣竟敢濫用能與他
接近的機會，用女色腐蝕他，非常氣憤。此後，遂給了
他們不同程度的懲罰，使大家清楚地看到皇帝是如何警
惕一切籠絡和腐蝕他的行為的[5]。

康熙皇帝的近臣李光地也談到過一件類似的祕史：

噶 (案：噶禮)進四美女，上 (案：康熙)卻之曰：「用美
女計耶？視朕為如此等人乎！」又密偵得左右皆受此餌，
悉加之罪，……。

山西撫噶禮迎駕，出至慶都，並率百姓百餘人來邀請
聖駕。百姓皆衣間露立，問之，云：「票押不敢不來」。
轎頂及鉤瑣皆真金，每一站皆作行宮，頑童、妓女，皆
隔歲聘南方名師教習，班列其中。渠向予輩云：「行宮已
費十八萬，今一切供饋還得十五萬」[6]。

以上記述固然反映出噶禮諂媚的行徑，但也強調了康熙皇
帝是位正人君子，在當時的中外名人眼中，皇帝顯然是不好女

---

[5] 白晉 (Joachim Bouvet) (著)，馬緒祥 (譯)，《康熙帝傳》，收入：中國
社會科學院歷史研究所清史研究室 (編)，《清史資料》，第1輯 (北京：
中華書局，1980)，頁193。

[6] 李光地，《榕村續語錄・卷18・治道》，收入：李光地 (著)，陳祖武
(點校)，《榕村語錄／榕村續語錄》(北京：中華書局，1995)，頁828。

色的。不過，根據目前發現的史料與當日的史實，我們似乎有理由認為康熙皇帝並非長久以來被大家公認的道學家，特別在女色方面，值得作一番商榷，至少應該再作深入研究。以下是我個人的看法與想法：

第一，康熙皇帝一生所娶的后妃、貴人、常在等等妻妾，日後隨葬在他陵園的約有五十五人，還有一批曾經「奉御」過的宮女或是「隨常加封」過的女子，總數加起來相當可觀。康熙死後，雍正皇帝曾經降諭內務府官員，命令他們慎重處理康熙帝「未亡人」的安葬事宜，諭旨內文有一段說：「今日總管等所奏易貴人之事，似此貴人入陵尚可。陵內關係風水之地，嗣後爾等宜加意斟酌。如曾奉御皇考之貴人尚可，若隨常加封者，則不可」[7]。易貴人的族籍不明，可能是漢族或漢軍，她未曾生育子女，雍正六年 (1728) 逝世時，享年七十多歲。由此可知，確有不少「奉御」過而地位不高或根本未加封的宮中女子，最後沒有葬入康熙陵園，但是她們確曾與康熙發生過性關係。

康熙皇帝一生的妻妾絕對多於五十五人，反觀整個清朝歷代帝王的婚姻情形，據史料記載，他們娶妻納妾的數量約如以下數目：

清太祖努爾哈齊共有妻妾十六人或略多。
清太宗皇太極共有妻妾十五人或略多。
清世祖順治皇帝福臨有稱號的妻妾十六人。
清世宗雍正皇帝胤禛僅有后妃八人。

[7] 鄂爾泰、張廷玉 (等編纂)，《國朝宮史·卷3·訓諭3》(北京：北京古籍出版社，1987)，頁27。

清高宗乾隆皇帝弘曆有后妃等妻妾四十一人。

清仁宗嘉慶皇帝顒琰見於史冊的為九人。

清宣宗道光皇帝旻寧妻妾約二十三人。

清文宗咸豐皇帝奕詝、清穆宗同治皇帝載淳、清德宗光緒
皇帝載湉以及宣統帝溥儀妻妾數目多不超過十人[8]。

　　據此可知：康熙皇帝的后妃人數之多實居清朝諸帝之冠。
儘管有人說古代帝王有濃厚的享樂思想,而康熙一朝統治期長,
故而擁有眾多妻妾。這番解說雖有可信之處；但康熙帝的孫子,
被民間視為「風流才子」的乾隆帝,其統治時間（包含太上皇三年）
較康熙享國期更長,卻只有妻妾四十一人,總數比康熙帝為少。
康熙帝如不好色,如何對納妾的興趣如此之高？而且有不少被
納為妾的女子是在他晚年入宮的。在中國古代社會中,特別是
以道學家自居的康熙皇帝,一而再、再而三的納妾,能說他不
是一個好色之人嗎？

　　第二,康熙皇帝生於順治十一年 (1654),死於康熙六十一年
(1722),享年六十九歲。八歲繼位,四年後大婚,當時他的實際
年齡是十一歲又六個月,其後又娶妾多人。康熙六年妾馬佳氏
為皇帝生下頭一胎男丁承瑞,第二年另一妾張氏又生下一位皇
長女,直到康熙五十七年 (1718) 妾陳氏還為皇家生下一男胤禐。
由此可見康熙的婚姻生活,前後一共延續了五十七年（從大婚到
死亡）,而他到六十五歲時仍有生殖能力。另據學者楊珍的分析
說：康熙三十九年 (1700) 以前,有二十三位后妃為皇帝生下四十

[8] 請參看：國史館（校註）,《清史稿校註・本紀》(臺北：國史館,1988);
王慶祥,《中國末代皇后和皇妃》(北京：團結出版社,2006)。

四名子女，其中滿洲籍的妻妾十八人，生育子女三十七人；漢族籍的五人，生子女七人。若將子女數以百分比來看，前者占 84.1%，後者占 15.9%。康熙四十年 (1701) 以後，又有九位妃嬪為康熙帝生下子女十一人，其中滿洲籍的妃嬪三人，生育子女三人，占 27.3%；漢人妃嬪六人，生育子女八人，占 72.7%。據上可見：康熙晚年對漢籍妃嬪已較為「寵幸」。再看康熙五十年 (1711) 以後宮中生育情況，發現只有五位妃嬪為皇帝生下子女五人，而其中漢籍妃嬪竟占四人，生子女亦有四人，比例高達八成。楊珍教授強調，「可見，這一階段『奉御』玄燁的妃嬪，漢人已經處於優勢，她們並非漢軍旗，而是清一色的江南女子」[9]。

康熙皇帝教訓他的兒孫時，一再提到要「清心寡欲」與「寡嗜欲所以養精」，而他自己似乎根本沒有實行這些養生之道。他直到晚年仍不斷的召江南年輕貌美女子入宮，並為他生下子女，可見其性慾不減，誰又能說他不好色呢？

第三，說起江南女子入宮，本文前面曾提到法國傳教士白晉讚美康熙帝拒不接受地方官進獻美女之事，甚至形容這位聖人天子「連看都不看一眼」。事實上並非如此，因為我們在宮中珍藏的祕檔中發現了一些可信的資料，足以證明白晉所言大有問題。

康熙四十八年 (1709) 七月間，皇帝的親信之一，當時任職蘇州織造的李煦，突然進呈一份祕密奏摺，摺中報告「王嬪娘娘之母黃氏，七月初二日忽患痢疾，醫治不痊，於七月十四日午時病故，年七十歲。理合奏聞」。康熙帝看到這份祕摺之後，只批寫了：「知道了。家書留下了，隨便再叫知道吧」[10]。意思是

---

[9] 楊珍，《康熙皇帝一家》（北京：學苑出版社，1994），頁91。

說:「你李煦呈上的祕報知道了,王家的家書暫時留下,等以後
再讓王孃知道吧!」王娘娘的生母家姓黄,住蘇州境內,這件事
有關宮閫祕聞,故只有由李煦這樣的親信官員向皇帝報告。

　　另外從康熙朝宮中所藏皇帝后妃妻妾的資料可知: 這位王
娘娘曾為康熙帝生過兒子,即胤禑、胤祿、胤祄。年長的胤禑
生於康熙三十二年 (1693),王娘娘當時約二十歲。皇帝曾在康熙
二十三年 (1684) 與二十八年 (1689) 南巡江浙,是他六次江南行的
頭兩次。他每次南巡都經過蘇州等江南名城,從胤禑的出生時
日看,王娘娘可能是第二次南巡時帶回宮中的。

　　楊珍教授所說康熙晚年在宮中得寵的妃嬪多是漢人,而且
「是清一色的江南女子」。這一看法確非臆測,因為從皇家《玉
牒》、《愛新覺羅宗譜》、《清史稿・后妃傳》、《清皇室四譜》等
書中,我們可以看到不少相關的史實,如:

　　漢人高氏,於康熙四十一年 (1702) 九月生皇子胤禝,第二年
生一女,四十五年 (1706) 又生下皇子胤禕。四年間連生三個子
女,足以顯示她的得到寵愛一斑了。
　　漢人陳氏,於康熙五十年 (1711) 生皇子胤禧。
　　漢人石氏,於康熙五十二年 (1713) 生皇子胤祁。
　　漢人陳氏,於康熙五十五年 (1716) 生皇子胤祕。
　　漢人陳氏,於康熙五十七年 (1718) 生下皇子胤禐。
　　另外白氏漢人為康熙生子說,有些疑點,尚待考證[11]。

---

[10] 故宮博物院明清檔案部 (編),《李煦奏摺》(北京: 中華書局,1976),
　　頁 72。
[11] 蕭奭,《永憲錄》(北京: 中華書局,1959),頁 382,記雍正十一年 (1733)

　　康熙五十年代以後，有如此多的漢人女子為皇帝生兒育女，顯見她們甚為得寵。在《玉牒》中有關這些漢籍女子的紀錄只書寫她們父親的姓氏，而未記官職，表明她們不是來自漢軍旗，而是出自一般普通的平民之家。由此可見：康熙皇帝南巡時確曾多次帶漢人女子入宮，白晉的話不足為據。同時皇帝晚年偏寵江南佳麗，忘卻了「首崇滿洲」的祖訓，也足以證明他好色享樂的一面。

　　第四，儘管白晉與李光地有文字記述康熙皇帝不好色；但是我們也看到當時其他中外人士談到這位皇帝欣賞女子的若干情形。康熙四十二年 (1703) 春天，皇帝作了第五次的江南之行，回鑾時他命令曾在南書房服務多年但已退休的高士奇從杭州陪他返京。高士奇在北京得到特別待遇，並很榮幸的在京郊行宮暢春園中與皇帝度過一陣吃喝玩樂的快樂時光。有一天高士奇被「召近膝前，許久言及西洋人寫像」事，並出示了兩幅畫像，對高士奇說：「有二貴嬪像，寫得逼真，爾年老，久在供奉，看亦無妨」，皇帝顯然向他忠心的老部屬炫耀其嬌美貴嬪的畫像。高士奇年紀既老，又在皇帝面前服務多年，給他看看是無妨的。當然這裏也透現出康熙皇帝的假正經形象[12]。另外還有一位在康熙末年來華的義大利傳教士馬國賢 (Matteo Ripa)，他的寫實畫

十一月「庚午，先朝貴人白氏薨。貴人籍蘇州，生皇第二十四阿哥，居寧壽宮」。案《玉牒》載康熙第二十四子胤祕為陳氏所生。惟《永憲錄》一書向為史家所推崇，故正確與否，尚須考證。

[12] 高士奇，《蓬山密記》，收入：上海書店（編），《叢書集成續編》，第40冊（上海：上海書店，1994），頁32。

畫得很好，得到康熙皇帝的賞識，因而命他在內廷服務，後來更叫他到熱河避暑山莊畫三十六景圖。馬國賢在雍正初年回歐洲，著有《清宮廷十三年回憶》一書，書中有一處記述康熙帝與妃嬪們在熱河玩樂的情形，甚為逼真，茲摘錄如下：

> 在熱河避暑山莊，我（案：馬國賢）住在一處帶有小花園的臨湖房屋中，湖的對岸是座別墅，陛下經常由一些妃嬪們陪同，在那裏讀書學習。……通過紙窗的孔眼，我看見陛下在閱讀寫字，……有時候，陛下高高的坐在一個形同寶座的位子上，觀看他所喜愛的遊戲。幾個太監侍立於側，寶座前方地毯上，聚集著一群妃嬪。突然，陛下將假造的蛇、癩蛤蟆及其他令人憎惡的小動物拋向妃嬪中間，她們跛腳疾跑，以求躲避，陛下看了十分開心。……還有的時候，陛下佯裝想得到長在樹上的果實，於是讓妃嬪們到附近小山上摘取，在他的催促下，可憐的跛子們爭先恐後，叫嚷著朝山上奔去，以致有人摔倒在地，引起他的開懷大笑。陛下不斷創造出這樣的遊戲，在夏日涼爽的傍晚，尤為常見。無論在山莊或住京城，陪伴他的只有妃嬪與太監。依照世俗的觀點，這種生活無疑最為幸福，但在我看來，卻是最可鄙的生活方式之一[13]。

馬國賢是天主教徒，我們可以理解，他認為康熙皇帝的某

---

[13] Matteo Ripa, *Memoirs of Father Ripa* (London: J. Murray, 1855), 115–116. 本文此處譯文參照：楊珍，《康熙皇帝一家》，頁 145–146。

些生活方式是「可鄙的」；而他的記載也說明皇帝離開京城、離開文武百官，在偏遠的行宮中放浪形骸的與小妾們痛快玩耍的情況。一個年近古稀的老人，如不好色，那有如此興致？另外要附帶一提的是，楊珍教授認為馬國賢筆下的「跛子」應指當時纏足的小腳漢人女子，這種解釋應是正確的，由此更可證明康熙晚年確實寵愛一群漢族女子，可能是一群江南佳麗。

第五，康熙皇帝的好色性格，似乎也可從他的身體狀況看出一些端倪。這位傑出的君主年輕時「筋力頗佳，能挽十五力弓，發十三握箭」；「天稟甚壯，從未知有疾病」[14]。不過到他五十五歲的康熙四十七年 (1708) 以後，情形便大有不同了。在該年的十一月中，他在川陝總督齊世武的一份請安摺子上批道：「自爾去後，朕體漸弱，心跳加增甚重。……目下想是無妨，只是虛弱」[15]。同年十二月，他在直隸總督趙弘燮的奏摺上也透露了類似的消息，說他「氣血不能全復,甚弱」、「朕體尚弱」[16]。第二年初病體似乎恢復了一點，但「還瘦弱些」[17]。而且這一年康熙皇帝一反常規，大喝西洋葡萄酒，因為他聽了歐洲傳教士的建議，「每日進葡萄酒幾次」，相信洋酒「乃大補之物」[18]。

---

[14] 華文書局（輯），《大清聖祖仁皇帝實錄》（臺北：華聯出版社，1964），卷 275，頁 5、9。

[15] 中國第一歷史檔案館（編譯），《康熙朝滿文硃批奏摺全譯》（北京：中國社會科學出版社，1996），頁 606。

[16] 國立故宮博物院故宮文獻編輯委員會（編），《宮中檔康熙朝奏摺》，第 2 輯（臺北：國立故宮博物院，1976），頁 25、29。

[17] 國立故宮博物院故宮文獻編輯委員會（編），《宮中檔康熙朝奏摺》，第 2 輯，頁 47。

[18] 黃伯祿，《正教奉褒》，收入：韓琦、吳旻（校注），《熙朝崇正集／熙

據說日飲葡萄酒後，皇帝「甚覺有益，飲膳亦加」；不過到康熙五十年 (1711) 底，清廷按例舉行每年一度的天壇大祭時，他的身體又出了狀況。大臣們再三奏阻皇帝親自主持，皇帝卻認為如此重大的祭典，「必親祭方展誠心」，堅持要「親詣行禮」，但也說出「行禮時，兩旁人少為扶助亦可」[19]。當年康熙皇帝剛滿六十歲，體弱情形已可見一斑了。

康熙五十六年 (1717) 皇帝的身體愈見衰弱，五月間他說：「至今朕體未見甚好，行走需人攙扶。甚虛弱」[20]。十月他更坦誠的告訴大臣：「朕近日精神漸不如前，凡事易忘。向有怔忡之疾，每一舉發，愈覺迷暈」[21]。不久以後，皇太后病逝，康熙皇帝的病情更加惡化，他到內宮向皇太后棺木行禮時，「乘軟輿，腳背浮腫，不能轉移，用手帕纏裹，纔能移動」[22]。第二年春間，他也不否認他的身體已「羸瘦已極，僅存皮骨，未覺全復。足痛雖較前稍愈，步履猶難」[23]，他又提到他當時「手顫頭搖，觀瞻不雅，或遇心跳之時，容顏頓改。驟見之人，必致妄起猜疑」[24]。儘管康熙皇帝病重如此，他的性生活似乎一如往常，因為第二年二月貴人陳氏還為他生下最後一個男嬰，排行第三十五的皇子胤㳚，可惜這位皇子出生後即夭折，可能

朝定案／（外三種）》（北京，中華書局，2006），頁 367。

[19] 華文書局（輯），《大清聖祖仁皇帝實錄》，卷 248，頁 22。

[20] 中國第一歷史檔案館（編譯），《康熙朝滿文硃批奏摺全譯》，頁 1190。

[21] 中國第一歷史檔案館（整理），《康熙起居注》（北京：中華書局，1984），頁 2453。

[22] 中國第一歷史檔案館（整理），《康熙起居注》，頁 2468。

[23] 中國第一歷史檔案館（整理），《康熙起居注》，頁 2489。

[24] 中國第一歷史檔案館（整理），《康熙起居注》，頁 2492。

與皇帝年高體衰有關。

總之，康熙皇帝低婚齡、多妻妾，對身體本來就是不太好。尤其到了晚年健康情況變壞時，若再貪戀情慾，對身體必然會產生不良影響。晚年他手顫、頭暈、目眩，照中醫學理論的解釋，絕對是腎虛陽衰的象徵，也是一個好色之人常見的病徵。康熙皇帝是一位通曉中西醫理醫藥的「醫生天子」，他又從儒佛道三家中汲取了很多養生之道，可惜「知易行難」，否則他的壽命必然會更高些，不致在六十九歲就辭世。

現代學者寫作的康熙皇帝專書、專論確實很多；但舉出他是一個好色之君的似乎還很少見。本篇只是想真實的描述這位偉大傑出帝王在日常生活上的另一面，絕無貶損他的意思，況且好色並非絕對的罪惡，相信這對他的生平事功、歷史地位是不會有影響的。

康熙皇帝南巡揚州

康熙皇帝從康熙二十三年到四十六年 (1684-1707) 之間曾六次南巡，離開京城到山東、江蘇、浙江等省考察訪問，為什麼他有如此勞師動眾之舉呢？據他自己與官方的說法，他是在三藩亂事平定、臺灣問題解決之後，因為關心黃淮水患、民間疾苦、聯絡漢人知識分子、考察地方官民實情而興起南方之行。

在康熙皇帝南巡路線上的城市很多，如永清、任丘、河間、德州、濟南、泰安、沂州、郯城、曲阜、宿遷、淮安、高家堰、高郵、寶應、揚州、鎮江、儀真、丹陽、常州、無錫、蘇州、南京、杭州等等。本篇即以江蘇揚州一地，作為深入探討的對象，以說明當時活動之一斑。

官書裏有關康熙皇帝在揚州的記事，不只未能詳盡，且有隱諱之嫌。例如第一次南下訪問，《清史稿》裏隻字未提揚州，讓人以為皇帝沒有到過揚州城 [1]。《大清聖祖仁皇帝實錄》(下文以《清實錄》代稱之) 的記事則為：

---

[1] 國史館（校註），《清史稿校註》，第 1 冊（臺北：國史館，1988），頁 204。

（案：康熙二十三年十月）甲寅（案：二十二日），……御舟過
揚州，泊儀真江干。乙卯（案：二十三日），御舟自儀真渡
揚子江，泊鎮江府西門外。……丙辰（案：二十四日），上
幸金山，……遊龍禪寺。御書江天一覽四字。又幸焦山，
午後，自鎮江啟行，往蘇州府。

《清實錄》又記皇帝在返京路中，十一月初五日駐蹕在儀
真。初六日則泊舟在揚州府轄的小鎮邵伯，其後北上京城[2]。
《清實錄》的記載似乎告訴我們：皇帝在第一次南巡時，根本
沒有進入揚州城，只在附近的儀真與邵伯等地泊舟上過夜。

可是事實並非如此，清宮大內珍藏的《康熙起居注》（以下
簡稱《起居注》）中清楚的寫了：「（案：二十三年十月二十二日）上至揚
州，登覽蜀岡棲靈寺、平山堂諸勝，御書『怡情』二字，留題
於平山堂。至天寧寺，御書『蕭閒』二字。上駐蹕儀真江干」[3]。

《起居注》是當日的紀錄，是第一手的史料，內容應該是
絕對可靠的，可見康熙帝在第一次南巡時確實到了揚州城，並
且還遊覽平山堂、天寧寺等著名勝景。《起居注》所記的棲靈寺
顯然是史官以該寺外棲靈塔而改稱的。這座寺廟原名大明寺，
始建於南朝宋大明年間，距今已有一千五百多年的歷史。宋朝
詩人陸游曾稱此寺為「淮東第一觀」。康熙帝及其從臣當然不喜
用「大明」為稱，因而用寺側的另一名勝「棲靈塔」的「棲靈」

---

2 華文書局（輯），《大清聖祖仁皇帝實錄》（臺北：華聯出版社，1964），
卷117，頁9–32。

3 中國第一歷史檔案館（整理），《康熙起居注》（北京：中華書局，1984），
頁1243–1244。

二字稱寺。而棲靈塔始建於隋仁壽元年 (601)，當時隋文帝下令
全國三十州各建一個供養佛舍利的寶塔，建在揚州的是棲靈塔，
塔高九層，高聳入雲，唐朝詩人李白、白居易、劉禹錫以及後
世許多名人都曾登臨此塔，並留下不少詩篇[4]。康熙帝為籠絡
漢人，僅在官家檔冊中改稱大明寺為棲靈寺。乾隆帝後來下揚
州時，直接改掉了寺名，稱之為「法淨」。直到上個世紀八十年
代，揚州市政府才恢復法淨寺原名，再稱為大明寺。平山堂則
是揚州城外的著名景點，在蜀岡之西，是北宋大文豪歐陽修任
揚州太守時所建的，因為在堂前「南望諸山，拱揖檻前，若可
攀躋」，所以稱為「平山堂」。自從平山堂建成之後，歐陽修常
與文士們歡宴於此，曾經「揮毫萬字，一飲千鍾」，也有不少後
人以詩憑弔。天寧寺是揚州的著名古剎，為「南朝四百八十寺」
的名寺之一。寺前數十步有專為康熙皇帝修造的御馬頭，供皇
帝登舟遊覽瘦西湖。康熙皇帝既然為平山堂、天寧寺寫了「怡
情」、「蕭閒」兩件墨寶，可見皇帝到了揚州城，不是只在「儀
真江干」過夜，由此也可以證明《清實錄》中確實缺載此一歷史
事實。

　　康熙皇帝第二次南巡是在康熙二十八年 (1689) 正月初八日
啟程，有關皇帝訪揚州的事，《清史稿》是如此記錄的：

　　　乙未（案：二十七日）……上駐揚州。詔曰：「朕觀風問俗，

---

[4] 請參看：朱江，《揚州園林品賞錄》；潘寶明，《揚州名勝》。李白的「寶
　塔凌蒼蒼，登攀覽四荒」；白居易的「半月騰騰在廣陵，何樓何塔不同
　登，共憐筋力尤堪任，上到棲靈第九層」；劉禹錫的「步步相攜不覺難，
　九層雲外倚闌干」，都是寫棲靈塔的詩句。

卤簿不設，扈從僅三百人。頃駐揚州，民眾結綵盈衢，雖出自愛敬之誠，不無少損物力。其前途經過郡邑，宜悉停止」[5]。

至於皇帝返京途中有沒有在揚州勾留，《清史稿》裏未作記述。而《清實錄》中對康熙二次南巡在揚州的記事，則有如下數條：

一、康熙二十八年 (1689) 正月「乙未（案：二十七日），御舟至揚州，闔郡士民迎駕。是日，泊黃金壩」。

二、「丙申（案：二十八日），御舟泊江都縣陳家灣。上諭江南江西總督……等：朕因省察黎庶疾苦，兼閱河工，巡幸江南，便道至浙，觀風問俗，簡約儀衛，卤簿不設，扈從者僅三百餘人。頃經維揚，民間結綵懽迎，盈衢溢巷，雖出自恭敬愛戴之誠，恐至稍損物力，甚為惜之。……前途經歷諸郡邑，宜體朕意，悉為停止」[6]。

三、三月「庚午（案：初三日），御舟泊揚州寶塔灣」。

四、「辛未（案：初四日），……御舟泊揚州府」。

《起居注》的記事與《清實錄》相近，說明皇帝在正月二十七日駐揚州黃金壩。第二天二十八日，親製上諭，談到民間「結綵歡迎」，「恐致稍損物力」，命總督們「前途經歷諸郡邑，

---

[5] 國史館（校註），《清史稿校註》，第 1 冊，頁 215。

[6] 華文書局（輯），《大清聖祖仁皇帝實錄》，卷 139，頁 14–15；卷 140，頁 2–5。

宜體朕意，悉為停止」[7]。

由此可見:《清史稿》所記的頒降上諭日期不確，比原始檔冊官書早了一天。

《起居注》裏還寫下了皇帝返京途中路經揚州的一些動人記事，該檔冊在三月初四日記:

> 駕至揚州，闔城鄉紳士民皆詣御舟前跪奏曰:「聖上巡幸江南，加恩百姓，振古未有。小民得覩天顏，歡忻之意無窮，瞻仰之願未足，伏祈皇上鑒萬民戀慕之誠，暫停車駕數日」。因長跪不起，再四叩頭祈請。上諭曰:「爾等誠意懇懇，所奏朕已知之」。又將軍博濟、楊鳳翔，……等并大小各官跪奏曰:「皇上臨幸至此，不但臣等歡欣無極，萬民皆受皇上高厚之恩，踴躍瞻仰，出於至誠。附近人民雖幸得迎見聖駕，而遠鄉僻壤尚有未覩天顏者，幸皇上鑒其愛戴之忱，少留信宿」。上諭曰:「朕巡察事畢，急欲遄行，爾等懇懇奏請，已知之矣」[8]。

這一段史料，顯然《清實錄》與《清史稿》裏都缺載了。

康熙三十八年(1699)春天，皇帝第三次南巡。《清史稿》裏只簡略的記載了行程，對皇帝在揚州的記事更是奇少，只寫了「三月丙子（案:初七）車駕駐揚州」以及回鑾時在四月庚申（二十一日）「次揚州」等字，完全沒有談到皇帝在揚州的活動[9]。

[7] 中國第一歷史檔案館（整理），《康熙起居注》，頁1830。

[8] 中國第一歷史檔案館（整理），《康熙起居注》，頁1845-1846。

[9] 國史館（校註），《清史稿校註》，第1冊，頁241-242。

　　《清實錄》比《清史稿》略多，記康熙三十八年(1699)三月「丙子，上駐蹕揚州府」，當日曾降諭河道總督于成龍談治水築堤事。第二天丁丑「在籍守制大學士張玉書、工部左侍郎李柟來朝」。四月庚申，《清實錄》只記皇帝返京途中曾「駐蹕揚州」，沒有其他記事[10]。

　　《起居注》畢竟是原始史料，記載此次南巡至揚州的事比較多，現在開列如下：

　　（案：三月）初七日，丙子，上駐蹕揚州府城內，京口將軍馬三奇、京口協領祖良相、揚州營遊擊李國祥、兩淮運判黃家徵等；原任光祿寺正卿劉楷、原任翰林院編修顧圖河、原任給事中李宗孔、原任御史徐樹穀、原任道員江皋、原任湖廣彞陵總兵官嚴弘、揚州府居住阿達哈哈番楊鑄等來朝。

　　（案：三月）初八日，丁丑，駐蹕揚州府城內。是日，原任工部侍郎李柟、原任布政使汪楫來朝。賜李柟御書「多識畜德」四大字、對聯一幅、唐詩一幅。賜汪楫「游詠清風」四大字並字一幅。原任給事中李宗孔亦賜「游詠清風」四大字並字一幅。又賜揚州府天寧寺僧廣元御書「禪心澄水月」五大字、「佛門堂」三大字、「皓月禪心」四大字、「寄懷閑竹」四大字。興教寺僧廣徽「西來法」三大字。北山寺僧廣證「法律禪」三大字[11]。

10 華文書局（輯），《大清聖祖仁皇帝實錄》，卷192，頁19–20；卷193，頁7。

11 《康熙起居注》，臺北國立故宮博物院藏本，三十八年三月初七日條、

　　在這次南巡的回鑾途中，康熙皇帝又在揚州小住了兩天，時間是四月二十一日庚申及二十二日辛酉。據《起居注》所記，二十二日這一天，皇帝的活動顯然不少，如：

一、傳諭大學士伊桑阿、阿蘭泰談原任給事中李宗孔事。

二、在行宮與伊桑阿、阿蘭泰等談戶部錢糧與兵部人事。

三、談阿蘭泰、伊桑阿二人不耐暑濕清瘦事。

四、詢問侍郎阿山、學士布泰、學士蘇赫納等人年歲及目力等事。

五、賜內大臣侍衛以至護軍等銀各十兩。

六、又賜李宗孔御書「香山洛社」四大字並袍褂。

七、賜原任大學士張玉書銀鼠褂、錦袍、靴帽。

八、又賜原任侍郎李柟御製詩一幅及袍褂。

九、賜總兵梁鼒袍褂。

十、賜兩淮鹽院卓琳御書「紫垣」二大字。

十一、賜原任主事郭士璟御書「泉石怡情」四大字。

十二、賜御史程文彝御書「肅紀守法」四大字。

十三、賜原任道程兆麟御書「歌詠昔賢」四大字。

十四、賜蕪湖關監督翰林院侍講郎啟御書「竹風蘭露」四大字。

十五、為追念已故尚書徐乾學、詹事沈荃，御書「愛清景」及「落紙雲煙」分賜乾學子徐樹穀及沈荃子沈宗敬。

十六、又賜鹽商項起鶴母「壽萱」二大字；鹽商汪森裕「禮年高」三大字。

十七、賜舉人吳廷禎字一幅。

三十八年三月初八日條。

十八、賜天寧寺僧廣元御書詩一章；清涼寺僧紀蔭御書一幅；
　　　焦山寺僧「法雲惠日」四大字；天心寺僧元啟「香阜寺」
　　　三大字、《金剛經》一卷；萬佛庵僧普怡「雲門雪竇」四
　　　大字、《金剛經》一卷。

　　二十三日，皇帝「駐邵伯地方」。按邵伯是揚州轄下的一個
小鎮，但歷史悠久，唐宋名人在此勾留者亦多[12]。
　　以上記事是《清史稿》與《清實錄》中未載的，可以看出
皇帝在南巡揚州時也從事一些政治與文化方面的活動。而以下
一事尤其值得注意，即賜鹽商項起鶴母親「壽萱」二大字及鹽
商汪森裕「禮年高」三大字。皇帝與鹽商有了來往接觸，此事
確實非比尋常。
　　康熙四十二年 (1703) 正月壬戌（十六日），皇帝自北京出發，
開始了第四次南巡。關於這次南巡《清史稿》僅記述正月出發，
三月中返京，沿途經過的大城也只談到江寧、蘇州、杭州等地，
文字非常簡略[13]。
　　《清實錄》則記揚州事較多，說到二月辛巳（初六日）「御舟
泊邵伯」；第二天「御舟過邵伯更樓」，降諭河道總督張鵬翮指
示山東饑民等問題。同日，「上臨幸揚州，闔郡紳衿士庶，跪迎
聖駕，上駐蹕揚州府城內」。
　　同年二月皇帝回鑾，在途中也將「御舟渡江，泊寶塔灣」。
寶塔灣是揚州近郊的名勝，有古寺等重要景點。第二天，皇帝

---

[12]《康熙起居注》，臺北國立故宮博物院藏本，三十八年四月二十一日條、
　三十八年四月二十二日條、三十八年四月二十三日條。
[13] 國史館（校註），《清史稿校註》，第 1 冊，頁 252。

一行就揚帆返京了[14]。

《起居注》中對此次南巡的記述也不算多，約有：二月初六日「御舟過高郵州，泊舟邵伯」；二月初七日，「上過邵伯更樓」，「是日，上至揚州登岸，以閱民生。過城內，闔城士庶，扶老攜幼，設香案，星羅霧集，爭覩天顏。上出揚州城，泊舟寶塔灣，揚州知府左必蕃來朝」。在返京途中，皇帝的御舟也曾在二月廿九日「泊寶塔灣」[15]。

康熙的六次南巡中，以第五次南巡留下的資料最多。儘管《清史稿》只記了康熙四十四年(1705)三月乙巳（十一日）「上駐揚州」這幾個字，我們仍可以從《清實錄》找到許多相關記載：三月乙巳「御舟泊揚州府城北高橋」。當日皇帝降諭河道總督張鵬翮，命他重視河道工程告成後的若干善後事項。同月十二日，清明節，皇帝派官祭列祖陵墓，當晚住進了寶塔灣行宮。這一天來朝的有閩浙總督金世榮、浙江巡撫張泰交、福建巡撫李斯義多人。同月十三日，皇帝同意了九卿與張鵬翮合議作成的治河方略，又下令升梁世勳為山東按察使。十四日，御舟離開揚州[16]。同年閏四月初一日，皇帝在返京途中又回到了揚州，住進寶塔灣行宮，《清實錄》將之詳載如下：

甲午朔（初一日），「駐蹕寶塔灣」。

乙未（初二日），除處理刑部、吉林將軍及賜護軍銀兩外，又

[14] 華文書局（輯），《大清聖祖仁皇帝實錄》，卷211，頁12、18。

[15] 《康熙起居注》，臺北國立故宮博物院藏本，四十二年正月諸條、四十二年二月諸條。

[16] 華文書局（輯），《大清聖祖仁皇帝實錄》，卷219，頁14–17。

降諭「明日啟行」返京。但是「地方官及商民，再四懇求，留駕數日。得旨：因爾等懇求，朕再留一日」。

丙申（初三日），「御書『正誼明道』匾額，令懸董仲舒祠。『經術造士』匾額，令懸胡安國書院。『賢守清風』匾額，令懸平山堂。賜扈從領侍衛內大臣公福善、大學士馬齊等香緞等物，福善等謝恩跪懇曰：『蒙恩浩蕩，賜臣等之物甚多，且賞賚官兵銀兩，俱欲在此置買土物，祈皇上再留二日，臣等方有暇料理』。得旨：爾等既懇求，可再留二日」。

戊戌（初五日），「賜大學士張玉書、陳廷敬、戶部尚書徐潮、禮部侍郎胡會恩、都察院左副都御史陳詵等御書」。

己亥（初六日），「上自寶塔灣登舟啟行」[17]。

據此可知：皇帝在回程中竟在寶塔灣又住了五天，時間不算短；而在懇求皇帝多留在揚州的臣民中出現「商民」，也值得我們注意。

至於《起居注》的記事，因為海峽兩岸收藏的資料中都不見這一年以及第六次南巡即康熙四十六年（1707）的記載，因此我們也無法窺知詳情。

有關康熙皇帝第六次南巡的事，《清史稿》記錄的不多，對揚州一地發生的事也隻字未提。《清實錄》則略有記述，說皇帝於二月二十七日「庚戌，御舟泊揚州府。是日，揚州紳衿、商民等跪迎聖駕」。當天皇帝曾賜給致仕大學士張英「世恩堂」匾額及對聯、書籍、人參等物。又降諭嚴加議處河道失職官員。第二天，皇帝「駐蹕揚州府寶塔灣行宮」。三月初一日才離開揚

---

[17] 華文書局（輯），《大清聖祖仁皇帝實錄》，卷220，頁12–15。

州。回程又於四月二十四日住進寶塔灣行宮，二十九日離開揚州北上返京[18]。由此可知：皇帝這一次前後在揚州住了十一、二天，寶塔灣行宮顯然是他喜愛的住所。

康熙皇帝六下江南，為什麼愈後愈喜歡揚州呢？寶塔灣行宮何以為他所愛呢？《清史稿》、《清實錄》甚至《起居注》裏都沒有為我們提出答案。所幸有些當時大臣的祕密奏摺與私家的記述仍存於世，為我們留下了不少內幕祕聞，現在就讓我們來看看這些珍貴的文字吧！

清朝自康熙帝開始就提倡親信大臣為皇帝進呈祕密報告，史家稱為密摺制度。密摺可以不通過中央通政使司登記，不由大學士們先看內容簽註處理方法，而由大臣直接送到宮中太監主持的奏事處，然後逕呈皇帝閱看。皇帝看後作些批示，再直交奏事人，所以這種密摺的內容，常是皇帝與少數大臣之間的通訊，外人是不得知曉的。康熙南巡期間，留下不少皇帝與曹寅、李煦等人之間的通信。曹、李二人出身內務府，當時在江蘇揚州與蘇州一帶當鹽務官員，頗得皇帝的信任。故宮博物院珍藏的清宮祕檔，曹寅等人的密摺也在收藏之中。民國以後，經專家學者編印成書，如《關於江寧織造曹家檔案史料》、《李煦奏摺》等等，其中記述了一些當日康熙南巡的資料，頗能反映史實的真象。

康熙四十一年 (1702) 八月，皇帝在江南鹽官李煦的一份密摺上，批了如下的指示：「爾等三處千萬不可如前歲伺候。若有違旨者，必從重治罪」[19]。

---

[18] 華文書局 (輯)，《大清聖祖仁皇帝實錄》，卷228，頁22–23；卷229，頁14。

這裏所說「前歲伺候」是指康熙三十八年 (1699) 第三次南巡的一切接待事項。又說「若有違旨者，必從重治罪」，顯然是李煦等人的接待過分豪奢浪費了。究竟是那些事讓皇帝講出如此重話，我們不得而知，不過一定是人力與財力等方面的問題。然而康熙帝雖已發出如此警告的批語，曹、李等人似乎毫不在乎，又為皇帝第四次南巡營建行宮。

原來康熙皇帝第三次到揚州時，是奉皇太后鑾輿偕行的，看到茱萸灣的寶塔「歲久寢圮」，很想「頒內帑略為修葺」。茱萸灣古稱臨灣坊，是大運河東行通海、北上淮泗的必經之地，當地因遍植茱萸，又稱茱萸灣。隋煬帝三下揚州，都是在茱萸灣登陸。這個河灣旁有座古寺，原名天中寺，因寺中有高塔「天中」故名。康熙帝重修古塔之後，也改寺名為高旻寺。現今寺中仍有康熙帝手題的「敕建高旻寺」漢白玉石額，在皇帝自撰的「高旻寺碑記」中，說到「眾商以被澤優渥，不待期會，踴躍赴功，庀材協力，惟恐或後，不日告竣」。據此可知：鹽商在鹽官的引導下，出錢為皇帝服務。康熙帝賜御書給鹽商，相信多少與此有關。

康熙四十三年 (1704) 十二月初二日，江寧織造曹寅給皇帝進呈了一件密摺，其中有：「所有兩淮商民頂戴皇恩，無由仰報，於臣寅未點差之前，敬於高旻寺西起建行宮，工程將竣，羣望南巡駐蹕，共遂瞻天仰聖之願」[20]。說明茱萸灣或寶塔灣的行

[19] 故宮博物院明清檔案部（編），《李煦奏摺》（北京：中華書局，1976），頁 21。

[20] 故宮博物院明清檔案部（編），《關於江寧織造曹家檔案史料》（北京：中華書局，1975），頁 28。

宮即將完工，歡迎皇帝及早南巡，這也是康熙在兩年之間有兩
次南巡的主要原因。

寶塔灣行宮修建得那麼快，據現存的史料記述，鹽官與鹽
商們都出了很多錢。皇帝在事後想給大家加封官職，令內務府
議敘，內務府官員向皇帝報告說：

> 曹寅等在寶塔灣修建驛宮，勤勞監修，且捐助銀兩。查
> 曹寅、李煦各捐銀二萬兩，李燦捐銀一萬兩。彼等皆能
> 盡心公務，各自勤勞，甚為可嘉，理應斟酌捐銀數目，
> 議敘加級；惟以捐銀數目過多，不便加級，因此請給彼
> 等以京堂兼銜，給曹寅以通政使司通政使銜，給李煦以
> 大理寺卿銜，給李燦以參政道銜。通州分司黃家正，於
> 修建驛宮時，既很勤勞，請加二級[21]。

鹽官們得到了加銜的賞賜，那麼鹽商們有沒有事後的獎賞
呢？清宮史料披露，他們獲得的回報更多。康熙四十四年 (1705)
皇帝先傳諭大學士等官員說：「⋯⋯皆鹽商自身出銀建造者。著
問曹寅，彼等出銀若干，議奏給以虛銜頂戴」[22]。除了賞給虛
銜以外，不少鹽商還得到實質的利益，例如皇帝准許兩淮行鹽
之地的鹽商自行抬高鹽價[23]。皇宮中又發出內帑貸給鹽商，只
收低利息以協助其經營[24]。可見鹽商在接待與修建驛宮的行動

---

[21] 故宮博物院明清檔案部（編），《關於江寧織造曹家檔案史料》，頁
30-31。

[22] 故宮博物院明清檔案部（編），《關於江寧織造曹家檔案史料》，頁 30。

[23] 故宮博物院明清檔案部（編），《李煦奏摺》，頁 26-29、252-253。

中名利雙收，沒有白花銀子。而有關鹽商的事，讀者可參考閱讀王振忠教授的專書《明清徽商與淮揚社會變遷》。

　　康熙第五次南巡揚州，還有一件珍貴資料應該一述，那就是清末汪康年發現的《聖祖五幸江南全錄》。這是一份鈔本，收錄在汪氏編成的《振綺堂叢書》中。汪氏於壬辰（光緒十八年，1892）入京會試時，看到了這部珍本。汪氏說：「是書雖記巡幸，然旁見側出，頗足考見當時情事」；又說：「至著書之人得按日記載，自是隨扈之人；但書中屢有『探聞』字樣，則亦非得日近天顏，疑是京僚之奔走王事者」[25]，他的分析應該是可信的。

　　既然是「全錄」，當然內容包括皇帝所有的行程，揚州的記事只是其中的一部分，現在就將這一部分的文字錄在下面，供讀者欣賞：

　　（案：康熙四十三年三月十一日）至晚抵揚州黃金壩泊船，有各鹽商匍匐叩接，進獻古董、玩器、書畫不等候收。揚州舉人李炳石進古董、書畫不等，上收蘇東坡集一部，……。

　　十二日，皇上起鑾乘輿進揚州城，……總漕桑（案：桑格）奏請聖駕往砲長河看燈船，俱同往平山堂各處遊玩。……皇上過鈔關門上船，開抵三汊河寶塔灣泊船。眾鹽

[24] 王世球（等纂），《兩淮鹽法志》，收入：于浩（輯），《稀見明清經濟史料叢刊》，第1輯，第8冊（北京：國家圖書館出版社，2009），卷31，頁10。

[25] 《聖祖五幸江南全錄》，收入：汪康年（輯），《振綺堂叢書初集》（臺北：文海出版社，1970），頁107。

商預備御花園行宮。鹽院曹（案：曹寅）奏請聖駕起鑾，
同皇太子、十三阿哥、宮眷駐蹕，演戲擺宴。……晚戌
時，行宮寶塔上燈如龍，五色彩子鋪陳古董詩畫，無記
其數，月夜如畫。

　　十三日，皇上行宮寫字、觀看御筆親題……。

　　十四日，皇上龍舟開行，往鎮江，過瓜洲四閘。……
將軍馬（案：馬三奇）、織造曹（案：曹寅）、中堂張（案：張
玉書）公進御宴一百桌。……織造曹進古董等物，上收玉
杯一隻、白玉鸚鵡一架。……又揚州府鹽商進古董六十
件。又進皇太子四十件，各憲亦進皇太子古董，物件不
等[26]。

　　上引文中「三塗河」一作「三岔河」及「三汊河」。「砲長
河」原名「保障河」，全長六華里，本是揚州的護城河，自康熙
南巡後，鹽商在河岸植柳種桃，以「壯郊原名勝之觀」，這條河
現稱瘦西湖，為國家級的著名景點。

　　《聖祖五幸江南全錄》中也記載了康熙皇帝回鑾返京時在
揚州的一些活動，全文如下：

　　（案：閏四月）初一日，……皇上起駕登舟，巳刻至二十
里鋪，有江寧織造兼管鹽院曹（案：曹寅）帶領揚州鹽商
項景元等，叩請聖駕。午刻，御舟到三岔河上岸，進行
宮遊玩。駐蹕御花園行宮。眾商加倍修理，添設鋪陳古

---

[26] 《聖祖五幸江南全錄》，收入：汪康年（輯），《振綺堂叢書初集》，頁
19–23。

　　玩精巧，龍顏大悅。……進宴演戲。

　　初二日，……兩淮鹽院曹進宴演戲。

　　初三日，……皇上在行宮內土堆上觀望四處景致，上大悅。隨進宴演戲。

　　初四日，……上即在行宮內荷花池觀看燈船。進宴演戲。

　　初五日，……文武官員晚朝。進宴演戲。

　　初六日，……晚朝。進宴演戲[27]。

　　以上所記，應該是可信的，對康熙第五次南巡活動，確有補充與發明之功。我所謂的補充與發明，當然指《清實錄》與《起居注》等官方史料不見的，特別是「進古董、玩器、書畫」以及「進宴演戲」一類事。這些官商逢迎與玩物喪志的事，有損皇帝的形象，官書裏當然必須隱諱甚至刪除不記。

　　說到演戲，這是康熙極為喜愛的一項嗜好。不但在揚州夜夜看戲，就連在蘇州、杭州、江寧等地，《聖祖五幸江南全錄》中也記「織造李煦進御宴、名戲等」、「上親點太平樂全本」、「行宮內傳清客演申雜劇」、「命女樂清唱」等等，可見康熙在南巡江浙各地期間，每日徵歌逐宴，大過戲癮。

　　綜合以上所述，我個人對康熙南巡揚州有幾點感想：

　　第一，清代官方的書檔，如《起居注》、《清實錄》等，固然是治清史學者必參考的史料，但因是官書，多少對帝王行事常有隱諱，不能視為絕對完美的資料。康熙南巡事跡，就可以

---

[27] 《聖祖五幸江南全錄》，收入：汪康年（輯），《振綺堂叢書初集》，頁93–96。

證明此一缺失。

　　第二，康熙南巡期間，以揚州一地看來，前幾次停留的時間不多，活動也比較高雅。最後兩次則勾留在十日以上，顯見皇帝對揚州的「好感」愈來愈多，興趣愈來愈大，而使皇帝有好感的原因可能與吃喝玩樂有關。

　　第三，自第三次南巡以後，皇帝到南方巡察的性質顯有改變，「閱視河工，巡訪風俗」，了解民間疾苦，聯絡漢族士人等等固然是主要原因，但是修建寶塔、行宮、收集古玩字畫以及進宴演戲等等，也變成南巡活動中的重要部分。揚州日後風行的「窮烹食、狎優伶、談骨董」三好，似乎與皇帝南巡有關。

　　第四，康熙皇帝南巡時，因為官員們的逢迎，商人的「慷慨捐輸」，興起了瘋狂消費之風，大家不惜重金的修寶塔、建行宮、獻古董、演戲曲，為的是討個皇帝的歡心。皇帝在南巡返京後又對官員們賞賜官銜、給鹽商們賞官銜、貸內帑、抬高鹽價，完全是彼此政治、財經利益的互相輸送。當初皇帝一再強調「一切應用之物，具備自內府」等語，根本變成謊言。

　　第五，皇帝每次南巡，不是輕車簡從、幾十人扈從而已。因為一路上皇帝還在辦公，除宮眷多人隨行之外，跟隨的官員也不少。自北京南下的文武官員兵丁往往會動員到幾千人或更多，地方上的接待工作不但辛苦，而且所費甚多，真是「苦累官民」，勞民傷財，若說是「秋毫無犯」是不可能的。關於營造行宮一事，有人就說：「三汊河干築帝家，金錢濫用比泥沙」[28]，

---

[28] 張符驤，《自長吟・卷10・竹西詞》，收入：清代詩文集彙編編纂委員會（編），《清代詩文集彙編》，第212冊（上海，上海古籍出版社，2010），頁643。

《紅樓夢》第十六回中也說「把銀子花的像淌海水似的」；曹家「接駕四次……也不過拿著皇帝家的銀子往皇帝身上使罷了！」[29] 這些描寫濫花金錢的事實，確是造成曹寅、李煦及兩淮鹽務衙門大虧空的原因。本文披露的史實應該可以證明：如果說乾隆帝南巡使鹽務敗壞，不如說康熙帝是始作俑者。

第六，康熙愛戲曲是當時京城內外臣工們都知曉的，曹寅在揚州為皇帝安排演戲，李煦在蘇州也不甘人後，在這方面「克己辦公」，據說皇帝第四次南巡時，他「延名師，以教習梨園，……衣裝費至數萬，以致虧空若干萬」[30]。李煦不但在蘇州招待皇帝看戲，並且還為皇帝尋找戲曲高手入京。有一次他向皇帝報告說：「切想崑腔頗多，正要尋個弋腔好教習，學成送去，無奈遍處求訪，總再沒有好的。今蒙皇恩特著葉國禎前來教導」[31]。揚州學者焦循也提到「聖祖南巡，江蘇織造臣（案：李煦）以寒香、妙觀諸部承應行宮，甚見嘉獎，每部中各選二三人，供奉內廷」[32]，可見戲子入京，供應宮中是確實的。法國傳教士白晉 (Joachim Bouvet) 也曾經寫下：「（案：康熙）皇帝到南京巡視江南省，人們根據習慣，以朝貢的方式給進獻了七個美女」[33]。

[29] 曹雪芹（撰），饒彬（校注），《紅樓夢》（臺北：三民書局股份有限公司，2005），頁 161。

[30] 李銘皖（等修），馮桂芬（等纂），《江蘇省蘇州府志》（臺北：成文出版社有限公司，1970），卷 148，頁 35。

[31] 故宮博物院明清檔案部（編），《李煦奏摺》，頁 4。

[32] 焦循，《劇說》（上海：古典文學出版社，1957），頁 130。

[33] 白晉 (Joachim Bouvet)（著），馬緒祥（譯），《康熙帝傳》，收入：中國社會科學院歷史研究所清史研究室（編），《清史資料》，第 1 輯（北京：中華書局，1980），頁 193。

白晉與康熙很有交往，他的話是可以參考的，難怪有人說：「蘇浙南巡六度臨，宮中從此有南音」；原詩還加註說：「聖祖晚年，宮中始有漢姓女子六七人，傳多蘇杭籍，然皆無位號。至六十一年，始尊封貴人，或稱庶妃。列帝系考」[34]。這些「南音」是不是戲曲演員不敢說，但南巡使得宮中有了江南佳麗卻是不爭的事實。

　　康熙皇帝南巡的確有一些可議之處；但是他畢竟是一位可以稱頌的君主，尤其在繁榮揚州一地的經濟、提高揚州在全國的知名度，以及給揚州留下不少歷史紀念景物等方面，他的南巡仍是有貢獻的。西洋人有諺語說：「權力使人腐化」，政治人物不都有這樣的通病嗎？康熙的過錯實在不算深重，我們又何必苛求他呢？

---

[34] 枝巢子（譔），《清宮詞》（臺北：純文學出版社有限公司，1986），頁30。

康熙皇帝嚴管太監

　　清朝中央政府在許多建置上都沿襲了明朝的制度，但是為皇家服務的太監單位，卻沒有仿行明制，而特設一個名叫內務府的衙門，擔當「內廷差事」。

　　內務府的設立，可以從兩個背景去觀察。一是滿洲人在關外創建龍興大業時，於每次戰爭中所獲的俘虜，很多被編為「包衣」。「包衣」滿洲話作 "Booi"，「包」是「家」的意思，「衣」是虛字，合起來作「家裏的」，引申為「家丁」、「家僕」，實際上是一批八旗領導人的家奴。他們隨著清軍入關，照舊為滿洲貴族家中作一切服務性質的工作。另一個背景是明朝的太監為害實在可怕，無論是在國家的行政上、軍事上、司法上，或是財政經濟上，明朝太監都能處處干政、時時干政，他們與外廷官員爭權，終於成為明朝衰亡的一項重大原因。滿洲人入主中原、定鼎北京之後，明朝投降的太監為數很多，而且餘威尚存，他們「每遇朝參，行禮在文武諸臣之前」，權勢仍有過大之嫌。多爾袞等人以明末太監亂國為鑑，決定不仿照明制，設立十三衙門，而以新創的內務府為皇家服務，並管理太監。不過，多

爾袞只攝政了七年，此情況在他死後起了很大的變化。親政的
順治皇帝以內務府事務繁多為由，降旨恢復明朝的舊制，設立
太監的十三衙門，此舉實際上也與貴族權臣鬥爭有關[1]。當時
有滿洲大臣屠賴上奏諫阻，認為「不必專立衙門名色」，希望仍
使內務府存在。順治皇帝則說：「因分設衙門，使各司其事，庶
無專擅欺矇之患」，堅持「著仍照前旨行」[2]。入關之初，滿洲
貴族們的舊勢力是很強大的，順治帝也不得不在此一事件上向
他們妥協，因而另外下令限制了太監的地位、權力與活動，例
如太監品級「不過四品」、不許太監結交外官、不准太監離開皇
城、太監不得購買田地產業等等，而且聲明：「衙門雖設，悉屬
滿洲近臣掌管，事權不在寺人……與歷代迥不相同」。話雖如此，
順治帝後來還是依恃太監、利用太監，致太監的勢力日益坐大。
順治帝英年早逝，在太監勢力羽毛未豐之時，康熙皇帝繼承了
大位，滿洲守舊元老重臣們藉著輔政的權力，推行了改革的新
政。他們認為努爾哈齊與皇太極時代都未設宦官，而明朝亡國
實與委用宦寺有關，所以用年幼新君康熙的名義，下令將「十
三衙門，盡行革去」，「以三旗包衣仍立內務府，……收閹宦之
權，歸之旗下」，這是王慶雲在《熙朝紀政》一書中的簡要說法[3]。
事實上清朝官書《大清聖祖仁皇帝實錄》中記載得更詳盡，開

---

[1] 華文書局（輯），《大清世祖章皇帝實錄》（臺北：華聯出版社，1964），
卷77，頁3。

[2] 華文書局（輯），《大清世祖章皇帝實錄》，卷76，頁16。

[3] 王慶雲，《熙朝紀政》，收入：中國野史集成續編編委會、四川大學圖
書館（編），《中國野史集成續編》，第26冊（成都：巴蜀書社，2000），
卷3，頁1-2。

宗明義就提到:「……歷代理亂不同,皆係用人之得失,大抵委
任宦寺,未有不召亂者」。康熙帝的諭旨中又引用了他父親順治
帝遺詔中的話:「祖宗創業,未嘗任用中官,且明朝亡國,亦因
委用宦寺」,同時對太監吳良輔等人的罪行大加責斥,說他們「廣
招黨類,恣意妄行」,「權勢震於中外,以竊威福。……內外各
衙門事務,任意把持」。因此「十三衙門,盡行革去,……內官
俱永不用」[4]。康熙皇帝在親政以後,更設立敬事房專管內監
事務,凡宦官的任免遷調,都由內務府移咨吏部及敬事房辦理。
敬事房又名宮殿監辦事處,設總管、副總管等職官,成立時間
在康熙十六年 (1677) 五月[5]。十三衙門盡皆革除,對太監而言實
在是重大打擊,加上康熙皇帝此後嚴治太監,逼使太監「敬謹
畏法,小心供役」,清朝太監的悲慘命運從此註定了。

　　康熙皇帝為什麼要對太監嚴加管制呢? 這可能與他熟讀中
國歷史有關,以下幾則記事,也許可以讓我們看出一些端倪。
康熙二十九年 (1690) 三月二十九日《康熙起居注》裏關於皇帝讀
《通鑑》論斷談話中有一條記:

> 上閱漢元帝時蕭望之自殺,以石顯為中書令論曰:宦寺
> 之為害最烈,皆人主不能慎之於始,以為微而易制,及
> 寵之以爵祿、授之以事權,遂至驕恣橫肆,如弘恭、石

---

[4] 華文書局 (輯),《大清聖祖仁皇帝實錄》(臺北:華聯出版社,1964),
卷1,頁21-22。

[5] 內務府 (輯),《欽定宮中現行則例·卷4·太監》,收入:沈雲龍 (主
編),《近代中國史料叢刊續編》,第624冊 (臺北:文海出版社,1979),
頁1。

顯擅作威福，敢於戕害大臣，而毫無忌憚之心。易曰：
童牛之牿，豶豕之牙，當防之於未然也[6]。

康熙三十三年 (1694) 閏五月十四日《康熙起居注》中又記：

……上顧大學士伊桑阿等曰：朕觀古來太監善良者少，
要在人主防微杜漸、慎之於始。苟其始縱容姑息、侵假
事權，迨其勢既張，雖欲制之，亦無如何。如漢之十常、
唐之北司，竊弄威權，甚至人主起居服食，皆為所制，
非一朝一夕之故，由積漸使然也。

康熙皇帝還談到他對太監的觀感，認為：「太監原屬陰類，
其心性與常人不同。有年已衰老而動若嬰兒，外似謹厚，中實
叵測」[7]。康熙五十二年 (1713) 四月二十日，皇帝與大學士等討
論《明史》的內容時，又說：「明季行兵，多用太監管領，以致
滅亡」[8]。第二年六月初六日，康熙皇帝在審決太監李進忠「訛
詐金銀、逼賣人命」案件之後，向起居注官、御史、學士等官
員說：

明朝末年，去朕降生之年十有一載，自朕御極之年計之，
相去止二十一載。明萬曆時太監以及官員，朕俱曾任使。
伊等曾向朕奏過。……明末時，謂流賊自南而來，將兵

[6]《康熙起居注》，臺北國立故宮博物院藏本，二十九年三月二十九日條。
[7]《康熙起居注》，臺北國立故宮博物院藏本，三十三年閏五月十四日條。
[8]《康熙起居注》，臺北國立故宮博物院藏本，五十二年四月二十日條。

盡發往保定府。後流賊自居庸關入，跳越京師南關，攻
城克取。太監等則詆之官員，官員等則詆之太監，……
此皆太監等專權悮事之故。彼時人主不出聽政，大臣、
官員俱畏太監。且朕自幼使令太監，已經年久，深知伊
等情性，與尋常男女迥異。今宮中使令，無太監不可，
故使之耳。朕豈肯以權假此輩，致傷臣工乎？

接著皇帝又說：

萬曆間，時值太平，太監奏稱，庫內積銀二百萬兩有餘，
應入大內，遂將銀盡收入於養心殿後，掘窖埋藏。後欲
取用，開窖時，悉被盜，無有矣。所以我朝耆舊常言，
明代人主之所經營，徒齎太監耳[9]。

從以上的談話中，我們可以看出康熙皇帝乃是總結中國歷
史提出他的想法，他認為太監的心性不同於平常人；太監「外
似謹厚，中實叵測」；太監愛攬權、貪財、逼害忠良大臣；總之，
太監善良者少，人主應「防微杜漸、慎之於始」，不能絲毫縱容
姑息，否則太監必為害至巨。

康熙皇帝為不讓太監「侵假事權」，令他們畏法守法的在宮
中服務，六十年如一日嚴厲的整治太監。現在把史料中可以查
出的太監犯案事件，列其重大者如下：

康熙二十九年 (1690) 二月，「太監孔成因刎頸，以孔成為宮

---

[9] 中國第一歷史檔案館（整理），《康熙起居注》（北京：中華書局，1984），
頁 2093。

院內行走之人，持有刃物刎頸者，甚厭惡，將孔成即議奏斬決。奉旨：改孔成擬斬罪，候秋決」[10]，太監動刀自刎也得處死。

康熙三十三年 (1694) 閏五月十四日《康熙起居注》記：

> 三法司題：太監錢文才打死民人徐二，擬絞監候，秋後處決。太監李進學應枷號四十日，鞭一百。上曰：「凡太監殺人斷不可宥。伊等倚仗在內行走，肆行作惡，情甚可惡，尤宜加等治罪。錢文才此案，爾等記之，至秋審時，勿令倖免。李進學著發往黑龍江與新滿洲披甲之人為奴」[11]。

康熙三十三年 (1694) 十月三十日《康熙起居注》又記：

> 刑部題：太監馬進朝帶常在進隆宗門，皆宜立斬。其守門護軍校葉倫額、護軍巴西等、筆帖式查海等皆宜立絞。……上曰：「係太監帶進，與他稍異。伊等皆從寬免死，各枷號三個月、鞭一百」[12]。

按清朝宮制，皇帝的妻妾分皇后、皇貴妃、貴妃、妃、嬪、貴人、常在、答應等名稱，以示地位高下。此次太監馬進朝帶了一位常在進入隆宗門，違犯了宮中規定。皇帝寬仁，只處死

---

[10] 中國第一歷史檔案館（編譯），《康熙朝滿文硃批奏摺全譯》（北京：中國社會科學出版社，1996），頁1513。

[11] 《康熙起居注》，臺北國立故宮博物院藏本，三十三年閏五月十四日條。

[12] 《康熙起居注》，臺北國立故宮博物院藏本，三十三年十月三十日條。

了馬進朝，其他不是太監的人都從寬免死。

康熙五十年 (1711) 十月初七日刑部等衙門題奏中有：

> 太監劉進朝開店容留大盜方貴等，將方貴等偷盜衣服等
> 物明知折算店錢，相應充發黑龍江一疏。上曰：太監宜
> 安靜在內，向外開店容留賊盜，將劫奪財物明知折算，
> 殊屬可惡，應當正法。本發還，著將劉進朝擬決具奏[13]。

顯然太監劉進朝後來被判了死刑。

康熙五十二年 (1713) 十月十六日《康熙起居注》又記：

> 清茶首領太監孫國安將上用之物，偷出與外人交易。妄
> 以內中消息告人，索取賄賂，甚為可惡。將孫國安擬斬
> 監候，秋後處決。其聽孫國安指示之太監高進朝及與內
> 監等交通互相與受之侍衛德通等擬絞監候，秋後處決。
> 孫國安等所得贓銀追取入官。

皇帝對刑部的這一判決建議先命刑部確實追究商人被逼賄
賂事的真實情形，再上奏作最後決定。經過刑部快速審理，在
同月二十七日上奏，呈報偷賣皇帝衣物與索賄事都是事實，康
熙帝說：「孫國安依議擬斬」，另外太監高進朝「絞監候，秋後
處決」[14]。太監犯大罪是必死無疑的。

康熙五十三年 (1714) 六月初六日《康熙起居注》裏又記載了

---

[13] 《康熙起居注》，臺北國立故宮博物院藏本，五十年十月初七日條。
[14] 《康熙起居注》，臺北國立故宮博物院藏本，五十二年十月十六日條。

這樣的一案：

> 原任尚書希福納叩閽，稱伊家人長命兒等，夥同太監李
> 進忠等，訛詐金銀，逼賣家人一案。查長命兒等夥行訛
> 詐是真，照例擬立斬。太監李進忠等，雖無與希福納家
> 人同行訛詐之處，但既為太監，恣意往人家管事，殊屬
> 不合，因此將李進忠枷號三個月，鞭一百。希福納盜竊
> 錢糧是真，照例擬斬監候。……上曰：「希福納從寬免死，
> 銀兩照常追取。太監等著擬死罪」[15]。

刑部原判枷號、鞭笞的太監被皇帝改判死罪了，可見康熙帝處死太監從不手軟。文中「叩閽」是說臣民到宮門叩頭訴冤，「閽」字有「宮門」之意。

同年八月十二日，刑部又向皇帝報告：太監張國棟與二格角口，將二格顙門等處打傷致死。認為「張國棟應照律擬絞監候，秋後處決」。皇帝的看法則是：「此案議太監張國棟罪，止照平常鬥毆殺人律」判決有些不對，因為「太監等打死人，有即行正法之例」[16]。張國棟顯然活不到秋後了，而且不是絞刑，可能不能留個全屍，要身首異處了。

康熙六十一年 (1722) 九月十九日，一份用滿洲文寫的內務府奏摺裏談到太監金廷林醉酒吵鬧事。這位金姓太監酒後「高聲吵鬧」，同飲的與值更的太監阻勸不聽，因而驚動了大太監張其林。金廷林「借酒力發怒而出，繫有刀帶子，連張其林祖父

---

[15] 中國第一歷史檔案館（整理），《康熙起居注》，頁 2092–2093。

[16] 中國第一歷史檔案館（整理），《康熙起居注》，頁 2108。

齊罵並欲拚命」。此案經內務府官員詳審後確認，金廷林被判了「斬監候秋後處決」[17]。

　　以上是一些太監殺人、容留大盜、偷竊皇帝衣物、索取官員賄賂、鬥毆傷人致死、醉後喧鬧宮禁等等案件，處太監以死刑的例子。另外還有若干案情較輕而太監也受罰的事例，也值得我們一看。例如：

　　康熙三十六年 (1697) 九月初一日《康熙起居注》記：太監劉進朝逃出宮禁而且向官員訛詐。皇帝認為：「劉進朝乃禁內使役太監逃出殊為可惡。況於所逃之處，將地方官嚇詐，此即係光棍，應處以光棍例，著照此例議奏。嗣後若有太監逃出訛詐者，俱照此定罪」[18]，刑部當然照著皇帝的話去做。

　　康熙四十五年 (1706) 夏天又發生了一件太監出逃案，據大學士奏報：刑部的審理結果，有惡棍將太監寶明破臉用迷藥拐走，因而判惡棍「立絞」，寶明則「無庸議」罪。皇帝的想法不同，他說：「太監有所往，必告之首領而出，依限而還，時刻不爽，立法甚嚴。如寶明不逃，何以出去？寶明顯係逃走。所問口供既交該部，竟不議出逃走情由。……爾等當詳核」。經過三天的調查審核，在五月初八日，大學士馬齊向皇帝呈報說：「臣等遵旨以用藥迷拐太監寶明事問刑部堂、司官。據云，計太監寶明被獲之日，尚未滿二十日，是以不議作逃走」，皇帝卻認為「寶明出逃已二十日，何以議為不逃」，命令「另議具奏」[19]。相信寶明要被判處光棍例了。

---

[17] 中國第一歷史檔案館（編譯），《康熙朝滿文硃批奏摺全譯》，頁 1512–1513。
[18] 《康熙起居注》，臺北國立故宮博物院藏本，三十六年九月初一日條。
[19] 中國第一歷史檔案館（整理），《康熙起居注》，頁 1974、1976。

　　同年七月間，正白旗胡蘭家福興的女兒叫三孩子的，賣給同旗雅奇家後「縊死」。福興率眾到雅奇家毆打蘇一鳳。司法機關後來議決將福興鞭八十，福興之妻的表弟太監張玉與毆打事無關，「無庸議」。皇帝對這樣的判決不滿，並且說：「毆打蘇一鳳之事，議與太監張玉無干。朕平時不許太監生事，法禁甚嚴。此事既與張玉無涉，何故同往乎？此皆該管首領約束不嚴，使張玉得乘暇前往。著將張玉及該管首領一併嚴加議處」[20]。

　　康熙五十三年 (1714) 六月二十八日，內務府呈報給皇帝的一份滿文奏摺裏說：南府與景山的太監郭二、姚國柱、單養性、何金忠等人，乘著大太監高玉慶腿斷養病、范昌前往坐更、春志前往巡邏之時，在熄燈後又點燈賭博，經內務府官員查證屬實，認為如此違禁行為「殊屬可惡」，決定給他們「各枷號兩個月，鞭百」。大太監等也以「平素並未嚴管」，分別以五十至八十的鞭打作處分。皇帝大體上同意了這樣的判決，不過給大太監們的處罰作了一些修改：「高玉慶等議鞭之人，俱折贖」[21]，讓他們花錢消災。

　　康熙五十五年 (1716) 四月二十四日內閣學士渣克旦上了滿文奏摺給皇帝，奏文中談到太監李晉朝當時陪同到熱河打獵時，因為他臀部生了癤子，而所乘的馬匹又瘦又顛，於是他就跟鑲黃旗富壽牛彔下牽馬披甲人坡廉換馬。後來坡廉自刎死亡了，李晉朝被認為涉嫌重大，不過經調查之後，坡廉臉上只有「發紅破傷」，「均係撞傷，自刎是實」。主事大臣「照凡為某事威逼他人自刎者，則杖一百之律例，杖一百准折鞭百，仍追取辦喪

---

[20] 中國第一歷史檔案館（整理），《康熙起居注》，頁 2005。
[21] 中國第一歷史檔案館（編譯），《康熙朝滿文硃批奏摺全譯》，頁 959。

銀十兩，給亡者家眷」，皇帝說：「這議得輕了，李晉朝著即于熱河枷號三個月、鞭一百」[22]。可見太監涉案，判決總是不輕的。

而即使太監不涉重案，康熙皇帝也對他們嚴厲管治，例如：康熙皇帝對皇太后至為孝敬，在太監抬轎一事上他也作出細心與嚴格的規定。康熙三十三年 (1694) 十月十四日他告誡總管太監說：

> 皇太后乘輿，關係甚重，爾等總管自當細心查點。朕見請轎太監高矮不齊、大小不等，又使年老首領督領擺撥，此輩自顧走路不暇，豈能出力幫扶？即扶掖轎桿，轉致累墜。掌儀司、鑾儀衛太監頗多，爾等細心查點，將身量高者配為一班，稍矮者配為一班，每撥用強壯首領一名督領，不時演習，必須請轎平穩，不許聲高說話。爾等或一二月查點一次。自此派定撥數，不許頂名更替。或有告病等事，必量其身材頂補[23]。

康熙四十四年 (1705) 二月初三日，皇帝發現宮中太監不守宮規，「與各宮內女子認親戚叔伯姊妹，往來結識」，這種事是「斷乎不可」的。他警告各太監約束行為，甚至還聲稱：「如仍不能斷絕，總管與本宮首領即行置之重典」[24]。

---

[22] 中國第一歷史檔案館（編譯），《康熙朝滿文硃批奏摺全譯》，頁 1103。

[23] 鄂爾泰、張廷玉（等編纂），《國朝宮史・卷 2・訓諭 2》（北京：北京古籍出版社，1987），頁 10。

[24] 內務府（輯），《欽定宮中則例・卷 1・訓諭》，收入：沈雲龍（主編），《近代中國史料叢刊續編》，第 621 冊（臺北：文海出版社，1979），

康熙五十四年 (1715) 二月二十七日，皇帝特別降諭斥責太
監等在他出巡發運行李什物時未盡職守，任憑牽駝人眾進內運
出，而這些牽駝人有「轉雇頂替，至為混雜，儻有失誤，伊等
如何承受?」因此下令太監張起林、劉進忠、王以誠三人輪流察
看，「萬一滋生事端，定將伊等正法」[25]。

還有康熙五十五年 (1716) 十一月二十九日，刑部向皇帝報
告明朝皇陵被偷掘的事，提到「……首賊韓七脫逃，俟拿獲之
日，另行完結外，為從之賊王五，著擬絞監候，秋後處決」。皇
帝認為韓七等罪該死刑，但明朝皇陵派有太監專職看守，他們
「並不小心看守，以致被人偷掘」[26]，太監等亦應擬罪才對。
總之，凡是與太監有關的事出了問題，太監都不能置身事外而
不被擬罪。

另外，一般人常有一個觀念，就是皇宮裏才有太監，這是
錯誤的。清朝不僅皇家有太監，即使是一些王公貴族與高官重
臣家裏也常有太監服務其中。康熙朝就有兩個顯例，可作說明。
第一例是康熙三十四年 (1695) 六月十五日《康熙起居注》裏記
的，當時三法司有件題本，敘述康親府太監張文明被太監張寶
等七人謀殺。皇帝對此事很重視，他說：「凡於伊主宮院內動凶
器者，皆有重處之例，或刑部不知，故依律定擬，張寶等俱係
該王親近服役太監，於王左右持刀殺人，不但情罪可惡，此等
黨類既生惡念，決不可留」[27]。皇帝的意思很清楚：張寶等七

頁 1–2。

[25] 內務府（輯），《欽定宮中則例·卷1·訓諭》，收入：沈雲龍（主編），
《近代中國史料叢刊續編》，第 621 冊，頁 2。

[26] 中國第一歷史檔案館（整理），《康熙起居注》，頁 2334。

人非殺不可。

康熙五十三年 (1714) 七月十二日的《康熙起居注》又披露了一件太監違法的事實。一位公爵來喜家有個太監李壽，他「交通內外人等，各處探信誆人」，刑部在他案發後判了「擬立斬」。另外一個內地太監鄒海，也「妄行交通外人，互相傳信索取賄賂」。刑部雖認定鄒海「情罪可惡」，但判他「枷號兩個月，鞭一百」。皇帝對刑部的這項判決有些不同意，認為鄒海「理應擬斬」，枷號、鞭笞太輕了，命令刑部「再議具奏」。同年八月二十八日，刑部再議得到了結論，改判鄒海為「擬絞監候，秋後處決」。皇帝對此仍不滿意，對刑部降諭說：「此案朕已駁回一次矣。……鄒海……情罪可惡，應亦同李壽即行正法」[28]。皇帝既如此堅持，鄒海當然很快行刑而且不得全屍。

康熙年間，除皇家、王公貴族有太監外，很多高官家以至部分常人家也有太監。朝廷曾為此研議過禁例。康熙十九年 (1680) 二月十四日皇帝就說過：「一品以上大臣之家，猶可使用太監，其餘卑微之人，不應以太監供使令。止因向來未有禁例，以致各項人等通用太監，故民間私自閹割者甚多。今應作何禁止，須再加詳議」[29]。同月十七日，禮部為再禁割幼童事上奏，皇帝說：「今應用太監往往乏人，皆由常人濫用之故。漢官用者猶少，滿洲官員用者甚多」[30]。他對禮部所擬的禁例認為太輕，命令「再議具奏」。同月二十二日，禮部又提出了新方案，建議

[27] 《康熙起居注》，臺北國立故宮博物院藏本，三十四年六月十五日條。
[28] 中國第一歷史檔案館（整理），《康熙起居注》，頁 2102、2111。
[29] 中國第一歷史檔案館（整理），《康熙起居注》，頁 497。
[30] 中國第一歷史檔案館（整理），《康熙起居注》，頁 499。

「除八分内王公外，私買太監者，應從重處分」。皇帝說：「三品以上官員，本不宜禁止，但私自閹割者多，未免於民有害，著依部議」[31]。

不過，禁例雖制訂了，但仍有官員違例，而且私買太監不是自用而是有其他的目的。康熙二十二年 (1683) 五月初五日清宮史料裏就記載了以下這段紀錄：

> ……吏部議監察御史朱集義私買太監八名，應降三級調用，抵銷加級、紀錄留任事。上曰：「朱集義乃一鑽營多事之人，其家必鉅富，所買太監八名決不自用，必將送與某大臣、某官員耳。議降三級尚輕」。因顧大學士等問曰：「爾等之意如何?」大學士明珠奏曰：「皇上睿見極當，可交與該部照才力不及例降調。作何補用之處，似應另議」。上頷之[32]。

據此可知：太監在當時並不只供使於皇家，貴族大臣家也有供驅使的太監。甚至還有人把太監當作物品一樣買賣，並成為鑽營奔競官場的工具，真是出乎常人所料。

康熙皇帝對太監也許有偏見，總認為他們是「最為下賤」的一群人，是「蟲蟻一般之人」，作惡的多，善良的少[33]，一旦讓他們分得政治權力，國家與社會就會發生巨大災難。所以太監的自由與人權應該受到極大的限制，訂出很多法規來處罰他

---

[31] 中國第一歷史檔案館（整理），《康熙起居注》，頁 501。

[32] 中國第一歷史檔案館（整理），《康熙起居注》，頁 1000。

[33] 鄂爾泰、張廷玉（等編纂），《國朝宮史・卷 2・訓諭 2》，頁 7、10。

們。這些法規後來都在《欽定宮中現行則例》與《國朝宮史》
等書中出現了，例如：

> 禁地不許角口鬥毆，犯者係首領，罰月銀六個月；係
> 太監，重責六十板。
> 禁地不許白日飲酒酗醉，犯者係首領，罰月銀六個月；
> 係太監，重責六十板。
> 禁地不許相聚賭博，犯者係首領，罰月銀六個月；係
> 太監，重責六十板[34]。

　　這些宮規處分條文，似乎都可以看出有康熙朝宮中太監犯
法受罰的影子，顯然是在若干康熙時代家法的基礎上形成的。
只是將「鞭責」改作「板責」而已。
　　「鞭責」或「板責」是清宮對太監常用的刑罰。「板」與「杖」
都是竹製的刑具，與皮鞭不同。「板」是長五尺、寬五分的青毛
竹板，「杖」是長五尺、圓五分的實心青竹，受罰的太監就以這
種竹板或竹棍在屁股上重打，打到皮開肉綻。尤其在宮中行刑
時，貴族主子或有關官員須在當場監刑，行刑的人不能稍加徇
情，否則自己也可能被處罰。
　　由於康熙皇帝嚴管太監，整個清朝太監為害的情形大大的
減輕、減少了。即使嘉慶時有太監與山東起事人勾結，闖入宮
禁；清末有李蓮英等弄權，若比起劉瑾、魏忠賢這批明朝著名
大璫頭來，真是有天壤之別了。總而言之，清朝太監是宮廷中
的下賤奴僕，一切行為舉止都受宮中法規管制，他們不能干政，

---

[34] 鄂爾泰、張廷玉（等編纂），《國朝宮史·卷20·官制1》，頁443。

當然無能亂國，這一切顯然都與康熙帝成立敬事房並以嚴法管制有關。

從「天人感應」思想看康熙皇帝的治術

　　在古代中國人的思想意識中，天是一切的主宰，無論是世俗社會中的萬事萬物，或是自然界的所有現象，大權都是操在天的手裏，人世間發生的種種事件，當然都與天有著密切的關係。

　　皇帝是天子，他必然要聽從天的旨意。先秦時代的學者就相信「天子為善，天能賞之；天子為暴，天能罰之」[1]。漢代人也認為天子的行為將會受到上天的監督，並且要受到上天的賞罰，所謂「人主之情，上通于天」[2]，即是指此。到了董仲舒提「天人感應」之說以後，天與天子關係的理論便進一步的建立起來，他以為「災者，天之譴也；異者，天之威也」。「凡災異之本，盡生於國家之失，國家之失乃始萌芽，而天出災害以譴告之。譴告之而不知變，乃見怪異以驚駭之；驚駭之尚不知畏恐，其殃咎乃至」[3]。這是說國家遇到災異，人君就應該

<hr>

[1] 墨翟，《墨子‧天志中》，收入：王雲五（主編），《四部叢刊正編》，第21冊（臺北：臺灣商務印書館，1979），卷7，頁7。

[2] 劉安，《淮南子‧天文訓》，收入：王雲五（主編），《四部叢刊正編》，第22冊（臺北：臺灣商務印書館，1979），卷3，頁1。

有所變革改進，否則殃咎必將隨至。董仲舒甚至還更具體的說：
「王者與臣無禮貌，不肅敬，則木不曲直，而夏多暴風」；「言
不從，則金不從革，而秋多霹靂」；「視不明，則火不炎上，而
秋多電」；「聽不聰，則水不潤下，而春夏多暴雨」；「心不能容，
則稼穡不成，而秋多雷」[4]，這些天象的不尋常，都是對王者
與臣工們示警的。

　　世俗世界裏若是出現日食月食，星隕彗見，地震山崩，或
是水災旱災，則是上天對人世表示更大的不滿與憤怒。上天之
子更應有所警戒，一定要趕快匡正補救過失，除禍祈福，不然
國亡家破之事，就會很快發生了。

　　當然上天對好的皇帝也是有獎賞的，獎賞常由一些祥瑞事
象來表示，例如田裏長出嘉禾、天上降下甘露、庭生朱草、土
獻靈芝、五星珠聯、日月合璧、祥雲繞日、麟鳳天書等等，這
些奇觀異象，都是象徵人君德行完美、兵強刑緩、政通人和、
國泰民安，是上天嘉佑的一種表示。

　　康熙皇帝是一位崇儒尊孔的君主，而且他有心想做一個理
想儒家的仁君，當然他對上天是絕對尊敬的，對「天人感應」
之說也是相信的，至少表面上是如此。不過他可能比較謙虛一
些，對於一切的祥瑞與災異，他都抱著反省改進的態度，因此
他很少言祥瑞，更少因上天的祥瑞獎賞而自滿自誇。

　　康熙皇帝在位六十一年多，他所遭遇到的災異與祥瑞事象

3 董仲舒，《春秋繁露‧必仁且知》，收入：王雲五（主編），《四部叢刊
　正編》，第 3 冊（臺北：臺灣商務印書館，1979），卷 8，頁 13-14。
4 董仲舒，《春秋繁露‧五行五事》收入：王雲五（主編），《四部叢刊正
　編》，卷 14，頁 2。

很多。現在先就災異一端，舉其犖犖大者，略述他的治術。

皇帝遇到災異發生，他經常會對大臣們說：「朕思天時與人事，恆相感召，未可謂災沴為天時適然之數，全不關於人事也。……朕思地方，間有荒歉，正可動人警戒之念，古人所謂遇災而懼也」[5]。這是康熙帝相信災異是一種警告，而且是與人事有關的，可見他不反對「天人感應」之說。

康熙三十年 (1691) 十一月，欽天監向皇帝報告次年元旦將有日食發生，皇帝便在該月二十四日降諭禮部說：

> 自昔帝王敬天勤政，凡遇垂象示儆，必實修人事以答天戒。頃欽天監奏推算日食當在三十一年正月朔日，夫日食為天象之變，且又見於歲首，朕兢惕靡寧，力圖修省。……其元旦行禮筵宴，著停止[6]。

這道諭旨發出後，大臣們表示了不同的意見，大家認為副都御史尹泰的建議最可取，於是向皇帝上了一份綜合性的看法。報告說：

> 日食、月食乃氣數自然之理，自古皆然。夫元旦者三始之首，萬國瞻拜之辰，鉅典攸關，皇上應陞殿行慶賀禮，乃因日食塵懷，不以定數偶然之會為念，將行禮筵宴俱停止，凡為臣者應欽遵皇上之意，於正月朔日食以至復

[5] 華文書局 (輯)，《大清聖祖仁皇帝實錄》(臺北：華聯出版社，1964)，卷167，頁8-9。
[6]《康熙起居注》，臺北國立故宮博物院藏本，三十年十一月二十四日條。

圓，部院衙門大臣官員俱於午門前齊集，仰體皇上敬天
之至意……查自古元旦日食見於歲首者甚多，俱係定數。
元旦令節，鉅典攸關，慶賀禮儀筵宴之處，應照例舉行。

康熙看了他們的奏報，不以為然，於是再降諭旨：

停止行禮筵宴，已有諭旨，著仍遵前諭行。前於未發諭
旨之時，以日食事詔問九卿等商搉，眾皆合詞奏云：皇
上敬天至意甚善，應如諭稱日食定數，請照常行禮筵宴，
前後矛盾，違背義理，已至於極，著嚴飭行，餘著再議[7]。

結果大臣們都不敢再有異議，第二年元旦皇帝只到堂子裏
行禮，到太后宮中請安，其他典禮宴會全部停辦了。

康熙三十六年 (1697) 二月初一日，皇帝又因日食事向大學
士等發表了談話說：「日食雖人可預算，然自古帝王皆因此而戒
懼，蓋所以敬天變、修人事也。若庸主則諉諸氣數矣。……豈
可謂無與於人事乎？可諭九卿，如有人事應修改者，悉以奏
聞」[8]。康熙五十四年 (1715) 四月初一日與十五日分別出現日食
與月食，朔望同有異象，皇帝又覺得是上天示警，於是他又再
下令要各官將應行應革之事向他詳報[9]。

康熙皇帝對月食的發生也很重視，如康熙二十四年 (1685)
十一月二十九日，他就向大學士們降諭說：「十六日月食且比日

---

[7]《康熙起居注》，臺北國立故宮博物院藏本，三十年十二月二十二日條。
[8] 華文書局（輯），《大清聖祖仁皇帝實錄》，卷180，頁1。
[9] 華文書局（輯），《大清聖祖仁皇帝實錄》，卷262，頁18。

積陰無雪，朕思天象稍有愆違，即當儆戒修省，或施行政事，有未當歟？或下有冤抑，未得伸歟？爾等……詳議以聞」[10]。

　　類似這樣日食、月食的發生，康熙皇帝總是會下令要大臣「儆戒修省」，他自己也「遇災而懼」，如此不斷的在施政與人事上作興革，實在也是好事。事實上，當時清代中央掌管觀測天文氣象的衙門欽天監，已有西洋人在裏面做官，他們用西方科學知識，可以正確推算出日食與月食的發生時間。康熙皇帝本人也對西洋天算的學問很有研究，他根本知道日食與月食的成因；但他仍是以「天人感應」來解釋，可見他是有政治上的目的，也就是他的一種治術。對於「人可預算」的日食、月食尚且如此，地震、水旱大災這些不能作預測的災異，皇帝當然就慎重處理了。如康熙四年 (1665) 三月京城發生地震，皇帝隨即降諭：「三月初二日又有地震之異，意者所行政事，未盡合宜。……人有冤抑，致上干天和，異徵屢告。……是用肆赦，嘉與海內維新」，並又在詔書中列出十一條辦法，命大臣們去辦理[11]。當時四大輔政大臣在位，故未見皇帝要大家「修省」的事。康熙十二年 (1673) 九月間，北京再次發生地震，皇帝引用太皇太后的話說：「此乃天心垂異，以示警也」、「人君遇有災異，固當益加修省，然亦在平時用人行政敬承天意耳」[12]，他命令起居注官將這些話「其書諸冊」。可見康熙親政後更強調「天人感應」之說。

　　彗星的出現也像地震一樣，常是無跡可尋的，古代帝王很

---

[10] 華文書局（輯），《大清聖祖仁皇帝實錄》，卷 123，頁 15。

[11] 華文書局（輯），《大清聖祖仁皇帝實錄》，卷 14，頁 17。

[12] 華文書局（輯），《大清聖祖仁皇帝實錄》，卷 43，頁 12。

重視這一天象，康熙朝也不例外。康熙初期，彗星不斷劃過天際，大臣楊雍建就為此上過奏章建議說：

> 本年（案：康熙三年）十月初旬彗星見，及今五十餘日，歷一十三宿。竊念上天仁愛人君，垂象示警，欲其恐懼修省，力行德政，加惠民生。……伏乞皇上清宮齋戒，力圖修省，……廣求直言，詳詢利病。……立賜舉行[13]。

皇帝立刻下令：「楊雍建直言可嘉。……今惟力圖修省，務期允當，以答天心」。第二年夏初，彗星又再出現，皇帝更關切的說：

> 茲者異星復見，經理政務，未能合宜，實由德薄所致。……以後凡用人行政，務加敬慎，以求允當。內外大小文武各官，皆係量才擢用，各有職掌，所理之事並關國計民生，宜洗心滌慮，更改前非，以副修省之意[14]。

同年夏天，江南總督郎廷佐因星變上奏，請求罷職，皇帝「慰留」了他。安徽巡撫張朝珍則為彗星常見向皇帝提呈興革刑法的看法，康熙對他所說的三項不當條文，要刑部慎重研究改進[15]。這一切不僅說明康熙朝重視災異現象，同時也看出皇帝強調「天人感應」，在駕馭大臣的治術上已起了作用。

---

[13] 華文書局（輯），《大清聖祖仁皇帝實錄》，卷13，頁18–19。

[14] 華文書局（輯），《大清聖祖仁皇帝實錄》，卷14，頁16。

[15] 華文書局（輯），《大清聖祖仁皇帝實錄》，卷15，頁5。

　　中國幅員廣大，一年之中全國各地難免會有水災旱災的事件，當地方報告此類天災時，皇帝都會認真的作檢討，並令大臣們警戒。例如康熙七年 (1668) 年初，由於「自春徂夏，雨澤愆期」，皇帝就十分恐懼了，他立即下令官員要「力圖修省，彌加敬慎，勵精勤政，以答天心」。希望所有的臣工「公廉自效」，不可「不念國計，佀求便己」，官員中若有「濫行科派」、「不務公廉，有違天意以致災異頻見」的，應「洗心滌慮，痛改前非」。如果「不行更改，事經察出，從重治罪」[16]。康熙顯然想利用「天人感應」說來澄清吏治。

　　皇帝有時認為刑部審案過嚴，被判重刑的犯人太多，以致令上天不滿，招來災異。像康熙十六年 (1677) 五月間，因天旱皇帝降諭刑部重審結案，「以副朕省刑恤民之意」；二十九年 (1690) 四月，皇帝甚至還指定刑部對一些重犯減刑，「除死犯以外，凡拘禁、枷號、鞭責等罪，咸從寬釋之」[17]，很多人因而獲得了自由，也是皇帝利用災異來控制官員與收取人心的一例。

　　從康熙的諭旨中，我們可以看出水旱災異大概都是因為「布政不均、寬嚴過當、或土木工興、或民瘼不達、事機之失、上干天和」等事而引發的[18]。為了彌補這些，皇帝除下令大臣要大家力圖反省外，他又認為君臣們都應該誠心的向上天懺悔，祈求上天寬諒。因此在水旱災異發生後，他總是說：「自古聖主，每遇水旱災祲，未有不行虔禱者」，祭天祈禱的事就常見了[19]。

[16] 華文書局（輯），《大清聖祖仁皇帝實錄》，卷26，頁 3-4。

[17] 華文書局（輯），《大清聖祖仁皇帝實錄》，卷67，頁 9；卷145，頁 16。

[18] 華文書局（輯），《大清聖祖仁皇帝實錄》，卷130，頁 9。

[19] 華文書局（輯），《大清聖祖仁皇帝實錄》，卷103，頁 6。

以祈雨來說，分為皇帝親自祈雨與由大臣在京中及各地代為祈
求兩種方式。皇帝親自祈雨時，儀式非常隆重，為了表示虔敬，
皇帝在祈禱前六天就在宮中「每日止進膳一次，先人而憂，後
人而樂」，希望這樣能「感召天和」[20]。也有在內廷設壇祈禱的，
皇帝則「長跪三晝夜，日惟淡食，不御鹽醬，至第四日，步詣
天壇虔禱」[21]。即使皇帝出巡到了塞外，遇有雨水愆期時也會
祈雨，而且也下令「不宰牲」、禁止「打鹿放鷹」並「茹素」，
虔誠祈禱[22]。若命大臣等恭代祈雨，又分以王公及禮部官員為
代表的不同，不過無論是王公貴冑或是禮部官員，他們祈雨時
也要「三日禁殺」，甚至有時還「不理刑名事務」，才算誠敬。
他們祈雨完畢後，必須以奏摺向皇帝報告一切情形，才算完成
任務。康熙四十九年(1710)五月，皇三子胤祉先在京城東嶽廟祈
雨，又命喇嘛們在黑龍潭六處地方祈雨，禮部也有官員在東嶽
廟祈雨，皇帝在熱河得到胤祉等人的報告之後，批示說：「這兩
日得雨則罷，若不下雨，則傳諭禮部，禁止殺生，祈雨三日」[23]。
這一年可能是旱災嚴重了，皇帝才命王公大臣們分頭祈雨。除
了官員、喇嘛祈雨之外，也有請道士祈雨的，康熙二十年(1681)
四月，內務府總管海拉遜向皇帝奏稱：「四月十一日，以道士張
大賓祈雨，明日即完」，皇帝看了報告後，降旨說：「著今再祈
雨七日，……仍令張大賓祈雨」。同時康熙也下令「喇嘛等黽勉

---

[20] 華文書局 (輯)，《大清聖祖仁皇帝實錄》，卷268，頁20-21。

[21] 華文書局 (輯)，《大清聖祖仁皇帝實錄》，卷275，頁13。

[22] 華文書局 (輯)，《大清聖祖仁皇帝實錄》，卷246，頁10-11。

[23] 中國第一歷史檔案館 (編譯)，《康熙朝滿文硃批奏摺全譯》(北京：中國社會科學出版社，1996)，頁673-675。

祈雨」[24]。顯然這一年旱得也不輕。

康熙年間，有時雨水過多，災害也產生了。皇帝同樣的心存畏懼，下令祈晴。例如康熙五十二年 (1713) 六月十四日，禮部尚書赫索就寫過一份奏報說：

> 本月十一日，臣等奏稱：嗣後倘陰雨不止，一面祈晴，一面奏聞等因，業經具奏。十一日戌時，地濕雨停。……十四日仍下不止。自十四日起，開始巡踏，到十九日五天內，不施刑罰，嚴禁宰殺生靈，真武廟、東嶽廟、城隍廟、三官廟、白馬關帝廟，前去大臣各一員，敬謹齋戒，令和尚、道士誦經。……再由十四日起至十九日止，永睦寺、永寧寺、察罕喇嘛廟三處，照例由廣繕庫領取錢糧，命喇嘛誦經祈晴，為此恭奏以聞[25]。

總之，在康熙年間，只要有日食、月食、水災、旱災、彗星、地震等等的災異，皇帝以「天變示警」來解釋，他毫不猶豫、也從不辯白的認錯；同時也命令大臣們檢討缺失。表面上是以整頓人事、興革制度、重審刑案、賑卹貧窮，或是禁屠吃素、節食長跪、誦經拜佛、虔誠祈禱等方式來感動天庭，彌補錯誤，藉以消災免禍。事實上，康熙皇帝也靠著每年不斷出現的災異來警惕臣工，實心辦事，或以「天人感應」說為手段，整頓人事，檢討政策。

一般來說，康熙皇帝絕不是荒君，更不是暴君。他可以說

---

[24] 中國第一歷史檔案館（編譯），《康熙朝滿文硃批奏摺全譯》，頁 19。
[25] 中國第一歷史檔案館（編譯），《康熙朝滿文硃批奏摺全譯》，頁 871。

是中國歷史上少見的傑出君主，根據「天人感應」之說，上天
應該對他降福獎賞才是。可是在康熙朝的官書中，我們看到的
祥瑞記事卻不多，以下幾則也許是比較顯著的：

> （案：康熙二十六年九月初六日）直隸巡撫于成龍疏進嘉禾。
> 上曰：今歲三春首夏，雨澤愆期，耕耘幾致失望，幸天
> 眷下民，大沛甘霖，秋成有賴，其三穗、四穗禾苗，不
> 足為瑞，如口外膏腴沃壤，多穗頻有，皆視以為常[26]。

康熙三十九年 (1700) 七月二十九日，清官書中又記：「直隸
巡撫李光地疏報，直隸今歲大有年，並進清苑縣、安州等處所
產兩穗、三穗、五穗嘉禾四十一本，下所司知之」[27]。從以上
記事內容可以看出康熙皇帝對報告嘉禾這類祥瑞事的興趣不
大，不像有些皇帝會以此大做文章，吹噓自己的功勳政績。

康熙五十二年 (1713) 閏五月二十四日，廣西巡撫陳元龍奏
報該省桂林山中產靈芝，並時有祥雲覆蓋其上。該省布政使黃
國材取得了一些，派專人「進呈御覽」。陳元龍並且在他的奏疏
中引用了《神農經》中話，說「王者慈仁則芝生」，「芝或可備
藥物之用」等語。康熙看了他的報告，批寫了「史冊所載祥異
甚多，無益於國計民生，地方收成好，家給人足即是莫大之祥
瑞」，並且還強調了：靈芝「朕不必覽」[28]。

---

26 華文書局（輯），《大清聖祖仁皇帝實錄》，卷 131，頁 6-7。

27 華文書局（輯），《大清聖祖仁皇帝實錄》，卷 200，頁 12。

28 國立故宮博物院故宮文獻編輯委員會（編），《宮中檔康熙朝奏摺》，第
4 輯（臺北：國立故宮博物院，1976），頁 352-355。

　　康熙五十六年 (1717) 五月十六日，直隸總督趙弘燮也上奏說在人民家中發現了靈芝，他認為是祥瑞之徵兆，因而派人專程送呈給皇帝，請皇帝辨定真偽。康熙皇帝在他的奏摺上批了如下的文字：「朕自幼齡讀書，頗見帝王所好者，景星、慶雲、天書、芝草之類，朕皆不以為瑞；所為瑞者，年穀豐登，民有吃的就是大瑞。真偽不必再言」[29]。

　　康熙皇帝對「五星聚奎」的事也不認為是祥瑞，他說：「五星之行於天，度數不同，遲速各異，何由聚於一宿？雖史冊書，考之天文，斷之地理，終不可信」[30]。

　　由此可知：康熙皇帝不以靈芝、景星、慶雲、嘉禾等為祥瑞，而在他的心目中，真正的祥瑞只是「地方收成好，家給人足」或是「年穀豐登，民有吃的」。這又是康熙利用「天人感應」說的另一種治術。

　　綜合以上所述，我們可以了解：康熙對災異一直視為「天變示警」，他都依從歷代帝王的舊例，要求大臣和他自己都作些修省匡正的工作；可是他對於祥瑞的看法則不同了，總是不動於衷的處理，不像其他帝王那樣的欣喜樂見。這又如何解釋他的「天人感應」思想呢？我認為這正是其治術的高明之處。

　　康熙皇帝自幼研讀中國儒家經典，親政後仍不懈勤學，又有很多理學名臣輔佐他處理政事，不斷以傳統儒家學說思想影響他。他自己也深知要安穩的統治漢人，不能不推行崇儒重道的政策。在古代儒家學說思想中產生的「天人感應」之說，既

[29] 國立故宮博物院故宮文獻編輯委員會 (編)，《宮中檔康熙朝奏摺》，第7輯 (臺北：國立故宮博物院，1976)，頁 2-3。
[30] 《康熙起居注》，臺北國立故宮博物院藏本，二十九年三月二十九日條。

然千年來主導歷代君主，而且收到良好的統治效果，康熙帝如何能捨棄這一良方妙策呢？古人相信人類社會之上還有一種超自然的神靈力量在主宰，人世間的政治秩序只不過是宇宙秩序的縮影，人世間的社會與政治變化，也都是宇宙現象變化的延伸，因此人間的事象不能違反「天象」進行。自從漢代創造這種宇宙本體觀之後，帝王需要配合天意行事，就成為天經地義的事了。嘉禾、靈芝、彗星、水旱等等祥瑞與災異也都變得有意義，而成為嘉許或示警的表徵。尤其在示警之時，皇帝應反省，大臣也應反省，這種反省功夫當然就限制君主權力的無限擴大，也能控制臣下的非法貪婪。帝王更能利用大自然莫測的變幻與力量，來教育與統治官員與百姓，這也是歷代帝王不斷設法強調，並且一直信仰災異與祥瑞的主要原因。

康熙皇帝既然通曉西洋天文氣象科學，他為什麼還迷信古老中國的「天人感應」之說呢？我個人以為他要做一個尊儒重道的君主，就不能違反歷代帝王的傳統而不信「天人感應」。況且他也了解天意比人事更能收到教育與威嚇臣民的效果，而迷信上天示警確實也可以令人產生內省的作用，在專制的時代裏，在腐化的政體結構中，是有化腐朽為神奇之功的，他當然會強調「天人感應」的思想。對康熙帝有相當認識的傳教士白晉(Joachim Bouvet) 曾經說過這樣的話：

「康熙出於策略，讓欽天監按例辦事」。但是，在多次接觸中，我們知道，他根本不相信那些意見。實際上，一切與皇帝有關的事情，都是他自己決定，同時也使欽天監很好地明瞭他的旨意，例如當他給長子娶媳婦時，根

　　據習慣，該由欽天監來決定在被選擇的人中誰做皇媳最
合適，但我能說，欽天監是奉命指定皇帝自己選中的女
子。同樣，當確定皇帝幾次旅行的啟行日期時，也是如此：
欽天監所選定的日期，也總是皇帝決定要出發的日子[31]。

　　白晉的說法大體上是可信的，康熙帝不是一個講迷信的人，
除了晚年體弱多病時有些改變。不過他為了統治中國，服膺理
學，他不能完全跳出「天人感應」的樊籬，「出於策略」，有時
也迷信了起來，這也是治術的需要。
　　至於康熙帝重災異不重祥瑞，我想這是與他一生奉行「聖
不自聖」的作風有關。他曾經說過：「朕即位四十餘年，未嘗一
刻不以民生休戚為念，遠邇安寧為本。雖或慶雲景星、嘉禾瑞
草、天書麟鳳之奇，總無關於黔黎，亦無係於朕心。侈言祥瑞，
貽譏史冊」[32]。事實上，皇帝也討厭「矜張粉飾」的事，因為
這些根本「無益治道」。
　　最後，也許還有一個重要的原因，那就是康熙皇帝本人的
漢化態度。我們知道：康熙一朝，漢化極深；不過他對漢文化
的吸取常以利益之有無為標準。對清朝政權有益的就仿行、就
接受；對滿族統治不利的就捨棄、就排斥。以清人入關後沿襲
明人典章制度為例，內閣、六部有其需要，當然就恢復設立。
太監衙門為了不蹈明朝覆轍，改由自創的單位內務府來為皇家

[31] 白晉 (Joachim Bouvet)（著），馬緒祥（譯），《康熙帝傳》，收入：中國
社會科學院歷史研究所清史研究室（編），《清史資料》，第1輯（北京：
中華書局，1980），頁233。
[32] 華文書局（輯），《大清聖祖仁皇帝實錄》，卷210，頁16。

服務。起居注館在康熙初年為「立萬世法則」而開館，但到了晚年又因「爭競是非」以及洩漏國家機密等原因而裁省掉，可見這位明君並不是盲目的漢化，而是有條件的漢化[33]。災異與祥瑞的重不重視，也許由此可以得到一些啟示，康熙治術的高明，也許我們也可以由此看出一些端倪。

[33] 陳捷先，〈從清初中央建置看滿洲漢化〉，收入：陳捷先，《清史論集》（臺北：東大圖書公司，1997），頁 119。

康熙朝的中央與地方關係

康熙皇帝秉政期間的武功顯赫，文治昌隆，是各朝皇帝所不能匹比的。儘管他的祖先曾為大清帝國奠定興起的始基，或是為滿族取得並鞏固了政權；但是清朝很多建國的百年大計，都是在康熙皇帝手中成就的，所以康熙一朝的史事內容極為豐富，影響日後的地方也比較深遠，而當時中央與地方的關係，有很多是不同於一般朝代的，值得我們去作一探討。

要了解康熙一朝中央與地方的關係以及一些相關的問題，我們應該先對當時的歷史事象作一番概要的觀察。

1644 年（明崇禎十七年，清順治元年），清朝順利的打進了山海關，定鼎北京，當了中國的主人；但是南明抗清的勢力還很強大，滿漢之間的衝突依然激烈。多年來的戰爭使全國經濟遭受嚴重破壞，社會動亂不安，人民流離失所，加上滿族權貴間發生政爭，因此清廷中央與地方政權機構的運作很不正常。順治皇帝於順治十八年 (1661) 英年早逝，故一切戰後的休養、緩和滿漢矛盾、安頓人民生活等長治久安的歷史重任，就全部落在繼承人康熙皇帝的身上。然而康熙當時年僅八歲，無法處理政務，

因而由順治遺詔任命索尼、蘇克薩哈、遏必隆、鰲拜四大臣輔
政。大臣輔政不是清朝的「祖宗成規」，因為「從來國家政務，
惟宗室協理」[1]，加上順治皇帝的母親孝莊皇太后還在世，且
很有實力，而有「四輔臣擔任國事，裁決庶務，入白太后」的
情況[2]。因此，在康熙即位之初，介入中央權力核心的有太皇
太后、滿洲宗室以及輔政權臣等幾個大勢力集團，從而也透現
了滿洲皇權與旗權相爭的事實。

　　四輔臣中，索尼的資歷最老，遏必隆與鰲拜也是皇太極的
親信，蘇克薩哈的情形與上述三人不同，他原是多爾袞的心腹，
後因揭發多爾袞「謀逆」而得到順治的信任，因而躋身於輔政
大臣之列。索尼原居輔政之首，但是他因年老多病，力不從心，
遇事又姑息，於是總攬啟奏和批紅大權逐漸轉移至其他大臣之
手。在另外的三大輔臣中，鰲拜居功自傲，專橫跋扈，又工於
心計，他不但控制了缺乏主見的遏必隆，並打擊蘇克薩哈。自
大臣輔政後不久，特別是鰲拜與蘇克薩哈為圈換土地發生鬥爭
之後，齊心協力以輔佐幼帝的輔政體制便產生了危機。康熙六
年 (1667)，皇帝已屆滿十四歲，到達親政的年齡，親政大典雖然
舉行，但輔政大臣仍舊佐理政務，執掌大權。當時索尼已經去
世，鰲拜成為首席輔臣，遏必隆事事聽從鰲拜，蘇克薩哈則向
皇帝請求「往守先皇帝陵寢」，試圖以此方式逼使鰲拜等人歸政。
鰲拜為獨掌輔政大權，竟操縱議政王等官員，羅織蘇克薩哈罪
狀，並不顧康熙皇帝的反對，將蘇克薩哈及其子孫全部處死，

---

[1] 華文書局 (輯)，《大清聖祖仁皇帝實錄》(臺北：華聯出版社，1964)，
　　卷1，頁5。
[2] 吳晗，《朝鮮李朝實錄的中國史料》(北京：中華書局，1980)，頁3884。

家產沒官[3]。康熙對這位專權妄為的輔臣甚為不滿，而鰲拜結黨已非一日，皇帝的侍衛中也有其親信，皇帝雖不能容忍其侵犯皇權的種種行為，但也只能不動聲色，俟機以作處理。康熙八年 (1669)，鰲拜入宮，皇帝突命羽林士卒將其擒拿，後以結黨、亂國、抗命、欺君、陷害忠良、枉殺大臣等大罪三十條，判他籍沒、拘禁；另將他的子姪黨羽九人處死，其餘有關的官員人等均予寬宥。年僅十六歲的康熙皇帝以迅速成功的手法清除了鰲拜集團，打敗了一個旗權的領袖，證明他具備解決重大政治難題的才能。

　　清除鰲拜集團以後，康熙帝便重用了馮溥、熊賜履等漢官，以表示他滿漢一體的胸懷。同時他對在京各衙門大小官員以及在外的總督巡撫，分別「詳加甄別」[4]，藉以撤換一批不稱職的人，進一步消滅鰲拜散布在四方的勢力，也顯示皇權的伸張。而御門聽政一事，更能說明他要加強皇權的企圖，因為他能藉此直接處理各方面政務，使政權不致旁落。

　　在御門聽政之外，皇帝又下令恢復大學士入值及票擬制度，改內三院為內閣，再設翰林院，「凡政事有可商酌，必召閣臣面議，親加裁決」[5]。充分發揮作用的內閣，對議政王大臣會議的權力多所削弱，使中央機構的權力相對分散，亦對皇權增強有所助益。康熙皇帝深深了解，要成功的統治以漢族為主體的

---

[3] 華文書局（輯），《大清聖祖仁皇帝實錄》，卷23，頁 8–18。除記此事之外，並說鰲拜在皇帝面前「攘臂」、「強奏累日」，態度極為惡劣。

[4] 華文書局（輯），《大清聖祖仁皇帝實錄》，卷31，頁 5。

[5] 中國第一歷史檔案館（整理），《康熙起居注》(北京：中華書局，1984)，頁 71。

國家，就得先與漢族建立和諧的關係，對漢族的既得利益必須予以適當保障，而且要盡可能的設法消弭漢人對滿洲的種族成見。因此他雖然一邊加強皇權，「首崇滿洲」，但他也一邊下令「圈占民間房地，永行停止」[6]，以保護漢族地主與農民的利益。又禁止滿洲貴族干預逃人案件，以避免漢人無辜受到株連[7]。另外在修理聖廟、國學、舉行經筵、頒布聖諭等方面，他也大力推行，以表明他將尊儒崇道作為國家的重要政策之一，藉以吸取漢族各界的向心力。

正當康熙忙於新政建設的時候，三藩的變亂發生了。三藩是三個被清廷封授王爵的明朝降將，他們是平西王吳三桂、定南王尚可喜以及承襲父祖爵位的靖南王耿精忠。順治初年，清朝命令他們帶兵平定南明抗清勢力，由此得以據有南方省區，吳在雲貴，尚在廣東，耿在福建。他們名義上隸屬中央，實際上卻各擁重兵，在各占據地區恣意橫行，變成軍閥割據的局面。其中吳三桂兵力最強，受清廷的禮遇最多，他可以節制雲貴兩省的督撫，人事任命權不受中央約束，而戶部也不得稽核其財政稅收，儼然成了一方之主。三藩又和一些漢族將領互通聲氣，他們可以動員的兵丁總數超過八旗大軍，確實給清廷很大的威脅。同時三藩在各自管轄區內廣徵關市之利，不但不解送錢糧給中央，反而向中央要求撥發軍費，據說當時「天下財賦半耗於三藩」[8]，也成了清廷的沉重負擔。

[6] 華文書局（輯），《大清聖祖仁皇帝實錄》，卷30，頁8。

[7] 華文書局（輯），《大清聖祖仁皇帝實錄》，卷39，頁27–28。

[8] 魏源，《聖武記·卷2·康熙勘定三藩記上》，收入：魏源全集編輯委員會（編），《魏源全集》，第3冊（長沙：岳麓書社，2004），頁60。

　　康熙帝在尋求解決三藩問題時，尚可喜突於康熙十二年(1673)上書請求歸老遼東，以其子尚之信襲爵。隨之吳三桂、耿精忠也請求安插，試探朝廷意向。康熙認為這是大好良機，他不顧若干大臣的反對，毅然主張撤藩，並不准尚之信襲爵。吳三桂於是首先發難，反叛中央，耿精忠繼而響應，後來尚之信也要挾其父反清，三藩動亂由此展開。

　　自吳三桂等揭起叛旗之後，一時長江以南的半個中國都成了他們反清的地盤。而後方的不安更令清廷害怕，如陝西提督王輔臣響應吳三桂、內蒙察哈爾乘勢叛亂，甚至連京城中也有楊起隆等領導八旗家奴起事，這些事一度造成清廷權力中心的恐慌。當時康熙二十歲，他毫不驚亂，從容的派兵遣將，指揮全局。他不接受西藏達賴喇嘛的「裂土罷兵」請求，也不歸咎於首倡撤藩的大臣，他賞罰公正嚴明，重用漢兵平亂，終於在八年之後，即康熙二十年 (1681)，平息了三藩戰亂，獲得最後的勝利，完成這「守成兼創業」的再興事業。藩亂平定之後，康熙在南方各要地設八旗大軍駐防，由福州將軍與廣州將軍管轄，從此地方軍閥割據的局面不存在了，中央集權也進一步完成，官吏遵行政府命令、軍隊調動受到政府約束，中國實現了統一，進入有秩序、有紀律的國家常規狀態。

　　三藩事變之後，只有孤懸海外的臺灣鄭氏仍奉明正朔，繼續反清。康熙皇帝為了要消滅反清勢力，對臺灣問題當然必須謀求一個徹底的解決。

　　當時任職左都御史的王熙也說：「直省錢糧，半為雲貴湖廣兵所耗」，請參看：國史館（校註），《清史稿校註》，第 10 冊（臺北：國史館，1988），頁 8373。

　　鄭成功入主臺灣後,他曾經制定一套經營開發臺灣的計畫,可惜他壯志未酬,抵臺後一年光景就逝世了;他宏偉理想的事業便由他的兒子鄭經繼承。鄭經的生活放逸,能力資質都不如乃父,所幸有陳永華等賢臣佐理,得以在維護名教、屯墾荒地、撫綏原住民、發展貿易等方面,作出可觀的成就。甚至連施琅也稱讚當時的臺灣「沃野土膏,物產利溥,耕桑並耦,漁鹽滋生。滿山皆屬茂樹,遍地俱植修竹。硫礦、水藤、糖蔗、鹿皮以及一切日用之需,無所不有」[9]。然而在響應三藩、揮兵登陸遭到重挫之後,鄭經意志消沉,士氣也大受影響;加上戰事耗費巨資、貿易活動未能突破,明鄭的財政也日漸枯竭。鄭經心情鬱抑,最後於康熙二十年 (1681) 病逝了。此後臺灣政權又發生內部鬥爭,康熙見時機成熟,乃以施琅為水師提督,一舉攻下澎湖。鄭經之子鄭克塽見大勢已去,便於康熙二十二年 (1683) 歸降了清朝,從此臺灣也列入中國版圖,歸於清廷的治理之下。

　　在三藩變亂與征臺戰爭期間,康熙皇帝雖然將他的精力與時間用在軍事方面,但是他仍然從事不少內政上的建設。例如鼓勵墾荒,除了宣布「各省開墾荒地,俱再加寬限,通計十年,方行起科」[10],又實施更名田制,使耕種者變為自耕農。這些政策不僅為生產者帶來很大的熱情與希望,亦有助於增加生產,富裕社會與國家。康熙皇帝在三藩亂起後又仿行漢人古制,冊立他的嫡長子胤礽為繼承人[11],這不是滿洲的祖制,他如此仿

[9] 施琅,〈陳臺灣棄留利害疏〉,收入:范咸,《臺灣府志‧卷20‧藝文1》(北京:中華書局,1984),頁2476。

[10] 華文書局 (輯),《大清聖祖仁皇帝實錄》,卷44,頁3。

[11] 華文書局 (輯),《大清聖祖仁皇帝實錄》,卷58,頁20–21。

行是向漢人宣示他真誠漢化的心意，以贏取漢人好感。同時他也藉此向國人表明清廷對三藩作戰有必勝的信心，以安定人心，鼓舞士氣。當然儲君由他個人決定，也意味著皇權的加強。另外，為發揮內閣作用，防止權重的大學士擅專，他在康熙十六年 (1677) 任命明珠、勒德洪等為大學士 [12]，以牽制索額圖，又設立南書房，分散內閣的權力，將外朝權力逐步轉移至備康熙皇帝顧問並參與機密議事的南書房，又進一步提升了皇權。由於康熙皇帝深知黃河、淮河對國家航運、生產以及人民生命、財物的關係重大，所以無論戰亂時期政府財政如何拮据，他還是下令大規模修治。康熙二十二年 (1683) 七月，各項大工程完工，「河流得歸故道」 [13]，這對恢復經濟、紓解民困以及穩定統治秩序有著肯定的功用與效果。康熙常說：「朕聽政以來，以三藩及河務、漕運為三大事，夙夜廑念，曾書而懸之宮中柱上，至今尚存」 [14]。如今這三大事也隨著臺灣劃入清朝版圖而解決了。

康熙皇帝在集權中央，加強對各省區的統治時，北方的俄羅斯人與外蒙準噶爾部也分別興兵向他的皇權挑戰。俄羅斯從十六世紀末期就開始染指黑龍江地區，順治年間曾與清兵作戰。康熙曾說：「羅剎擾我黑龍江、松花江一帶三十餘年，……朕親政之後，即留意於此。細訪其土地形勝、道路遠近及人物性情」 [15]，因此在臺灣問題解決之後，加以俄人又據占雅克薩、尼布楚二城，康熙乃決定對帝俄用兵。康熙二十四年 (1685)，清

---

[12] 華文書局（輯），《大清聖祖仁皇帝實錄》，卷 68，頁 13。

[13] 華文書局（輯），《大清聖祖仁皇帝實錄》，卷 111，頁 17。

[14] 華文書局（輯），《大清聖祖仁皇帝實錄》，卷 154，頁 10。

[15] 華文書局（輯），《大清聖祖仁皇帝實錄》，卷 121，頁 11。

軍在皇帝親自策劃下，集結八旗軍、蒙古騎兵以及福建的籐牌兵，由統帥彭春率領，分水陸兩翼，猛攻雅克薩城。俄軍抗守無效，最後出城投降。清軍輕信俄人的誓言，未留兵防守雅克薩便凱旋南返。不料俄軍捲土重來，再據雅克薩城，並作長期固守，清廷無奈只好在第二年再組織大軍，痛擊俄人。這次攻城改用長期包圍戰略，使城中彈盡糧絕，俄政府乃向清廷提出和談要求，戰爭也因此結束。康熙二十七年 (1688)，雙方約定在色楞格斯克舉行談判，康熙在使團臨行前對和談主要代表索額圖指示：「朕以為尼布潮（案：尼布楚）、雅克薩、黑龍江上下及通此江之一河一溪，皆我所屬之地，不可少棄之於鄂羅斯」[16]。但是索額圖等一行途經克魯倫河時，俄人唆使準噶爾蒙古進攻喀爾喀，造成道路受阻，使團人員奉命折返，於是和談易地於尼布楚舉行。準噶爾此一軍事行動，對中俄談判影響極大。

康熙為防止帝俄與準部聯合抗清，決定在談判上讓步，因而在次年簽訂《尼布楚條約》時，清方同意以額爾古納河為界。《尼布楚條約》雖在領土問題上作了讓步，但這是清代與歐美國家中簽訂的第一個平等協商的條約，而且在日後百餘年的時間中，中俄兩國基本上都能共同遵守，對於促進雙方經濟與文化的關係也有著正面的作用。

從清除輔政專橫勢力，到打敗帝俄侵略的這二十年歲月中，康熙皇帝一直為集權中央、加強皇權、鞏固大清統治地位而作各項努力。然而權力確實能使人腐化，即使是皇帝一手拔擢並親信的人也不能避免，索額圖、明珠等人就是值得一述的好例證。

索額圖是首席輔政大臣索尼之子，又是康熙皇帝第一位皇

---

[16] 華文書局（輯），《大清聖祖仁皇帝實錄》，卷 135，頁 15。

后的叔父，皇太子胤礽便是他的姪女所生。他既是椒房之親，又是推翻輔政鰲拜的功臣，當然他在朝廷中的地位是極高的，皇帝對他的信任也是特別的；不過他後來卻居功而傲，把持朝政，對皇權構成威脅。康熙十六年 (1677) 皇帝以明珠等人為大學士來牽制他，原因即在於此。三年之後，索額圖雖辭去大學士的職位，但與皇太子關係密切，仍有相當的勢力。

　　明珠是正黃旗滿洲人，是康熙初開經筵時的講官之一，當時即得到皇帝的賞識，而他為人謙恭，亦博得滿朝大臣的好感。尤其在撤藩和對三藩作戰期間，他成為皇帝的得力助手，因而被皇帝任命為大學士。只是明珠在位高權重之後，也拉黨結派，專擅政務，而當他取代索額圖成為首席大學士時，仍與索額圖互相植黨傾軋。皇帝早已看他攬政，曾示警的對他說過：「凡九卿會議政事，必當從公直言。近聞九卿會議時，每有一二人倡說，則其他皆畏縮緘默，如此於國家事何益?」[17] 惟明珠仍我行我素，康熙便利用在南書房的大臣如徐乾學、高士奇、王鴻緒等，出面牽制，進而發動貶黜明珠的行動。康熙二十六年 (1687)，皇帝以明珠包庇貪汙重犯為由，下令革去其職位。明珠一黨多是滿族與北方人，而徐乾學等都是江浙一帶人士，所以當時有「南北黨之目」。明珠雖被革職，但北黨勢力還很強大，徐乾學、高士奇等不久也因其他案件牽連被解職回鄉，幾乎被滿族北黨人士逼死，後來還是皇帝下詔嚴禁互相鬥爭，警告他們「倘仍執迷不悟，復蹈前非，朕將窮極根株，悉坐以交結朋黨之罪」[18]，黨爭才告段落。而索額圖與明珠兩大滿族權貴之爭，並未完全

---

[17] 中國第一歷史檔案館（整理），《康熙起居注》，頁 1358。

[18] 華文書局（輯），《大清聖祖仁皇帝實錄》，卷 153，頁 17–18。

消除，甚至影響到日後的儲位繼承之爭。

自明珠貶黜之後，皇權得到了加強，朝政也較前清寧，可是西北邊區的蒙古領袖噶爾丹又向皇權挑戰了。

噶爾丹是漠西蒙古的一位準噶爾部首領，因康熙十年 (1671) 發生的部族內鬥事件而得權。他是一個具有政治膽識的人，一心想要恢復成吉思汗時代的光榮。在清廷與三藩作戰、無暇顧及邊務時，他乘機向四周各部擴張。康熙十八年 (1679) 他竟攻陷天山南路回部諸城，儼然成為漠西蒙古的大領袖。正在此時，帝俄也謀取東進，便利用了噶爾丹的政治野心，鼓動他對漠北喀爾喀蒙古發動攻擊。康熙二十七年 (1688) 夏，噶爾丹引兵兩萬，越過杭愛山進擊喀爾喀蒙古，北邊一時大亂，如前所述，清廷派往與俄國議和的代表也因路阻而返回北京。喀爾喀被擊敗後，很多平民遭到殺害，牲畜財物則被洗劫一空，喀爾喀土謝圖汗與宗教領袖哲布尊丹巴便率領餘眾南下內蒙古，請求清廷援救。康熙對準噶爾興兵之事極為重視，他一面撥發銀兩、糧食、布匹等救濟喀爾喀，並給他們水草地暫時安頓；一面命噶爾丹息兵修好，停止戰爭。

噶爾丹不但不聽康熙命令罷兵，反而於兩年後再度興師東犯，而且進軍至距離北京只有七百里的烏珠穆沁，名義上他是追討土謝圖汗與哲布尊丹巴，實際上他是想實現「聖上（案：指康熙）君南方，我長北方」的美夢[19]。噶爾丹大軍如此接近北京，導致京師人心浮動，店舖多有關閉停業的。康熙乃迅速派兵迎

---

[19] 溫達（等撰），《親征平定朔漠方略》，收入：西藏社會科學院西藏學漢文文獻編輯室（編），《西藏學漢文文獻彙刻》，第 4 輯（北京：中國藏學出版社，1994），卷 7，頁 34。

戰，自己也出馬親征，清軍與噶爾丹在烏蘭布通發生激戰，由於清軍有火砲等重武器，一舉大破準噶爾軍，只是康熙因中途患病，未能上陣，而皇帝的舅父佟國綱則死於此次戰役中。康熙三十三年(1694)，清廷將喀爾喀蒙古的首領封爵，內屬的人口有「四十九旗人丁共二十二萬六千二百七十有奇」[20]。

烏蘭布通戰敗之後，噶爾丹回到科布多老巢休養積蓄，康熙三十四年(1695)再度南下，進攻清朝。康熙乃於第二年發動三路大軍，出塞迎戰，其中中路軍由皇帝親自率領，結果在土拉河畔的昭莫多地方大敗噶爾丹，「斬首二千餘級，生擒百餘人，俘獲子女、駝馬、牛羊、兵器、什物無算」[21]。同年九月及康熙三十六年(1697)二月，康熙又兩度親臨塞外，討伐噶爾丹，直到噶爾丹途窮病死後才班師回朝。噶爾丹的敗亡，不僅提升了康熙的歷史地位，使其皇權更加穩固；同時也使滿蒙合作的基礎益形堅實，並為清朝鞏固、擴大其在邊疆的統治，創造了有利的條件。此後不久，青海厄魯特蒙古和碩特部以及西藏也進一步與清廷有了從屬的關係，清政府的命令從此可以下達全國，直至邊疆了。

噶爾丹事件結束之後，直到康熙四十七年 (1708) 的十多年之間，清朝是在政治局面穩定、經濟日漸繁榮、天災人禍幾無、社會人心安定中度過的，可以說是康熙統治以來的黃金歲月。然而好景不長，令康熙皇帝煩憂的事又陸續發生了。規模與程度雖然都不像三藩、或是噶爾丹倡亂那麼嚴重，但還是對他的皇權構成威脅。皇太子胤礽被廢黜的事，就是一例。

[20] 華文書局 (輯)，《大清聖祖仁皇帝實錄》，卷163，頁1。
[21] 華文書局 (輯)，《大清聖祖仁皇帝實錄》，卷173，頁27。

　　康熙十四年 (1675)，胤礽被冊立為皇儲，皇帝以漢人古制並且極為隆重的辦理這件事，當時確實在政治與文化面上收到了效果。康熙也很希望培養胤礽成為一代令主，但是隨著皇太子的成長，皇太子黨的勢力也不斷的擴張。胤礽「專擅威權」、「肆惡虐眾，暴戾淫亂」，竟與康熙的皇權形成對立，皇帝在忍無可忍之下，於康熙四十七年 (1708) 秋，下詔廢黜胤礽。皇太子被廢之後，其他皇子紛紛出面進行爭繼的活動，結黨鬥爭的情形，尤甚於胤礽，因而引起朝廷內部不安，政局頓時混亂。康熙乃藉口胤礽有悔改之意，復立他為皇儲，以安定人心朝政。可是胤礽復立之後，他又糾集黨羽，企圖早日登基。康熙五十一年 (1712)，皇帝再以胤礽「乖戾如故」、「暴戾僭越，迷惑轉甚」等因，第二度廢黜皇儲。從此以後，我們看到他只在幾次諭旨中談到他擇賢而立的想法及儲君應加以考察、培養等計畫[22]，但始終沒有見到他宣布要立誰做繼承人。宮廷裏不但出現了忤逆君父的家變，民間也有違反理學的異端思想。康熙五十年 (1711) 安徽桐城人戴名世所著《南山集》被左都御史趙申喬疏劾其中「語多狂悖」，興起了一場文字大獄[23]。趙申喬所謂的「肆口游談」是指戴名世認為按傳統史例，桂王存在一天，也就是「明祀未絕」，所以「順治不得為正統」，清朝應以康熙元年「為定鼎之始」[24]。戴名世的這一看法，從學理上說也未必全是「狂

---

[22] 華文書局（輯），《大清聖祖仁皇帝實錄》，卷 253，頁 8-10；卷 275，頁 5-13。此二處記載的兩篇長諭可以參閱，很能說明康熙對建儲的一些新主張。

[23] 華文書局（輯），《大清聖祖仁皇帝實錄》，卷 248，頁 9。

[24] 徐珂，《清稗類鈔‧獄訟類》，第 3 冊（北京：中華書局，2003），頁 1032。

誕」；但是康熙強調朱子三綱五常理論多年，竟有任職翰林院編修說出如此「顛倒是非」之話，誠令皇帝大怒，因而下令刑部「嚴察審明具奏」。刑部衙門將調查結果及初擬判決意見呈報以後，皇帝要到一年多以後、即康熙五十二年 (1713) 二月間才作出最後裁決，只將戴名世斬首，少數家屬充軍，大部分牽涉該案的人都「從寬免治罪」。這一文字大獄是康熙朝少數文字獄中最著名的、處分最嚴的，但比起雍正、乾隆兩朝文字獄來，判決顯得輕了。另據當時人說：此案是由「舊東宮摘其語進之，申喬遂起此獄」[25]。「東宮」是指皇太子胤礽，皇帝作此案最後判決時，距離再廢皇太子僅三個多月，他作出如此了結，或與胤礽事有關，亦未可知。不過，無論如何，康熙朝統治秩序已顯現一些不穩徵兆，這是毋庸置疑的。

　　除了宮廷與直省發生上述事件以外，邊疆地區也出現騷動。自從康熙三征噶爾丹之後，北疆確實呈現了一段和平安定的時期。準噶爾部的新首領策妄阿拉布坦因在擊敗噶爾丹的戰事中有功，康熙事後便立他為準噶爾汗，統治阿爾泰山以西的地方。但是策妄阿拉布坦也是一個有野心的人，他對清廷貌似恭順，經過十八年的生聚教訓，在部族勢力強大之後，便發動軍隊進攻哈密。準部攻擊哈密的原因，據清朝官方說法，是因為哈密曾切斷準噶爾通往內地的商路，所以「欲蹂躪哈密，使之殘困」[26]。不過事實上則是策妄阿拉布坦在控制天山南北之後想進兵西藏的一項聲東擊西策略。

　　康熙五十五年 (1716)，準噶爾軍隊在智勇兼備的策凌敦多布

[25] 蕭奭，《永憲錄》(北京：中華書局，1959)，頁 69。
[26] 華文書局 (輯)，《大清聖祖仁皇帝實錄》，卷 263，頁 24。

率領下，涉險冒瘴、晝伏夜行的掩人耳目下，入侵西藏。準部大軍走的是一條人跡罕至的道路，不但清廷沒有發覺，西藏也毫無所悉。策凌敦多布於第二年七月到達藏北，十月底攻占了拉薩。康熙認為，一旦準兵占據西藏，「則藏兵即是彼之兵丁，而邊疆土番豈能保全?」[27]

準噶爾軍攻陷拉薩後，不但洗劫這座古城，破壞布達拉宮，同時也殺害得到清廷承認的拉藏汗。康熙於是下令出師，於康熙五十七年 (1718) 二月十三日命侍衛色楞，統率大軍，入藏征勦準部[28]。色楞輕敵冒進，不明敵情，不適藏地氣候，他又不聽從同行總督額倫特的建議，謹慎了解敵情，相機利用青藏兵力共同滅敵[29]，結果遭致全軍覆沒的命運。額倫特與色楞兵敗戰死的消息傳到北京，滿朝震動，康熙不顧中外臣工的反對，決定派遣第二次遠征大軍，並且用他的愛子胤禎（後改名胤禵）為撫遠大將軍，統率北、中、南三路兵馬，動員兵隊號稱三十六萬，希望一舉解決西藏問題。準部策凌敦多布原本只帶領六千兵士入藏，由於陣亡、病故以及押送掠劫西藏財寶回伊犁等原因，殘存武力無法與清軍相比；加上藏人深惡準部兵丁的殘虐，因此協助、歡迎清軍到來，「男女老幼，襁負來迎，見我大兵，羣擁環繞，鼓奏各種樂器」[30]。清軍遂於康熙五十九年 (1720) 將準兵逐出西藏，使清廷日後管理西藏的基礎得以加強，但是這次戰爭的勝利並不代表在政經各方面都達到振衰除弊的功效。

[27] 華文書局（輯），《大清聖祖仁皇帝實錄》，卷 286，頁 19。
[28] 華文書局（輯），《大清聖祖仁皇帝實錄》，卷 277，頁 26–27。
[29] 華文書局（輯），《大清聖祖仁皇帝實錄》，卷 278，頁 10–12。
[30] 華文書局（輯），《大清聖祖仁皇帝實錄》，卷 291，頁 4。

　　康熙末年，專制統治機構的腐朽現象也逐漸浮現，無論是中央或是地方，在當時都患上了歷代皇朝醫治不好的痼疾：吏治廢弛與貪風興盛。官員們只顧各自身家事業，不少人對於「國家之安危，民生之休戚」，都視為「毫不相關」的事[31]。正是為了「一身家之謀」，官員們把利益獲取視為大事，甚至不怕違犯法紀來侵蝕或挪用公帑，結果各地官員虧空錢糧二百多萬兩，連中央戶部也有官員一百多人集體侵蝕存銀[32]，對於一生推行道德教化政令的康熙皇帝來說，確是一大諷刺。而且地方又出現了不安的情況，天地會、白蓮教等的活動蔓延開來，臺灣的朱一貴、山西的翟斌如也在地方上造成戰亂或人心不安的危害。盛清美談的歷史篇幅亦因為這些事象而留下了不少汙點。

　　然而，康熙一朝，由於皇帝早年勤於政務，果敢行事，使得他在開疆拓土、融和族群、加強皇權、振興文教、恢復經濟、改善民生等等方面，都作出了可觀的貢獻。在經過長期戰亂動蕩之後，中國社會出現了相對安定的歲月。康熙能抵制各種外力的侵凌，在國內取得很多治績，實在難能可貴。從以上簡述，我們似乎可以對康熙朝中央與地方關係的一些相關問題，提出如下一些想法：

　　康熙即位之初，由於輔政大臣專政、太皇太后對朝政影響諸因，皇權是受到極大限制的，中央事權並不統一，而當時地方也是如此，有的省分動亂不安，有的省分被軍閥割據，有的

---

[31] 李發甲，〈澄清吏治疏〉，收入：琴川（編），《皇清奏議》，第4冊（臺北：文海出版社，1967），卷23，頁38。

[32] 華文書局（輯），《大清聖祖仁皇帝實錄》，卷242，頁21；華文書局（輯），《大清世宗憲皇帝實錄》（臺北：華聯出版社，1964），卷100，頁16。

地區則奉明正朔，企圖反清復明。因此，無論是政令的傳達、軍事的籌劃、文教的實施、賦稅的提解，都不能像正規情況，上下通行無礙，中央與地方的關係並不正常。康熙親政以後，由於他的特殊政治才能，先後清除權臣的專橫勢力，平息三藩變亂，戰降臺灣鄭氏，平定西疆侵略，使得全國局勢得以穩定，皇權得以加強，政令在一統國家的中央集權下推行，與康熙初年的分裂雜亂情況不可同日而語。

康熙一朝對於邊疆民族政策的擬訂與實施，可以說是正確的，也是成功的。除了他因地制宜的在東北故土以將軍等長官進行治理，以及西南地區仍行土司制度之外，他對西北邊疆的成就更是值得一述。在三藩變亂平定之後，他的注意力轉向北方，康熙三十年(1691)先與喀爾喀蒙古三十五位貴族首領會盟，解決了喀爾喀各部間的紛爭，改革他們的行政制度，增強漠北蒙古對清廷中央的向心力。噶爾丹敗亡之後，清廷又採取一些積極措施，加強滿蒙兩大族群的聯盟基礎，為清廷鞏固與擴大邊疆統治奠下更堅固的基石。而在西藏方面，康熙帝在父祖們建立的良好基礎上發展雙方的友好關係，特別是在廢除西藏第巴制度、改建噶倫處理政事、平息各派紛爭等事項上作了不少努力，從而提高了清代中央在西藏各派地方勢力中的威望。康熙末年，準噶爾蒙古入侵，攻陷拉薩，破壞寺院，嚴重影響西藏社會秩序。康熙不顧大臣反對，兩度出兵，終於擊敗準噶爾入侵大軍，護送六世達賴喇嘛入藏坐床，清廷又得到進一步管理西藏的權力。日後清朝設置駐藏大臣，督理政務；以「金瓶掣簽」制度認定繼任達賴喇嘛的靈童；《欽定藏內善後章程》的頒布等事，都是在康熙打下的基礎上完成的。由此可知：康熙

在清代中央對西藏統治權的確定與加強上，作出了很大的貢獻。

　　清政府成功處理邊疆各族的關係，實際上也就是成功處理中央與地方的關係；對融和民族、增闢疆土以及維護多元族群國家的統一，都有積極且正面的意義。

　　康熙皇帝能夠使分裂的中央與地方歸於統一，能夠使邊疆地區心向中央，接受中央統治，這番事業固然是他個人特有的智慧與才能所成就的；但是還有一些因素或許也是應該加以注意或者作些評估的。例如從滿族興起、流民倡亂到康熙理政的百年之中，全國各省處處兵災，在政治、軍事、經濟、社會、思想、國防等方面都發生了巨大的動蕩與變化，各族人民切身感受到戰亂兵火、生產停滯、社會不安、經濟蕭條之苦，難免有求安定、求和平的願望。康熙處於這樣的時代，他以無比的毅力與決心，孜孜求治，順應時代潮流，因勢利導，因而獲得成功，也造就了個人傑出的歷史地位。另外，在他制訂的各項政策當中，文化政策似乎對統一國家與有利中央統治地方等方面最值得吾人注意。

　　滿族定鼎北京之時，正是歷史劇變的時刻，整個社會陷入空前危機之中，不少知識分子進行了沉痛的反思，提出匡扶社稷的主張。黃宗羲、王夫之、顧炎武等大學者都以歷代興亡為借鑑，具體對政治制度、文教措施、賦役財政、種族問題著書立說，為他們理想的未來鉤繪藍圖。由於這些學者都是明朝遺臣，富有民族精神與氣節，他們的言論與想法必然有些是不利於清廷的，而且任何思想活躍對一個專制政權也是有害處的，政府一定要設法對付他們。然而在清人入關之初，首要任務是以武力消滅異己，順治年間只以尊孔崇儒作為一種表面的籠絡

人心政策，直到康熙親政以後，以儒術來強化思想統治的政策
方告落實。康熙為鞏固統治秩序，確立一套束縛和箝制人民思
想的官方哲學，最終選定了程朱理學，因為程朱等大儒把三綱
五常的儒家學說解釋為永恆不變、不可抗拒的天理，如果有人
企圖改變這種天經地義的教條，就被視為罪大惡極。康熙帝對
理學有精深的研究，他淡化了儒家文化中經世、憂患、變通等
理想與使命的意識，而只著重於靜態的和諧關係與社會平衡的
一面，所以他把理學歸結為倫理道德學說，教「人讀書，宜身
體力行，空言無益」[33]。人人以儒家君仁、臣忠、父慈、子孝、
朋友有信為倫理道德規範，人人再身體力行，國君當然就可以
「治萬邦於衽席，和內外為一家」[34]。康熙為了實踐君仁，他
推行王道政治，主張尚德緩刑、獎勵學術、重視人才、顧惜民
生和尊重傳統。這些寬和仁厚措施，在當時特定的歷史條件下，
尤其是在廣大的漢族人民生聚的地區，以及中央與地方有很多
漢官參政的官場，產生良好的效果。總之，康熙以崇儒重道為
治國指導思想的政策，對於清朝以及多元民族國家的發展與鞏
固，有著重大作用與深遠影響。

　　如前所述，康熙即位之前，學術思想界就有人懷疑並批評
行之五百年的理學。學者們對君主制提出非議，認為「天下之
治亂，不在一姓之興止，而在萬民之憂樂」，或是明白的說出「天
下之大害者，君而已矣」[35]。這些激進思想對皇權是嚴重的挑

[33]《康熙起居注》，臺北國立故宮博物院藏本，三十四年十一月十七日條。
[34] 朱熹（撰），李光地（等編），《御纂朱子全書‧御製序》，收入：《景印
　　文淵閣四庫全書》，第720冊（臺北：臺灣商務印書館，1983），頁2-3。
[35] 黃宗羲，《明夷待訪錄》（臺北：臺灣中華書局，1966），頁2-4。

戰，並在當時的知識分子群中產生很大的反響。康熙即位之初，朝廷中權臣專擅，更直接的侵犯到皇權。等到他親政理事之後，又逐漸出現索額圖與明珠一類人的結黨傾軋，也影響到他的皇權。因此，在康熙制訂文化思想政策時，特別重視皇權的維護與加強。他捨棄了程朱等理學家思想中的哲學思辨部分，不去探討他們博大精深的思想體系，而只強調修身齊家的倫理道德，把人臣行為約束在儒家道德教條之下，他的皇權當然就能輕易的得到維護，滿族政權的地位也愈加鞏固了。不過，康熙為維護至高無上的皇權，他自己也是辛苦備嚐的，從親政之日起，每天凌晨三、四點鐘便要起床去「御門聽政，臨決萬機」。康熙的御門聽政，不像其他朝代的君主那樣只作一些政治性的表演，幾乎是終身不變的一直從事這項活動。無論是在京中，或是出巡外地，他總是不斷的聽取大臣奏報，並與大學士們處理摺本，從不懈怠的為國家服務。從表面上看，這種聽政像似君臣共治的一種政體，特別是康熙還說過：「古有詔旨既下，大臣封駁之例」[36]、「爾等（案：指大學士）亦議政之臣，宜各抒胸臆，直言無隱，但求事當於理，互相商酌。即小有得失，亦復何傷，朕焉有因議事而加罪者乎？」[37] 這些話似乎顯示康熙在問政時有著相當開明的作風，但事實並不盡然；我們在清宮現存的眾多檔冊中，看到不少大臣說出真心話而有礙皇權時，常遭到皇帝「不應言事之人妄行條奏」或是「希圖僥倖」一類的指責，甚至還有革職判罪的。由此可知：大臣在與皇帝討論政務時，也許可以提出一些意見供皇帝參考，但總不能侵犯皇權。同時康熙皇

---

[36] 中國第一歷史檔案館（整理），《康熙起居注》，頁 1538。
[37] 中國第一歷史檔案館（整理），《康熙起居注》，頁 1026。

帝還有兩個管道來決定國家政事,一是南書房與親近大臣們籌商,另一是經由密奏指示中外大臣辦事,所以御門聽政是極富形式主義色彩的,康熙不會將皇權旁落到別人手裏。曾在南書房中供職、對康熙朝政務處理情形有親身體驗的方苞說過:「時上臨御天下已五十年,英明果斷,自內閣九卿臺諫,皆受成事,未敢特建一言」[38]。可見康熙是「大小事務,一人親理」的,「若將要務分任於人,則斷不可行」。皇帝高度集權,經常使邦國的興衰繫於君主意志的一念之間,康熙在中央與地方的若干決策中,也因為他這種「國家中個人意志」的隨意性判斷,造成過不少成功與失敗的案例。現在僅各舉數例,作為說明。

三藩變亂是康熙親政後的大事件,當時朝廷內部有關撤藩與不撤藩的看法不一。主張撤藩的只有明珠、米思翰少數人,其他官員多認為「今若將王(案:指吳王)遷移,不得不遣兵鎮守。兵丁往返,與王之遷移,沿途地方民驛苦累,且戍守之兵,係暫居住,騷擾地方,亦未可定,應仍令吳三桂鎮守雲南」。皇帝不待大臣深入討論,隨即下令:「吳三桂請撤安插,所奏情詞懇切,著王率領所屬官兵家口,俱行搬移前來」[39]。因為皇帝早有見地,覺得「若不即早除之,使其養癰成患,何以善後。況其勢已成,撤亦反,不撤亦反,不若先發制之」[40]。後來吳三桂起兵反清,議政王大臣等有建議殺明珠等人,歸咎於首議撤藩之人,以使吳三桂息兵,康熙皇帝則說撤藩「出自朕意,伊

[38] 方苞,《方望溪先生全集・集外文》,收入:王雲五(主編),《四部叢刊正編》,第83冊(臺北:臺灣商務印書館,1979),卷6,頁5。

[39] 華文書局(輯),《大清聖祖仁皇帝實錄》,卷43,頁2-3。

[40] 昭槤,《嘯亭雜錄・卷1・論三逆》(北京:中華書局,1980),頁5。

等何罪?」[41] 由於皇帝有決心而做出如此重大的決定，終於在八年之後徹底消滅了軍閥的割據勢力。

　　進取臺灣一役也是一樣，當康熙接到姚啟聖的奏報，知道鄭經病死，家屬內訌之後，認為時機成熟，計畫平定臺澎。當時內外官員多不贊成進兵，據說「重臣宿將，至於道路之口，言海可平者百無一焉」[42]。大家都認為海波難測，沒有制勝把握；甚至連福建提督萬正色都「請緩師」[43]。可是皇帝排除眾議，決定派遣施琅攻臺。事實上他在三藩變亂平定之後，就想到臺灣鄭氏「猶梗王化，必須用兵撲滅」[44]。可見他的獨斷思想，早就成了征勦臺灣的動力。

　　準噶爾部噶爾丹興兵東犯時，康熙皇帝率兵親征，據他事後回憶說：

> ……出征烏蘭布通時，……令大臣官員等會議進兵之處，眾皆謂不可，獨朕與費揚古以兵為可進，決意進兵。及至科圖地方，眾皆不欲前發，大臣等勸朕撤兵，朕諭以祭告天地、太廟、社稷，親統兵前來，不見賊蹤，如何驟行撤去，不允所請，將兵前進。噶爾丹聞我兵威，甚是驚懼，鼠竄而去[45]。

[41] 昭槤，《嘯亭雜錄·卷1·論三逆》，頁 5-6。

[42] 李光地，《榕村集·吳將軍行間紀遇後序》，收入：《景印文淵閣四庫全書》，第 1324 冊（臺北：臺灣商務印書館，1983），卷 13，頁 2。

[43] 國史館（校註），《清史稿校註》，第 11 冊（臺北：國史館，1988），頁 8523；彭孫貽（著），臺灣銀行經濟研究室（編），《靖海志》（臺北：臺灣銀行，1959），頁 93，甚至記萬正色認為「臺灣難攻，且不必攻」。

[44] 華文書局（輯），《大清聖祖仁皇帝實錄》，卷 111，頁 5。

康熙在行軍打仗時也是聖衷宸斷行止的。

康熙末年，準噶爾軍襲擾西藏，攻陷拉薩，殺拉藏汗。康熙皇帝為穩定青海，控制西藏局勢，決計用兵。第一次因清兵統帥輕敵冒進，遭致慘敗；第二次出兵才徹底解決問題。在這兩次出兵之前，大臣們都反對與準噶爾作戰，例如當準噶爾兵開始入侵哈密再進取西藏時，皇帝就下詔備兵征討了。在反對出兵的大臣中，貴州巡撫劉蔭樞的遭遇最特別，他幾次上疏請緩師西征，他說「小醜不足煩大兵，願皇上息怒，重內治，輕遠略」。康熙指責他「妄奏」，並命令他到前線去周詳考察後再作報告。劉蔭樞被罰「充軍」到了西疆，也遵旨寫了一份千言的報告書，他認為應「屯兵哈密，以逸待勞」。後來他稱病請求退休，皇帝不准，命他回巡撫任。不久蔭樞奏稱病癒，皇帝認為他假裝生病，命刑部議處。「部議阻撓軍務，坐絞」。康熙寬宥了他，不過還是處罰他去「喀爾喀種地」，當時劉蔭樞已是八十二歲的老人了[46]。第一次征藏軍誠如一般人所料的遭到慘敗，消息傳來，朝野震驚。康熙皇帝說當時「滿漢大臣咸謂不必進兵」，可是他卻以為「此時不進兵安藏，賊寇無所忌憚，或煽惑沿邊諸番部，將作何處置耶？」因此他特令議政王大臣等「安藏大兵，決宜前進」[47]。

以上是康熙朝幾次大戰役的例子，相信足以說明皇帝「國惟一主」，獨斷中央與地方決策的事實了。當然這些獨斷行事的結果是值得肯定的，因為經由這些軍事行動使國內行省得以統

[45] 華文書局（輯），《大清聖祖仁皇帝實錄》，卷287，頁3–4。

[46] 國史館（校註），《清史稿校註》，第11冊，頁8679–8680。

[47] 華文書局（輯），《大清聖祖仁皇帝實錄》，卷287，頁5–6。

一，使清廷對邊疆的統治得以鞏固與加強。康熙作為一代明君的功績，也是由帝王意志的閃念中成就的。然而康熙並非完美的聖人，他的聖衷宸斷也有不完美的、甚至是犯錯的，值得我們深一層的考察與評審。

康熙年間，為恢復經濟，曾按照各地情形，鼓勵民間礦業生產。先是在十四年 (1675) 定開採銅鉛之例，「戶部議准：凡各省產銅及黑白鉛處，如有本地人民具呈願採，該督撫即委官監管採取」[48]。十八年 (1679) 清政府又進一步規定：

> 產銅鉛廠，任民採取，徵稅銀二分，按季造報。八分聽民發賣，先儘地主報名開採，地主無力，許本州縣採取，雇募鄰近州縣匠役。如別州縣越境採取，及衙役攬擾，皆照例治罪。有墳墓之處，不許採取。儻有不便，督撫題明停止[49]。

三藩戰亂之後，礦業迅速發展，據專家統計：康熙二十二年 (1683) 只有礦廠八座，到五十九年 (1720) 竟增至七十所之多[50]。不過山礦有旺衰的時候，到礦藏採盡之日，生產勢必停止，而開採時常集聚工人數萬人，這些人伕在停工後的善後問

---

[48] 劉錦藻，《清朝文獻通考‧卷30‧征榷5》(臺北：新興書局，1965)，考 5129。

[49] 崑岡 (等修)，劉啟端 (等纂)，《欽定大清會典事例》，收入：續修四庫全書編纂委員會 (編)，《續修四庫全書》，第 802 冊 (上海：上海古籍出版社，1995)，卷 247，頁 2。

[50] 彭澤益 (編)，《中國近代手工業史資料》，第 1 卷 (Fairfax Country：中國研究資料中心，1992)，頁 387。

題常常使政府煩惱，加上民間一般認為開礦是破壞風水龍脈的事，所以在康熙四十三年 (1704) 皇帝曾一度下命令：「開採之事，甚無益於地方，嗣後有請開採者，悉不准行」[51]。當然舊礦仍然是可繼續開採的。不久以後，又有御史向皇帝報告，在廣東海陽縣有商人何錫開礦，「聚眾幾至十餘萬，強梁爭競，時時有之，請敕下督撫會查此山」。康熙即刻下令戶部及廣東巡撫調查，據巡撫石文晟的報告：「號牌員堆諸山塲，開礦六十四處，見今在廠之人，約計至二萬有餘，該山開採日久，礦口愈深，所得礦砂價銀，不敷工費，何錫見在具呈懇罷，似宜封禁」[52]。皇帝同意了他們的看法，這處舊廠也停止開採了。康熙五十二年 (1713) 五月，皇帝有一道諭旨提到四川一處礦場的事，他說：

> 提督康泰奏稱：蜀省一碗水地方，聚集萬餘人開礦，隨逐隨聚，現在差官力行驅逐等語。朕念此等偷開礦廠之徒，皆係無室可居、無田可耕、乏產貧民，每日所得錙銖，以為養生之計，若將此等乏產貧民，盡行禁止，則伊等何以為生？果如滇省礦廠所出頗多，亦可資助兵餉，此處所出無多，該地方文武官員，作何設法，使窮民獲有微利，養贍生命，但不得聚眾生事，妄行不法，似屬可行。

[51] 崑岡（等修），劉啟端（等纂），《欽定大清會典事例》，收入：續修四庫全書編纂委員會（編），《續修四庫全書》，第 801 冊（上海：上海古籍出版社，1995），卷 243，頁 4。

[52] 華文書局（輯），《大清聖祖仁皇帝實錄》，卷 221，頁 11-12。

他命大學士九卿官員們「會同速議具奏」。後來大學士們向皇帝作了一份報告，建議：

> 除雲南督撫催本地人開礦，及商人王綱明等於湖廣、山西地方，各催本地人開礦不議外，他省所有之礦，向未經開採者，仍嚴行禁止。其本地窮民，現在開採者，姑免禁止，地方官查明姓名記冊，聽其自開。若別省之人往開，及本處殷實之民有霸占者，即行重處。

皇帝同意了他們的看法，只說：「忽然禁止，則已聚之民毫無所得，恐生事端」，他要地方官對禁礦事應「處置得宜，不致生事」即好[53]。康熙的這一決定並非是全面禁止採礦，內務府皇商王綱明與雲南督撫監管下的礦區仍然可以生產，他所重視的是「不得聚眾生事，妄行不法」，完全是為統治地位安全而設想的。儘管康熙說過礦產是「天地間自然之利，當與民共之」的話；他也了解礦業對國家財政收入以及手工業生產原料的供應有助益，但是同國家安全與皇權維護比起來，這一切都變得不重要了。

康熙朝對南洋貿易的開放與禁止也可以說明「乾綱獨攬」的問題。自臺灣內附清廷以後，皇帝知道國用不紓，財源枯竭，百姓困苦，確與東南地區禁海有關，尤其外國銀元不能流入，對財經穩定甚為不利。清廷遂解除清初頒布的禁海令，准許人民出海貿易，一時東南沿海與南洋地區的商業十分興旺。可是到康熙五十五年 (1716)，皇帝突然下令，商賈「南洋不許行走」，

---

[53] 華文書局（輯），《大清聖祖仁皇帝實錄》，卷255，頁3–5。

並要官員們對「沿海作何安設砲臺防禦、嚴禁巡查之處，可公同詳議」[54]。皇帝之所以再行禁海政策，實在是為國家安全著想的。最初是因為直隸等地米價昂貴，張伯行等官員上疏建議設立社倉時，提到江南一帶的米糧，被商人運出海外的不少，皇帝於是對大學士們說：「朕前巡幸南方時，米價每石不過六七錢，近聞竟貴至一兩二三錢，如此民何以堪？……前張伯行曾奏，江南之米，出海船隻，帶去者甚多，若果如此，亦有關係」[55]。儘管皇帝一再說他自己「無日不以民生為念」，此次禁海好像只與米貴而不讓偷運出口有關。但經過不到一個月的調查以後，康熙對禁海一事說出真正的原因：「現今海防為要。海外有呂宋、噶羅巴兩處地方。……彼處藏匿賊盜甚多。內地之民希圖獲利，往往船上載米帶去，並賣船而回，甚至有留在彼處之人」；皇帝又說：「凡事不可不深思遠慮。目今正北方用兵之時，海賊聞風妄動，亦未可知。……今朕春秋已高，凡事惟小心謹慎，期於至當」[56]，另外他還預言：「海外如西洋等國，千百年後，中國恐受其累，此朕逆料之言」[57]。文中「噶羅巴」又作「交留吧」等名，是指印尼巴達維亞。「北方用兵」則指準噶爾出兵侵藏，清廷派兵入藏事。由於此次禁海不是全面的，只是禁止與南洋通商，對商船去日本、內地人民與安南貿易，甚至澳門洋商去南洋仍然「聽其自往」進行貿易，因此禁運的效果並不好。康熙病逝後不久，繼承的新君便又「復開海禁」准許民人對南洋

---

[54] 中國第一歷史檔案館（整理），《康熙起居注》，頁 2325。

[55] 華文書局（輯），《大清聖祖仁皇帝實錄》，卷 269，頁 24。

[56] 中國第一歷史檔案館（整理），《康熙起居注》，頁 2324–2325。

[57] 華文書局（輯），《大清聖祖仁皇帝實錄》，卷 270，頁 16。

貿易。康熙此次禁海完全是把大清國長治久安放在首位，他的決策似乎不太重視地方官員的意見，更沒有考慮到東南沿海人民的通商利益。當時任職廣東總兵官的陳昂，在臨終前曾有如下一段坦誠自白：「（案：陳昂）見沿海困於洋禁，謂其子曰：濱海民生業盡在番舶，禁絕之則土貨滯積，生計無聊，未有能悉此利害者，即知之又莫敢為民請命。我今疾作，終此而不言，則終莫上達矣」[58]。像陳昂這樣的官員可能還有不少，但誰又能阻止康熙的獨斷獨行呢？

　　康熙對天主教的政策也是值得一述的。儘管他與西方教士在交往融洽，不對他們抱有太大的成見，但是他仍視天主教為外來的宗教，與佛道回教等不同，甚至還認為天主教是具有威脅性的，所以他一邊崇尚西學，為湯若望等平反冤獄，自己也謙虛的向西洋教士學習天文、算學、醫學等等科學，但另一邊又在康熙八年 (1669) 明確的拒絕西方宗教，他下令說：「其天主教，除南懷仁等照常自行外，恐直隸各省復立堂入教，仍著嚴行曉諭禁止」[59]。不過這項禁令多年來一直沒有嚴屬執行，其中原因一則是耶穌會的傳教士允許中國教徒祭天祭祖祭孔，這與中國傳統習俗不相悖；另一個原因可能是康熙認為天主教為人祈福求安，與佛道無異，只要教士們遵守中國法紀，便可以在中國居留。康熙三十年代初期，皇帝與傳教士相處極好，教士們為皇帝治好瘧疾與心悸症、唇瘤，也為皇帝進講天文、數理、醫學等西洋科學，皇帝則下令「將天主教同於白蓮教謀叛

[58] 陳壽祺（等纂），《福建通志・卷 229・人物》（臺北：華文出版社，1968），頁 4166。
[59] 華文書局（輯），《大清聖祖仁皇帝實錄》，卷 31，頁 5。

字樣」刪去[60]，並曾在一次會見白晉 (Joachim Bouvet)、雷孝思 (Jean-Baptiste Regis) 等人時，對他們說：

> 西洋人自利瑪竇到中國二百餘年，並無貪淫邪亂，無非修道，平安無事，未犯中國法度。自西洋航海九萬里之遙者，為情願效力，朕因軫念遠人、俯垂矜恤，以示中華帝王不分內外，使爾等各獻其長，出入禁廷，曲賜優容至意，爾等所行之意與中國毫無損意[61]。

　　後來甚至還下達過所謂〈康熙保教令〉：「……將各處天主堂俱照舊存留，凡進香供奉之人仍許照常行走，不必禁止，俟命下之日，通行直隸各省可也」[62]，在在說明了皇帝對天主教的看法有了轉變。可是這種融洽的交往到了康熙四十六年 (1707) 就不復存在了，因為天主教內部發生內訌，有教派攻擊耶穌會士在中國允許教徒敬天祭孔祀祖是崇拜偶像，觸犯天主教規，於是引起了「禮儀之爭」。教皇格勒門十一世 (Pope Clement XI) 乃派主教多羅 (Charles-Thomas Maillard de Tournon) 來華，傳達其不許拜偶像的命令，並不讓教堂懸掛康熙御書的「敬天」匾額，甚至威脅教士們不遵教皇命令者即逐出教會。多羅來華的行為確實

---

[60] 黃伯祿，《正教奉褒》，收入：韓琦、吳旻 (校注)，《熙朝崇正集／熙朝定案／（外三種）》（北京，中華書局，2006），頁 358。

[61] 莊吉發，〈清代教案史料的搜輯與編纂〉，收入：莊吉發，《清代史料論述》，第 1 冊（臺北：文史哲出版社，1979），頁 141。

[62] 黃伯祿，《正教奉褒》，收入：韓琦、吳旻 (校注)，《熙朝崇正集／熙朝定案／（外三種）》，頁 359；《熙朝定案》亦記此事。

是對中國君主的蔑視，對皇權的挑戰，也是對中國內政的干涉，康熙曾冷靜的向多羅解說敬天祭祖事君乃是「天下之通義」，是中國的立國之本，不能捨棄。可是多羅不聽，仍照舊宣布教廷命令，終於令皇帝大怒，將多羅驅逐至澳門，並對「亂寄書信」給教皇的「亂法」傳教士警告，說他們「在中國亦無用處」，「務必返回，斷不姑留」[63]。

五年之後，即康熙五十九年 (1720)，教皇再派特使主教嘉樂 (Carlo Ambrogio Mezzabarba) 來華，重申教廷禁令。康熙則以更強硬的政策與具體措施與之對抗，規定在華教士若依中國法律與習俗方可領取信票留下，否則一律驅逐出境，並對嘉樂說：「爾教王條約，與中國道理大相悖戾，爾天主教在中國行不得，務必禁止。……爾教王條約，只可禁爾西洋人，中國人非爾教王所可禁止」[64]。清朝禁行西教就從此開始，直到一百多年後鴉片戰爭發生，才在列強的槍砲逼迫下准許洋人來傳教。由此可知，禁教的事多少也是與維護皇權有關的。

還有最令康熙晚年不樂而又煩憂的事，是皇位繼承人的問題。他因為被冊立為皇太子的胤礽「不遵朕訓、惟肆惡虐眾、暴戾淫亂」而將他廢黜，事實上在胤礽的罪狀中還有「專擅威權、鳩聚黨與、窺伺朕躬起居動作」等條，加上他又與索額圖從前結黨，「潛謀大事」，使得康熙生活在「未卜今日被鳩，明

---

[63] 陳垣（識），《康熙與羅馬使節關係文書》，收入：沈雲龍（主編），《近代中國史料叢刊續編》，第 7 輯（臺北：文海出版社，1974），頁 32；國立故宮博物院（編），《文獻叢編》，上冊（臺北：臺聯國風出版社，1964），頁 4。

[64] 國立故宮博物院（編），《文獻叢編》，上冊，頁 6。

日遇害」的緊張恐怖之中，皇帝想到「國惟一主」，當然不能容許胤礽的勢力存在了[65]。康熙在四十七年 (1708) 廢儲之後，沒有料到他的兒子中有很多人圖謀大位，幾乎所有成年皇子都不同程度的捲入爭繼的鬥爭，他為了安定政局，再立胤礽為皇儲，可是在他將發布消息的前夕，假裝令大臣保舉候選人時，滿漢大臣竟不顧他的暗示，而「獨保允禩」[66]，沒有一人遵照他的心意保薦胤礽，這充分顯示了皇八子胤禩在朝臣中有了很高的聲望與勢力，從某種角度上看確已對皇權構成威脅，因此他痛斥胤禩「黨羽甚惡，陰險已極，即朕亦畏之」；胤禩之險「實百倍於二阿哥」胤礽[67]。胤禩以聰慧幹練著名，善於與人交往，康熙對他也很賞識，可是在胤礽被廢後他的行動過於急躁，使得他的父親厭惡和警覺，認定他「妄蓄大志」，康熙兩害相權，為有效的維護皇權，當然決定再立不得人心的胤礽。皇太子廢而再立，並沒有解決問題，而爭繼鬥爭更形尖銳熾熱。胤礽又「是非莫辨，大失人心」，「行事乖戾」，「斷非能改」，而且胤礽「秉性兇殘，與惡劣小人結黨」，康熙說：「因朕為父，雖無異心，但小人輩，懼日後被誅，倘於朕躬有不測之事，則關係朕一世聲名」[68]。胤礽就如此的在康熙五十一年 (1712) 十月間第二度被廢了，這也透現了康熙有遭「不測之事」的恐懼，有駭怕皇權與地位被推倒的恐懼。

胤礽被二度廢黜之後，儲位一直虛懸著，其間有朱天保、

[65] 華文書局 (輯)，《大清聖祖仁皇帝實錄》，卷234，頁 2-4。

[66] 華文書局 (輯)，《大清聖祖仁皇帝實錄》，卷236，頁 4。

[67] 華文書局 (輯)，《大清聖祖仁皇帝實錄》，卷261，頁 9-10。

[68] 華文書局 (輯)，《大清聖祖仁皇帝實錄》，卷251，頁 8-9。

王掞等人分別在康熙五十七年 (1718) 與六十年 (1721) 間上疏奏
請復立胤礽，皇帝盛怒，將朱天保問斬，王掞等十多人充軍（王
掞因年老，由其子代替前往）。皇帝甚至罵王掞是「奸賊」，「意欲搖
動清朝」，「忌我朝之太平」[69]，可見康熙又懷疑漢人有顛覆清
朝政權的念頭。皇帝為何如此憎惡胤礽呢？除了胤礽自身的一
些缺陷之外，最重要的是康熙看不慣他的「服用儀仗等物，踰
越禮制，竟與朕所用相等」[70]，因此皇帝為「宗社及朕身計，
故嚴行禁錮」胤礽[71]。

　　儘管康熙處分了不少上疏請立皇儲的大臣，但是他的內心
還是想在生前安排好繼任的人選，他曾經對大臣們說:「建儲大
事，朕豈忘懷。但關係甚重，有未可輕立者，……今欲立皇太
子，必能以朕心為心者，方可立之」[72]。因此他個人在暗中考
慮儲君的建立方式與人選問題。經過幾年的思索，綜合廢儲的
沉痛教訓，他想出了一種祕密建儲的計畫，繼承人可以不限嫡
長，但需擇賢而立，而且對儲君應不時考察、培養，至於選定
儲君的大權，只有皇帝具有，即「天下大權，當統於一」，任何
權貴大臣不得干預[73]。

　　康熙擬訂祕密建儲辦法後，究竟他選出了什麼人，因缺乏
史料無法得知；不過其後因太后之喪，他自己身體轉弱，特別

---

[69] 華文書局（輯），《大清聖祖仁皇帝實錄》，卷291，頁 27–28。

[70] 華文書局（輯），《大清聖祖仁皇帝實錄》，卷277，頁 9。

[71] 華文書局（輯），《大清聖祖仁皇帝實錄》，卷291，頁 27。

[72] 華文書局（輯），《大清聖祖仁皇帝實錄》，卷253，頁 8–9。

[73] 華文書局（輯），《大清聖祖仁皇帝實錄》，卷253，頁 8–10；卷275，
頁 5–13，兩篇上諭談及此事。亦可參看：楊珍，〈康熙晚年的私密建
儲計劃〉，《故宮博物院院刊》，1（北京，1991.01）：頁 11–20。

是西藏戰事慘敗等原因，使他被迫暫停建儲，而這一密建儲君的事，後來也隨著他的病逝，成為永久的祕史了。

以上這些禁礦、禁海、禁教以及廢儲等事，僅是康熙一朝大事的一部分，不過這些事件與當時的國計民生則是大有關係，不是影響到中央與地方的經濟發展與社會穩定，就是造成隔離世界與家族相殘的悲慘後果。開礦與禁礦、開海與禁海、傳教與禁教、立儲與廢儲這些政策上的大逆轉，全是帝王自行作出的政策，其中或有不聽大臣們的意見而作出的，有些則是根本沒有向大臣徵詢任何意見的。「國惟一主」，「天下大權，當統於一」這類從當時文化政策中所產生出來的堅強信念，也就成為康熙朝中央與地方關係中的一項特徵。

中國在帝制時代，中央與地方的官僚體制，原本是具有理性色彩的。因為在皇帝之下，從內閣或早年的宰相到省縣的垂直行政系統，是有著專門化與職能分工的，並有監察系統負責監督各級官員的官箴操守以及他們對政令執行的情形。官員多是經由科舉制度產生，他們不一定受到身分、階級與財產的限制，這也透現中國以前官場的流動性與開放性，這些都是先賢們偉大智慧的發明成果。但是地大人貧，交通不便，加上地理與民族差異所形成的障礙，使得這一全國性的行政體制不能發揮應有的管理效率與功能。尤其中央政府的至高皇權常常乾綱獨斷，而地方又因知識水準與生產能力低下，官僚政治常不能深入到縣以下的基層，只有少數省縣官員與鄉紳能表現與執行地方的意志。而這些缺陷，便使得原先具有的理性精神大為喪失。

康熙時代，官場原是「設官分職，內外相維，體統相制」的，也就是內外（中央與地方）的關係是分工合作，相互制衡的。

中央部院掌握國家綱紀法度，地方大吏則主要在執行政令。中央可以防止地方官員專擅行事，地方官員也可以就他們對風俗民情的了解而提出修正中央政令的建議。不過對高度專制集權的康熙時代來說，不論是地方官的反映，或是廷臣的意見，最多也只能供皇帝作諮詢與參考，皇帝最後的決定才具有法律效力。以康熙御門聽政處理地方事務來看，總督、巡撫先把各自的地方政策意見寫成題奏，呈報中央，皇帝令內閣及相關部院研議，作成初步結論，以「票擬」（一稱「票簽」）方式，聽皇帝作最後裁定。「票擬」是明朝就實行的一項制度，由大學士對各處官員報告，先用小紙票為皇帝寫出初步批答該公文的意見，供皇帝採用。康熙在御門聽政時，也是由大學士先向他奏陳各地官員報告的內容，並與皇帝進行奏對討論，如果康熙同意他們的「票擬」最好，如不同意可以在磋商後「改票」，等到一切決定，康熙再就「票擬」的文字用硃筆批寫，以作最後而具有法律效力的裁定。不過，康熙是位喜歡攬權的君主，很多票擬是出自他個人意見的。例如漢軍擅買蒙古、滿洲家僕的事，他在與大學士們討論時就先說要解除禁令，大學士在票擬時也就寫上「不必禁止」了[74]。有時他會主動的諭令大臣「將此意寫入票簽」或是「票簽內可票明」等等，大學士也只好遵命照寫了。還有更特別的就是康熙命令大臣說：「這本爾等可批……」如此如此的文字，連文稿都替大學士們寫好了[75]。可見康熙在御門

---

[74] 中國第一歷史檔案館（整理），《康熙起居注》，頁 1053，記康熙二十二年 (1683) 八月二十一日「明珠奏曰：『先曾奉旨除漢軍擅買蒙古之禁，故臣等擬票簽不必禁止』」等語。

[75] 中國第一歷史檔案館（整理），《康熙起居注》，頁 672，記康熙二十年

聽政時經常破壞票簽的制度，伸張他的至高皇權。

以理學為根據，推行「崇儒重道」的文化國策對康熙的皇權維護與加強是有益處的，因為「君令臣行，道之經也」，尊君既是真理，皇權當然就無極無限了。加上傳統中國觀念裏的「天無二日，民無二王」，更堅定了康熙「國惟一主」的信念。因此在他親政以後的時間裏，真是「大小事務，皆朕一人親理」。

由於康熙集大權於一身，又受儒家學說影響，加上存在他心靈深處對漢人與西洋人的猜疑和防範，他作出的政治決斷便可能有差誤，可能破壞中央與地方「內外相維，體統相制」的關係。例如康熙早期曾對那些開採各礦的官員與商人給予「優升」和賞賜「頂戴」，可見他不僅鼓勵開礦，也重視地方官員發展礦業的意見[76]。歷任江寧、湖廣撫臣的慕天顏曾向康熙呼籲說：「順治六七年間，彼時禁令未設，見市井貿易，咸有外國貨物，民間行使，多以外國銀錢，因而各省流行，所在皆有」；「自遷海既嚴，而片帆不許出洋矣，生銀之兩途並絕，則今直省之所流轉者，止有現在之銀兩，凡官司所支計，商賈所貿市，人民所恃以變通，總不出此」，他指出禁海的弊端很多，唯一的挽救辦法是「破目前之成例，曰開海禁而已」[77]。康熙確實是參

(1681) 三月初十日「上曰：『這本爾等可批：據奏恢復遵義府，偽將軍馬寶逃遁，殺賊甚多。知道了』」。

[76] 師範，《滇繫》，收入：上海書店（編），《叢書集成續編》，第55冊（上海：上海書店，1994），卷8-3，頁49，載康熙二十一年 (1682) 雲貴總督蔡毓榮曾上〈籌滇十疏〉，其中有「議理財」一事，建議中央獎勵開礦有功的官商。

[77] 慕天顏，〈請開海禁疏〉，收入：賀長齡（編），《皇朝經世文編》，第2冊（臺北：世界書局股份有限公司，2011），卷26，頁14–15。

詳這類大臣的報告，從而了解財政枯竭、百姓困苦進而開放海
禁。天主教士來華，他們為人民祈福，康熙認為與佛教、道教
無異，所以放寬了教禁。教士們為他講解西洋解剖學以後，皇
帝命將西文人體解剖學的專書譯成滿文本，並指示「身體上雖
任何微小部分，必須詳加翻譯，不可有缺。朕所以不憚麻煩，
命卿等詳譯此書者，緣此書一出，必大有造福於社會，人之生
命，或可挽救不少」[78]。這也說明他有心接受西洋學說思想。
又如治理黃河一事，一直為康熙「夙夜廑念」，因為黃河氾濫不
但使千萬民眾受災，更要緊的是影響到「濟運通漕」，影響到國
家財政與秩序的安定。皇帝曾讓靳輔、陳潢等人全力治理，單
是康熙二十一年 (1682) 就撥發二百五十一萬兩庫銀，以利他們
大修河道[79]。後來也同意他們利用七州縣涸出土地，招民墾種，
可得佃價銀二百七十萬兩，以減少國庫支出。惟此舉終與地方
豪強貪官的既得利益發生衝突，而「怨謗乃起」，引發地方騷亂；
加上朝廷中又有治河兩派大臣的鬥爭，康熙為「務求安靜」，罷
了靳輔的官，並興起一場陳潢的冤獄。同樣的，礦場因為工人
數萬「隨逐隨聚」、「妄行不法」，皇帝「恐生事端」，下令封了
礦山，禁止採礦。南洋海禁則是考量呂宋等地「多聚漢人」、「防
範夷人起見」，以及「恐吾民作奸勾夷」而下達的。至於禁教亦
是因教皇命令侵犯了康熙皇權，干預中國內政以及預見「海外
如西洋等國，千百年後，中國恐受其累」而斷然實施的。總而

---

[78] 後藤末雄，《康熙大帝與路易十四》，轉引自：聞性真，〈康熙與自然科
學〉，收入：左步青（編），《康雍乾三帝評議》（北京：紫禁城出版社，
1986），頁 201。

[79] 華文書局（輯），《大清聖祖仁皇帝實錄》，卷105，頁7。

言之，康熙皇帝的一切重大決策都是以國家長治久安與他的至上皇權為優先考量，地方的財經、社會以及人民福祉問題則放在其次。如果再深入探討，我們還可以發現，有時候地方的一些特殊情況也受到中央的重視，如各地的民族狀況、風土人情、文化背景、經濟實力等等，政府也授予總督、巡撫們一些靈活運用的權力，但在斟酌決策時，國家的根本利益必須高過地方的利益。從以上略舉的一些事例中，我們確實可以看出，中央與地方利益互相發生衝突時，不管地方利益有多重要，中央在決策之際是絕對不會考慮的。

康熙皇帝為維護並加強皇權，造成專制主義中央集權的極端發展，結果將地方自主權幾乎剝削殆盡，這是研究康熙朝中央與地方關係時應有的一項認識，也是一項歷史事實。地方自主權的剝削使地方官員與有企圖心的人民失去活力，進而形成近代化的障礙；而作為維護與加強皇權憑藉的崇儒重道文化國策，更是為後世貽留下深遠的影響。我們知道：儒家文化政策是從農業宗法社會基礎上發展出來的，其系統功能主要是維護農業社會的自然經濟與小農生產的社會結構及制度。這與西方近代文化有著本質上的衝突，如尊卑與平等的衝突、人治與法治的衝突、封閉與開放的衝突、保守與創新的衝突等等。康熙講求皇權高於一切，認定有治人無治法，又因衛帝國、衛皇權、衛道統而無視於開放與創新。他的禁海使中國在南洋喪失若干政治與經濟上的優勢，禁教則切斷了中國與世界先進文化的聯繫。他察覺到西洋勢力將帶給未來中國極大危機，但卻沒有積極設法解除此一危機，進而化為轉機，實在可惜。康熙在中國歷史上確是一位名君，他的很多文治武功上的成就至今仍應予

以肯定，我們如此評論，多少有些苛求於前人；但是專制主義
中央集權是在康熙時期被大大強化的，中央與地方的關係若能
在當時及早作調整，也許有助於中國從傳統走上現代，這一點
我個人以為是值得吾人審視與省思的。

文明叢書——

把歷史還給大眾，讓大眾進入文明！

文明叢書 11

奢侈的女人——明清時期江南婦女的消費文化　　巫仁恕／著

「女人的錢最好賺」，這句話雖然有貶損的意味，但也代表女人消費能力之強。明清時期的江南婦女，經濟能力大為提升，生活不再只是柴米油鹽，開始追求起時尚品味。要穿最流行華麗的服裝，要吃最精緻可口的美食，要遊山玩水。本書帶您瞧瞧她們究竟過著怎樣的生活？

文明叢書 12

文明世界的魔法師——宋代的巫覡與巫術　　王章偉／著

《哈利波特》、《魔戒》熱潮席捲全球，充滿奇幻色彩的巫術，打破過去對女巫黑袍掃帚、勾鼻老太婆的陰森印象。在宋代，中國也有一群從事巫術的男覡女巫，他們是什麼人？他們做什麼？「消災解厄」還是「殺人祭鬼」？他們是文明世界的魔法師！

文明叢書 13

解構鄭成功——英雄、神話與形象的歷史　　江仁傑／著

海盜頭子、民族英雄、孤臣孽子、還是一方之霸？鄭成功到底是誰？鄭成功是民族英雄、地方梟雄、還是不得志的人臣？同一個人物卻因為解讀者（政府）的需要，而有不同的歷史定位。且看清廷、日本、臺灣、中共如何「消費」鄭成功！

文明叢書 14

染血的山谷——日治時期的噍吧哖事件　　　康　豹／著

噍吧哖事件，是日治初期轟動一時的宗教反抗，震驚海內外。信徒憑著赤身肉體和落後的武器，與日本的長槍巨砲硬拼，宛如「雞蛋碰石頭」。金剛不壞之身頂得住機關槍和大砲嗎？臺灣的白蓮教——噍吧哖事件。

文明叢書 15

華盛頓在中國——製作「國父」　　　潘光哲／著

「國父」是怎麼來的？是選舉、眾望所歸，還是後人封的？是誰決定讓何人可以登上「國父」之位？美國國父華盛頓的故事，在中國流傳，被譽為「異國堯舜」，因此中國也創造了一位「國父」——孫中山，「中國華盛頓」。

文明叢書 16

生津解渴——中國茶葉的全球化　　　陳慈玉／著

大家知道嗎？原來喝茶習慣是源於中國的，待茶葉行銷全球後，各地逐漸衍生出各式各樣的飲茶文化，尤其以英國的紅茶文化為代表，使得喝茶成了一種生活風尚，飄溢著布爾喬亞氣息，並伴隨茶葉貿易的發展，整個世界局勢為之牽動。「茶」與人民生活型態、世界歷史的發展如此相互牽連，讓我們品嘗好茶的同時，也一同進入這「茶」的歷史吧！

文明叢書 17

林布蘭特與聖經——荷蘭黃金時代藝術與宗教的對話
花亦芬／著

在十七世紀宗教改革的激烈浪潮中，林布蘭特將他的生命歷程與藝術想望幻化成一幅又一幅的畫作，如果您仔細傾聽，甚至可以聽到它們低語呢喃的聲音，就讓我們隨著林布蘭特的步伐，一起聆聽藝術與宗教的對話吧！

游　道——明清旅遊文化

巫仁恕、狄雅斯／著

旅行團包套的「套裝旅遊」，你以為是現代的產物嗎？其實早在明清時期，中國已有各式各樣的旅遊活動，而且旅遊設施逐漸走向商品化，比起同時期的西方有過之而無不及。無論是美酒佳餚、游船肩輿、旅遊導覽、遊伴相隨，皆讓旅途可以更舒適、更盡興。

天朝向左，世界向右——近代中西交鋒的十字路口

王　龍／著

康熙皇帝與彼得大帝出生時代相同，在位時間相當，同樣具有非凡的雄才大略；然而，為何彼得大帝能使落後的俄羅斯一躍成為世界強國，而康熙皇帝開創的盛世卻逐漸走向「悲風驟至」的無底深淵？本書係駐足於近代東西方社會激烈動盪、交鋒的十字路口，對比中外歷史上二十位精英人物在關鍵時刻選擇之道路，追尋近代中國迷失、落後的深層原因。